和平发展论

On Peaceful Development

张笑宇 著
By Zhang Xiaoyu

中央编译出版社
Central Compilation & Translation Press

谨以此书献给为国家独立、人民解放而奋斗、牺牲的前辈、先烈和热爱和平发展的人。

The book is dedicated to those who struggled for and sacrificed their lives for national independence and liberation and who have deep love for peaceful development.

永远的丰碑

The Eternal Monument

人民英雄纪念碑

Monument to the People's Heroes

摄于 2017 年初

作者简介

张笑宇，世界经济学、法学研究生。曾就职于党、政、企业、媒体。现在中国国际跨国公司促进会工作。

著有《中国人口经济论》、《跨国公司管理手册》、《和平发展论》等书。

《中国人口经济论》一书2005年由人民出版社出版，是继马寅初教授《新人口论》后的第一本揭示人口与国家各种资源的辩证关系的书。

该书将中国人口、资源、环境、经济、社会、发展等要素综合到国家平台上进行比较、配置。同时在分析过去50年中外许多国家人口与经济发展关系的基础上，透析了未来50年中国人口对国家发展的影响，并且针对相关的影响和问题提出了相应的对策和建议。

《跨国公司管理手册》2016年由中央编译出版社再版，并以中、英版向国内外发行。

该书是至今为止，全球唯一一本全面解析跨国公司内部管理结构的书，并对跨国公司的起源和发展轨迹进行了追溯。

跨国公司数量的多少和质量的高低，是一个国家综合国力的体现。目前，跨国公司拥有全球93%的高科技知识产权，产值是世界总产值50%以上，企业内部和相互间贸易额占世界贸易70%以上，投资占全球跨国投资的90%。可以说，跨国公司是经济全球化的主要载体，是人类文明与发展的创造者，是世界经济发展的稳定器。《跨国公司管理手册》现在是国内外商学院的相关教材和企业高管读本。

主编过《市场经济指南》、《中国与WTO》、由时任国务院总理李鹏题写书名的《三资企业博览》等十多部书。

1992年，作者在中央党校一年制班学习期间，主编了由中央党校出版社出版的《大中型企业改革与发展之路》一书。全国大部分省、自治区、直辖市、省会城市党政主要领导均为此书撰稿。时任福建省省长贾庆林、河南省省长李长春、江西省省长吴官正、福州市委书记习近平等30多位省、部级领导担任编委，并与近百位国有企业负责人分别为此书撰写稿件。该书的出版为我国国有企业的改革奠定了理论基础。

1992年6月5日，作者发表的《试论社会主义市场经济》一文，是当时公开在媒体上提出社会主义市场经济的第一篇政论性文章，引起了国内外强烈的反响。

2003年，作者邀请6位诺贝尔经济学奖获得者、我国6位著名经济学家共同起草和修订了《世界经济发展宣言》。此宣言的发表得到时任国家主席胡锦涛、人大委员长吴邦国、国务院总理温家宝等国家领导人和时任联合国秘书长安南先生的支持。《人民日报》《经济日报》分别发表了十论《世界经济发展宣言》。《世界经济发展宣言》发表后28天，联合国以58届联大文件的形式将《宣言》发到了所有成员国，在国际上引起了强烈的反响。安南先生在贺词中说：由中国发表的《世界经济发展宣言》是对联合国工作和全球发展事业的支持。

编者按

这是一本晚出版十年的书。

十年前作者写完这本书时，社会上正在宣扬"中国和平崛起"，而作者认为中国近14亿人口，人民普遍实际收入较低，在未来很长一段时期内不具备"和平崛起"的条件和要素，所以尘封了书稿。

习近平主席在纪念中国人民抗日战争暨世界反法西斯战争胜利七十周年的讲话和在联合国成立七十周年系列峰会上的演讲，进一步阐述了他提出"和平发展"的战略思想、理论、路径以及"和平发展"的美好愿景。

作者认为，这是一个立足于现实，放眼于长远，审时度势，实事求是的中国梦。

就外部环境而言，西方国家的许多领导人对于别国的发展是以本国利益为己任，所以"棒杀"了不听话的伊拉克总统萨达姆和利比亚总统卡扎菲，使两个富国变成了战火纷飞、民不聊生的穷国。"捧杀"了冷战时唯一的对手苏联领导人戈尔巴乔夫，使苏联解体。

西方国家许多领导人亡我之心不死。不要听他们说什么，而要看他们正在做什么。新中国成立至今从未摆脱被欺压封锁、制裁、禁运、管制。

中国实现民族复兴伟业的过程必然伴随着与西方霸权体系的磨合与斗争。这是一场不以我们善良意志为转移的世纪博弈和较量。

就内部环境而言，重塑社会的人生观、价值观、世界观，实现"五个现代化"、"四个全面"等目标任重道远。全心全意为人民服务，进一步提高近14亿中国人民的生活质量和水平，消除贫困，共同富裕，为实现真正的公平、正义、民主、法治、民富国强而奋斗，才是执政党的中心工作。正如习近平主席讲的,"人民对美好生活的向往,就是我们的奋斗目标"。"中国梦归根到底是人民的梦,必须紧紧依靠人民来实现,必须不断为人民造福。"

也正如2003年由中国国际跨国公司促进会组织、发表,并被联合国以58届联大文件发到所有成员国的《世界经济发展宣言》所强调的"和平与发展,是世界各国人民的共同愿望和当今世界的主题。和平是发展的基础,发展促进和平"。

《和平发展论》虽然晚出版了十年,但它仍具有重要的现实意义。虽然作者认为,该书只是他的一己之见,仅供广大读者参考。但它为我们提供了一个较为广阔而冷静的思考和认知空间。

该书在基本保留原文的基础上,作者增写了以习近平主席为核心的新一届领导集体"治国理政新思想 和平发展新篇章"的开篇。在编写方面如有不当之处,敬请广大读者赐教!

序

弗朗西斯科·罗哈斯·阿拉维那博士
联合国和平大学校长

在中国，历史的意义所呈现的基本维度同西方的历史维度完全不同。几个世纪以来，中国作为一个充满创新意识、知识和文化的文明古国，处于世界的关键地位。然而，在这一历史进程中，中国经历了漫长的困境和停滞，这正好与欧洲国家的兴起和西方的普遍性发展相反。这段复杂的中国历史中，地方制度的重要性，文明的幸存和独立生存的实现，被不断重申。这意味着我们需要建立一个新的愿景，并向这种独立性进行一次漫长的迈进。有了它，国家才能够从复杂的冷战背景下，两个超级大国争权夺利的环境中脱离出来，这种情况在中国引起了高度的质疑。正是在这种背景下，中国国际跨国公司促进会常务副会长张笑宇出版了一本名为《和平发展论》的著作。这本书是在促进世界和平的视角下，率先对中国的发展道路进行分析的作品。如今，中国是一个世界大国，同时又是全球第二大经济体。它广阔的领土上承载了近14亿人口，这就意味着在发展的道路中，必须要同时结合全球和国内治理的潜在力量。这本书从和平与安全的研究角度向我们逐一进行了分析。

没有发展，就没有和平；没有和平，也就没有发展。纵观历史，中国在发展的道路上不断探索。尤其是20世纪80年代和20世纪末，中国更是成为一个连接和平与发展的轴心，从而建立了自身发展的基本支柱。从那个时代起，中国的增长模式上，逐渐开始获得越来越多的出口和投资。这就使得中国与世界产生越来越多的联系，让数以亿计的人民摆脱贫困的同时，在国内也形成了的重要发展部门。国际经济背景下，中国的经济一体化在三十五年内转化成为这个系统中一个基本的、不可缺少的角色，这对于世界的稳定与和平是一种积极的力量。因此，合作是最基本的手段，也成为解决全球问题的唯一办法。

纵观历史，中国一直寻求统一和稳定，最终的核心理念就是"和谐"。当下，如本书概述中所述，这个概念是向世界提出的：要实现整个地球的和谐。在探寻这个概念体系的发展过程中，中国制定了国家间的和平共处五项基本原则，从而促进社会稳定。这些原则包括：互相尊重主权和领土完整、互不侵犯、互不干涉内政、平等互利、和平共处。正如书中所说，这些原则对中国在国际背景中寻求和平发展契机有重要意义。其目标是使平等、和平、发展与合作成为解决全球基础问题的更大主题。在全球化和相互依存的框架内，这是必不可少的。中国拥有一个反霸权的视野和促进多极化的全球系统。该系统旨在克服这一时期由"冷战"产生的不信任，同时建立一个促进国际环境发展，在互惠互利中建立信任，和平共处的新的视角来取代它。这一方面进一步加强了发展的基础，另一方面为全球繁荣提供了机会。

这本书论述了大国之间的关系，分析了如何塑造全球化的国际环境，同时也强调了如何探索和谐的邻里关系。书中涵盖了中国全球合作实践中的基本概念，以及中国同非洲、中东及阿拉伯地区发展中国家的新型关系。在所有的这些新型关系中，张笑宇强调了中国文化的重要性——它产生了一个更大的历史联系，同时也是一个全新的期待和平与安全的坚实基础。因此，他强调当今政治中的基本概念，如互信、互利、平等、合作。这些原则为形成新的视野和维护国际安全与建设一个更和谐的世界的责任感创造了一种可能。

中国的全球包容性和它在世界体系中越来越重要的作用，使得中国在国际体系中更容易建立合作，这被中国的领导层称为"双赢"。这本书展示了中华人民共和国如何在合作的互利和相互信任中下"赌注"——这样的"赌注"在哪里都能获得成功。从这里，可以更好地理解中国的国际地位的转变和它究竟是如何更加积极地参与到各种国际和区域组织中去。2016年11月，习近平主席在出访智利期间声明，中国目前致力于同联合国、世界贸易组织、世界银行和东南亚国家联盟，以及促进和发展全球和区域合作的其他组织（如上海合作组织），建立新的战略合作。这本书在不同的章节中强调了中国在全球地位中新的转变，以及中国在文化与战略利益的连接作用中的定义。

对于气候变化这一国际和国内都很重要的话题，中华人民共和国做出了相关的决定。通过这些决定，中国希望解决国内的污染问题，并为减轻全球变暖做出重大贡献。2015年12月，中国同美国及其他193个国家签署《巴黎气候协议》。

中国在全球治理中的作用至关重要，这归功于它巨大领土的有效能量——正如本书中第九章所写——全球最众多的人口，重要的自然资源和持久的经济力量，使中国经受住了时间的考验。此外，必须要强调的是中国的核能，它为中国提供了一个相对高水平的军事力量。换言之，中国成功地结合了硬实力和软实力，其中，后者以合作和文化为基本要素。

作为联合国安全理事会中的一员，中华人民共和国扮演着重要的角色。然而，并不仅仅如此，中国在不断加强参与世界各地的维和行动。中国还将新的"2030年可持续发展议程"视为一个无疑会对国家和全球发展产生巨大影响的基本因素，作为其"五年计划"中要完成的目标。

对于新一代的中国人，战争及其影响似乎是很遥远的概念。正是在这个意义上，这本书无论是在中国"合作共赢"的发展视角，还是它在国际体系及组织中的新角色，或是关于和平与安全的问题上，都能便于读者更好地理解中国战略。同时，作为一本讲述中国现代历史的书，它对当今致力于研究的世界和平规划的学者也具有十分重要的意义。

《和平权利宣言》的提出，让中华人民共和国在人权理事会和联合国大会的众多国家中的地位得到提升。这个宣言的第四条强调了和平大学的作用，它的使命是"为人类提供一个有高等教育的国际机构，以促进人类之间精神上的宽容理解与和平共处，促进各国人民之间的合作，并帮助减轻世界和平与进步的障碍和威胁，保持与联合国宪章宣布的崇高愿望相一致。"从这个意义上说，这本书将作为一个重要工具，有助于对中国这样在和平与稳定的国际体系内扮演主要角色的国家的理解。

《和平发展论》使我们能够了解中国的政策和它的国际体系内的全球目标，同时促进国际关系的民主化。这个目标就是建立一个新的国际政治和经济秩序，并在这个基础上寻求和谐。在这十二章里，张笑宇先生阐述了他对中国在国际政策中的新型发展模式，与大国和发展中国家的关系及其有效的多边外交新视野的重要理解。对一个平等和谐世界的积极推进有利于创造新的国际、政治和经济秩序。

"和平盾"的概念揭示了一种新的光明，在对和谐的探索中，对军事力量发挥作用的角色扮演上，历史悠久的中国发挥着它的价值。总之，《和平发展论》向我们说明，中华人民共和国正在致力于实现统一的社会发展，以及为全球和国内治理和建设一个和谐的世界做出应有的贡献。

如果你向往和平，请为和平而努力。

联合国和平大学
罗德里戈卡拉索校园
圣何塞，哥斯达黎加
2016年11月25日

Preface for *On Peaceful Development*
Dr. Francisco Rojas Aravena
Rector, University for Peace

In China, the meaning of history takes on a fundamental dimension, completely different from Western dimensions of history. As a civilization, China has occupied, throughout the centuries, a key place in the world, as one that has generated innovation, knowledge and culture. However, China suffered a long parenthesis of morass and stagnation, which coincided with the rise of European Nation States and more generally, of the West. During this period of complex Chinese history, the importance of territorialism, of surviving as a civilization and of achieving independence, were reaffirmed. This meant developing a vision and a *long march* towards this independence. Having achieved it, the country "isolated" itself in a highly-complex Cold Ward context, wherein two superpowers vied for power. This situation in China generated a high level of distrust. It is within this original context in which Zhang Xiaoyu, Executive Vice President of the China International Council for the Promotion of Multinational Corporations, has delivered an extraordinary book: *On Peaceful Development*. This book is one of the first to analyse China's road towards development under the lens of the promotion of the peace. Today, China is a world power and the second largest world economy. Its population stands at 1.4 billion people and its extensive territory mean that on the road to development, it must combine the potential of power with a search for global and domestic governance simultaneously. This book shows us that way from a perspective of peace and security studies.

Without development, there is no peace, and without peace, there is no development. China, throughout its history, has sought to generate development, especially since the 1980s, and at the end of the 20th century, it has placed as an axis the link between peace and development as fundamental pillars for its own progress.China's growth model since that era, which has gained increasingly more strength and gravitation, is based on exports and investments. These have allowed it to generate growing links with the world while simultaneously rescuing hundreds of millions of its people from poverty, all while constituting important sectors within the country. China's economic integration within the international economy in little more than three and a half decades have transformed it into a fundamental, indispensable actor within this system and, therefore, with regards to stability and the search for global peace. To this end, *cooperation* is the most fundamental instrument available and constitutes the only solution to tackling global problems.

China has sought unity and stability throughout its history. To this end, the central concept has been that of harmony. Today, as outlined in this book, this concept is proposed to the world: achieving harmony across the planet. In the search for and the operational development of this conceptual framework, China defines five basic principles for cohabitation and peaceful coexistence among States, as well as facilitating social stability. These principles are: mutual respect for sovereign and territorial integrity; non-aggression; non-interference in domestic affairs; mutual benefit and equality; and peaceful coexistence. As stated in the book, these principles acquire great significance when seeking opportunities for peaceful development for China within the international context. The goal is to enable equality, peace and development and cooperation as the bases for solving the larger global themes. This is essential within the framework of globalization and interdependence. China possesses an anti-hegemonic vision and promotes a multi-polar global system. This system seeks to overcome that period of large mistrust generated by the Cold War and replace it with a new perspective that enables the design of an international environment,which promotesdevelopment founded on trust and mutual benefit through peaceful coexistence. This reinforces, on the one hand, the bases for development itself and generates opportunities for global prosperity.

This book demonstrates and analyses the relationship with the great powers and how these shape the international global environment, while highlighting the search for harmonious neighbourly relations. Similarly, the book covers essential aspects of China's global cooperation practices and its new relationships with developing countries in Africa and the Middle East, as well as Arab States. In all of these new relationships, Zhang Xiaoyu highlights the importance of Chinese culture, which generates a greater historical link but also strong bases for a new look towards peace and security. It is thus that he emphasizes essential concepts in contemporary politics, such as mutual trust, mutual benefit, equality and cooperation.

These principles make it possible to create a new vision and sense of responsibility for maintaining international security and constructing a more harmonious world.

China's full global inclusion and its growing role within the international system have been facilitated by a perspective on cooperation built by and displayed by Chinese leadership as *win-win*. The book shows how the People's Republic of China bets on cooperation founded on mutual benefit and reciprocal trust, where all can win. From this, it is possible to better understand the transformation of China's international status and how the country has increased its active participation in various international and regional organizations. China currently contributes in an essential manner to the United Nations, the World Trade Organization, the World Bank, and the Association of Southeast Asian Nations, all while promoting and developing regional and global cooperation organizations such as the Shanghai Cooperation Organization or the creation of a new strategic association, announced by President Xi Jinping during his recent visit to Chile in November 2016. This book emphasizes, through its different chapters, China's transformation towards its new global status, as well as the role of culture in conjunction with the definition of strategic interests.

The People's Republic of China has taken relevant decisions towards contributing to an important global and domestic topic, climate change. Through these decisions, it hopes to resolve issues of domestic contamination and contribute substantially to mitigating global warming. In December of 2015, alongside the United States and 193 other countries,

China signed the Paris Agreement.

The role of China in global governance is essential thanks to its bases for effective power – as highlighted in Chapter 9 of this book – an enormous territory, one of the largest global populations, important natural resources and a sustained economic power which has withstood the test of time. Additionally, it is important to highlight that China is a nuclear power, with a high-level conventional military. In other words, it successfully combines hard and soft power, the latter of which incorporates cooperation and culture as fundamental elements.

The People's Republic of China plays a significant role within the United Nations System as a member of its Security Council. It doesn't end there, however. China has reinforced its participating in peacekeeping operations around the world. It has also placed the new 2030 Agenda Sustainable Development Goals within its 5-Year Plan as fundamental elements for national development, which will undoubtedly have a great impact on the global ability to comply with these goals.

For newer Chinese generations, war and its impact seem like distant concepts. It is in this sense that this book is of fundamental importance in generating a better understanding on Chinese strategy, both in terms of development and its vision of "Win-Win Cooperation", as well as its new roles within the international system and its organizations, particularly with regards to peace and security. This book will be vital in teaching modern Chinese history and for those of us who study the projection of peace in today's world.

The People's Republic of China has promoted, alongside other countries, the *Declaration on the Right to Peace*, both within the Human Rights Council and the UN General Assembly. This declaration, through its fourth article, highlights the role of the University for Peace, whose mission is "to provide humanity with an international institution of higher education for peace with the aim of promoting among all human beings the spirit of understanding, tolerance and peaceful coexistence, to stimulate cooperation among peoples and to help lessen obstacles and threats to world peace and progress, in keeping with the noble aspirations proclaimed in the Charter of the United Nations." In this sense, this book will contribute an important tool towards the comprehension of a major actor such as China, with regards to peace and stability within the international system.

On Peaceful Developmentallows us to understandChinese policy and its global objectives within the international system, all while promoting the democratization of international relations. This objective is sought through the construction of a new international political and economic order based on harmony. Zhang Xiaoyu's words, over twelve chapters, allow for an essential understanding of China's new model for developing its international policy, its relationships with the great powers and with developing nations and its perspective on effective multilateral diplomacy. The active promotion of an egalitarian and harmonious world facilitates the creation of new international, political and economic orders. The concept of a "Peace Shield" sheds a light, within this search for harmony, on the role played by military power, alongside the value of an ancient Chinese society. In brief, *On Peaceful Development* shows us the road through which the People's Republic of China wants to achieve unified social development, global and national governance and the construction of a harmonious world.

If you want Peace, work for Peace.

University for Peace
Rodrigo Carazo Campus
San José, Costa Rica
25 November 2016

目录

开篇　治国理政新思想　和平发展新篇章　/001

第一章　百年求索：发展道路的历史探索与现实选择　/031

　　一、屈辱中的呐喊与抗争（1840—1949）　/031

　　　　（一）清朝中叶以来的中国屈辱历史　/031

　　　　（二）寻求独立、图存与现代化　/036

　　二、围堵中的奋斗与探索（1949—1981）　/041

　　　　（一）自力更生的内政　/041

　　　　（二）独立自主的外交　/043

　　三、扩大改革开放与走向世界（1981—2013）　/047

　　　　（一）和平发展的推动　/047

　　　　（二）面向未来、融入世界　/049

第二章　千年难题：和平发展与崛起的矛盾　/053

　　一、大国兴衰：战争崛起的失败逻辑　/053

　　　　（一）侵略者的失败　/053

　　　　（二）苏联的解体　/057

　　二、历史先例：帝国的崛起　/061

　　　　（一）美国：一个全新的大国　/061

　　　　（二）英、法、德、日的崛起规律　/068

　　三、历史经验对中国的启示　/069

第三章　虚假臆断："中国威胁论" /073

　　一、新瓶装旧酒 /073
　　　　（一）历史上的"中国威胁论" /073
　　　　（二）现实中的"中国威胁论" /075

　　二、形变质不变 /078
　　　　（一）"中国威胁论"的实质 /078
　　　　（二）"中国威胁论"的荒谬逻辑 /080

　　三、坦然应对 /082
　　　　（一）国家形象的自我建构 /082
　　　　（二）建构"和平发展论" /087

第四章　和平发展：概念界定及其科学内涵 /091

　　一、和平的概念界定 /092
　　　　（一）消极与积极的和平 /092
　　　　（二）自然特征和社会特征 /096

　　二、中国和平发展的内涵与历史 /098
　　　　（一）理论概念 /098
　　　　（二）历史机遇 /103
　　　　（三）现实内涵 /103

第五章　战略机遇：中国和平发展的机遇与挑战 /109

　　一、时代主题：平等、和平、发展、合作 /109
　　　　（一）平等是国际社会的基本准则 /110
　　　　（二）和平与发展是人民的诉求 /112
　　　　（三）合作是全球性问题的治理之道 /114

　　二、国际风云：合作与冲突 /117

（一）国家间的角力：不可避免的摩擦 /117

（二）三股势力：共同面临的问题 /119

三、国家重心：发展与强盛 /122

（一）可持续发展 /122

（二）和谐社会：全面协调的社会发展 /126

第六章　大国关系：塑造中国和平发展的国际环境 /131

一、中美关系 /132

（一）冷战结束以来中美关系的起起落落 /133

（二）斗争与合作并存 /136

二、中俄关系 /141

（一）力量对比转换下的中俄关系 /142

（二）全球战略协调中的合作 /146

（三）能源合作的发展动力 /147

三、中欧关系 /149

（一）"众人拾柴火焰高"：良性互动的中欧关系 /149

（二）寻求更新局面的中欧关系 /152

四、中日关系 /153

（一）合作共赢与对抗挑衅下的中日关系 /153

（二）解冻与升温：改善中的中日关系 /156

第七章　和谐周边：左邻右舍的影响 /159

一、中国的周边环境总态势 /159

二、中国与东北亚 /162

（一）冷战后的多极格局与中国的国家安全 /162

（二）东北亚地缘政治未来发展趋势及中国应采取的对策 /164

（三）中国和平发展与东北亚安全战略 /165

  三、中国与东南亚 /168

  四、中国与中亚：全方位发展的国家关系 /170

  五、中国与南亚 /172

    （一）中印战略合作伙伴关系 /172

    （二）中国和巴基斯坦的关系：全天候朋友 /175

第八章　携手共进：结识新朋友　不忘老朋友 /179

  一、中非关系："全天候"朋友 /179

    （一）中非关系的历史回顾 /179

    （二）相互依存的中非新型战略伙伴关系 /182

  二、中国与中东国家的关系 /185

    （一）中东在中国对外战略中的重要地位 /186

    （二）从战略上重视发展与中东国家的关系 /187

  三、中阿关系 /189

    （一）中阿关系的历史回顾 /190

    （二）中阿三次建交高潮 /190

    （三）新世纪的中阿关系 /192

    （四）中阿须建立新型战略伙伴关系 /192

第九章　综合国力：中国和平发展的现实基础 /195

  一、硬实力：综合国力的基础 /196

    （一）基础不牢、地动山摇。中国地缘辽阔，人口近十四亿，拥有成为世界大国的基础 /196

    （二）中国经济繁荣、增长迅速，是一个发展中的经济大国 /198

（三）中国拥有核威慑能力和强大的常规军事力量　/200

　二、软实力：综合国力基础的保障　/202

　　（一）中国特色社会主义制度的生命力　/204

　　（二）中华文化的感召力和吸引力　/205

　　（三）独立自主的和平外交的国际影响力　/208

第十章　观念诉求：中国和平发展的理念基础　/211

　一、新安全观：中国安全战略理念的转变　/211

　　（一）传统安全与非传统安全的比较　/211

　　（二）非传统安全问题的出现与特点　/212

　　（三）新安全观：超越传统安全观　/213

　　（四）中国的新安全观：互信、互利、平等、合作　/215

　　（五）以维护国际安全、构建和谐世界的高度责任感积极践行新型安全观　/217

　二、从"革命者"到建设者与参与者：中国的国际身份转变　/220

　　（一）中国的国际身份转变：对国家身份的再定义　/220

　　（二）中国的国际身份转变：战略文化的再建构　/222

　　（三）中国的国际身份转变：对安全利益的再思考　/224

　　（四）负责任大国的身份和实践建构：走向"世界之中国"　/225

第十一章　国际格局：制约与决定中国发展的和平性　/227

　一、美国的"霸权护持"　/227

　　（一）美国霸权力量的现状　/227

　　（二）美国霸权力量的"软肋"　/229

　　（三）美国当前的霸权护持战略　/230

　　（四）机制霸权：美国"霸权护持"的隐形外衣　/232

二、"韬光养晦、有所作为"：战略机遇期的
　　中国的必然选择 /234

第十二章　内外兼修：中国和平发展的战略对策 /239

　　一、做负责任的大国，积极参与国际社会 /239

　　　　（一）立足亚洲，维护亚洲的稳定与繁荣 /239

　　　　（二）积极参与并支持联合国改革 /240

　　　　（三）承担国际责任：推动朝鲜和平弃核 /242

　　　　（四）倡导世界和谐文化 /245

　　二、力求共同发展：缔结良好的合作伙伴 /247

　　　　（一）伙伴关系：大国关系的新模式 /247

　　　　（二）日益彰显的多边外交 /249

　　三、国际关系民主化：建立国际政治经济新秩序 /251

　　　　（一）国际关系民主化：客观趋势与中国的战略 /252

　　　　（二）坚持和平共处五项原则 /253

　　　　（三）反对霸权主义和强权政治 /254

　　　　（四）积极推动建立平等和谐的国际政治经济新秩序 /256

　　　　（五）倡导世界多样化与文化价值观念体系多元化发展 /258

　　四、文事武备：实践科学发展，增强综合国力 /259

　　　　（一）全面改进与加强军事力量，建立坚强的"和平
　　　　　　之盾" /259

　　　　（二）坚持改革开放不动摇 /261

　　　　（三）深化政治体制改革，实现政治文明 /264

　　　　（四）实践科学发展观，确保社会和谐发展 /265

英文目录 /269

开篇

治国理政新思想　和平发展新篇章

——党的十八大以来，以习近平总书记为核心的新一届中央领导集体高瞻远瞩、运筹帷幄、审时度势、求真务实，准确把握和平、发展、合作、共赢的国际大势和富民强国的国内大局，应用国际和国内两个市场和两种资源，共建和平发展之路。习近平主席先后于2013年9月、10月提出了共建"一带一路"的伟大战略构想。同时倡议共同成立"亚洲基础设施投资银行"。

"一带一路"和"亚投行"的战略构想都得到国际社会广泛地响应和参与。这是实现共同繁荣、合作共赢的伟大创举；是增进理解信任、加强全方位交流与合作的和平发展之路。秉持和平合作、开放包容、互学互鉴、互利共赢的理念，全方位推进务实合作，打造政治互信、经济融合、文化包容的利益共同体、命运共同体和责任共同体。

2015年2月2日，习主席在中央党校省部级主要领导干部学习班开学仪式上讲话中，集中论述了2014年12月在江苏调研时提出的"四个全面"战略思想的逻辑关系，宣示了"四个全面"已成为习主席为核心的党中央治国理政的全新布局。

习主席指出，党的十八大以来，党中央从坚持和发展中国特色社会主义全局出发，提出并形成了全面建成小康社会、全面深化改革、全面依法治国、全面从严治党的战略布局。他谈到，这个战略布局既有战略目标，也有战略举措，每一个"全面"都具有重大的战略意义。

2016年7月1日，在庆祝中国共产党成立95周年的大会上，习主席又提出"我们党已经走过了95年的历程，但我们要永远保持建党时中国共产党人的奋斗精神、永远保持对人民的赤子之心。一切向前走，都不能忘记走过的路，走得再远、走到再光辉的未来，也不能忘记走过的过去，不能忘记为什么出发。面向未来、面对挑战，全党同志一定要不忘初心、继续前进。""永远保持谦虚、谨慎、不骄、不躁的作风，永远保持艰苦奋斗的作风，勇于变革、勇于创新，永不僵化、永不停滞，继续在这场历史性考试中经受考验，努力向历史、向人民交出新的更加优异的答卷！"

习主席对国际、国内未来工作的伟大战略思想和布署，充分体现出新一届中央领导集体治国安邦的新思想、合作共赢的新境界，开创出中国和平发展的新篇章，为中国"十三五"时期和未来更长时间内的发展和进步，指明了方向、明确了任务和目标，为实现中国梦奠定了坚实的基础。

民族复兴中国梦——点燃理想、凝心聚力、领航中国

"为人民服务，担当起该担当的责任"——这一执政理念，犹如一条红线贯穿于新一届中央领导集体治国理政的全过程。"人民对美好生活的向往，就是我们的奋斗目标。"2012年11月15日，刚刚当选为中共中央总书记的习近平同志就庄严宣示。民惟邦本、政得其民。人民，是执政理念的支撑点；高举民族复兴大旗，提出实现中国梦的战略命题，点燃理想、凝心聚力、催人奋进，是他们履新起宏图、领航中国发展的着力点。同年11月29日，习近平总书记率七常委在参观《复兴之路》展览讲话时说："现在，大家都在讨论中国梦，我以为，实现中华民族伟大复兴，就是中华民族近代以来最伟大的梦想。这个梦想，凝聚了几代中国人的夙愿，体现了中华民族和中国人民的整体利益，是每一个中华儿女的共同期盼。"

之后，习近平主席在国内国际多个场合，结合不同工作内容就"中国梦"的具体内涵、奋斗目标、总体布局、实现路径等进行了系统阐释。如：中国梦凝结着无数仁人志士的不懈努力，承载着全体中华儿女的共同向往，昭示着国家富强、民族振兴、人民幸福的美好前景。中国梦归根到底是人民的梦，必须紧紧依靠人民来实现，必须不断为人民造福。实现中国梦必须走中国道路。全国各族人民一定要增强对中国特色社会主义的道路自信、理论自信、制度自信、文化自信，坚定不移沿着正确的中国道路奋勇前进。实现中国梦必须弘扬中国精神。全国各族人民一定要弘扬伟大的民族精神和时代精神，不断增强团结一心的精神纽带、自强不息的精神动力，永远朝气蓬勃迈向未来。实现中国梦必须凝聚中国力量。全国各族人民一定要牢记使命，心往一处想，劲往一处使，用近14亿人的智慧和力量汇集起不可战胜的磅礴力量。

今日中国，民族复兴的时代旋律，激起每一个中国人的共鸣；点燃了每一个个体的梦想。"生活在我们伟大祖国和伟大时代的中国人民，共同享有人生出彩的机会，共同享有梦想成真的机会，共同享有同祖国和时代一起成长与进步的机会。"中国梦，引领中国进入放飞梦想的时代，催生出近14亿人梦想的"核聚变"。尊严的保证、事业的成功、价值的实现……亿万鲜活生动的梦想，使得当今中国充满激情，充满创新、创业、创造的活力。每一个人实现梦想的努力，汇聚成推动国家发展的强大动力，让中国以更加开放自信的姿态、更加坚定有力的步伐，奋进在民族复兴的伟大征程上。

强化中国道路自我认知——直面问题、回应期待

中国向何处去？是近几年国内外持续关注的重大问题。迫切需要我们党就未来道路、改革路径和政策选择等重大问题，作出理论阐释和明确承诺。习近平主席基此就中国道路问题发表了一系列重要论述，不仅进一步强化了中国道路的自我认知，回应了种种相关争论，而且增强了道路的确定性认识，并蕴涵了规范性矫正的政治意图。**道路问题是关系党的事业兴衰成败第一位的问题，是我们党的生命**。2013年3月17日在第十二届全国人大一次会议上的讲话中，他用"来之不易"四个字并四次重复使用"走出来的"，表达了对中国道路的尊重和敬畏。这既是对中国道路艰辛探索历史的由衷感慨，也是对中国道路未来方向的郑重表态。空谈误国，实干兴邦。我们要用近14亿中国人的智慧和力量，一代又一代中国人不懈努力，把我们的国家建设好，把我们的民族发展好。

"四个全面"战略布局——为民族伟大复兴奠基

"四个全面"战略布局是习近平主席治国理政思想的核心,既是对党的基本路线的拓展和深化,也绘制出治国理政的蓝图。同时,**凸显出他治国理政战略的鲜明特点,即:问题意识、为民情怀和系统思维。**

直面党和国家面临的突出问题——直面我国经济社会发展的不平衡、不协调,他指出,全面小康是不分地域、不让一个人掉队的全面小康;"小康不小康,关键看老乡",不能用平均数掩盖大多数;坚决阻止贫困现象代际传递。直面改革的深层次矛盾、特别是利益固化问题,必须把全面深化改革作为推动力。直面治理方式不相适应、法治不彰的现实问题,必须全面推进依法治国。直面党面临的考验、危险和消极腐败问题,一再强调"打铁还需自身硬",必须全面从严治党,增强党的自我净化、自我完善、自我革新、自我提高能力,才能确保党始终成为中国特色社会主义事业的领导核心。

积极回应人民群众热切期待——全面建成小康社会描绘了人民幸福的近期愿景,并告诉人们全面小康的实现,是向着实现中国梦迈出的坚实一步,激励人们为实现中国梦而奋斗。全面深化改革破除了实现人民幸福的体制障碍,明确了只有改革开放,才能发展中国、实现国强民富。简政放权,等于革政府自己的命,必须有壮士断腕的决心和毅力。全面依法治国夯实了人民幸福的法治基础,全面从严治党为实现人民幸福提供了政治保障。治国必先治党、治党务必从严。改革能否成功、法治能否彰显、人民幸福能否实现?关键在党,能否永葆先进性和纯洁性,能否恪守根本宗旨、提高执政能力。这既是新一届中央领导集体执政为民理念的集中表达,也是以人民利益为经纬的谋篇布局。

"四个全面"战略布局,相辅相成、相互促进、相互支撑,每一个全面都是一个独立系统,聚合起来,成为一个为民族复兴奠基的系统工程。全面建成小康社会为整个现代化建设目标奠定基础、准备条件,是实现现代化、中国梦必过的门槛、战略性的目标;改革开放是决定实现"两个百年"目标、实现中华民族伟大复兴的关键;依法治国是深化改革、实现国家治理体系和治理能力现代化的重要保障,而实现"四个全面"的关键是全面从严治党。"四个全面"战略布局着手国内、放眼世界;立足现实、展望未来,拓展了中国特色社会主义的实现途径,并以其体现的问题意识、为民情怀和系统思维赋予鲜明的时代特色。

站在复兴大业的更高起点——着力质量效益、保持调控定力、深化改革开放,推动经济持续健康发展

善于把握大势、紧跟时代潮流,抢抓机遇、顺势而为;坚持底线思维,稳中求进、稳中有为,是新一届中央领导集体站在复兴大业更高起点上,做好包括经济工作在内一切工作的总基调。习近平主席一再强调,"事物都是不断发展、相互联系的,只有眼界非常宽阔,正确认识和积极顺应中国和世界发展大势,正确认识和妥善处理党和国家面临的大事,才能把握工作主动权,跟上时代前进步伐,推动事业顺利发展。"具体到经济发展方面,观察国际经济大势要联系国际金融危机的大背景。他指出,国际金融危机影响具有长期性,国际市场争夺更趋激烈,必须顺势而为、转变思路,大力推进改革创新,赢得在经济发展上的主动和国际竞争中的主动。

把握国内经济发展大势,他做出了经济增长速度换挡期、结构调整阵痛期、前期刺激政策消化期三期叠加的重要判断,为制定正确的经济

政策提供了依据。面对经济运行存在下行压力，部分行业产能过剩严重，保障粮食安全难度加大，宏观债务水平持续上升，结构性就业矛盾突出，生态环境恶化，食品药品质量堪忧，社会治安状况不佳等突出问题，习近平主席指出，我们既要正视面临的困难和挑战，又要看到具备的有利条件和积极因素，既要坚定必胜信心，又要增强忧患意识，并特别强调要坚持"两点论"，一分为二看问题；要坚持底线思维，牢牢把握稳中求进、稳中有为的工作总基调。同时，积极采取有力战略举措，全力推动经济持续健康发展。

着力质量效益，加快经济结构调整和发展方式转变。习近平主席指出："增长必须是实实在在和没有水分的增长，是有效益、有质量、可持续的增长"，经济工作"要以提高经济增长质量和效益为中心""增强经济增长的内生活力和动力"。强调：要以科学发展为主题，把推动发展的着力点转到质量和效益上来，下大气力推进绿色发展、循环发展、低碳发展。明确：提高经济发展质量和效益的主线，是推进经济结构战略性调整和经济发展方式转变；大力推进产业结构调整，重点是化解产能过剩，推动产业转型升级；转变经济发展方式既要强化创新驱动，又要处理好经济发展同生态环境保护的关系；提高经济发展质量和效益，一个重要的方面是推进新型城镇化。

保持调控定力，使经济增长处于合理区间。习近平主席就如何正确看待和处理中国经济社会发展与保持增速问题，提出了很多重要观点。指出：保持经济增长的合理速度，保持调控定力，使经济运行处于合理区间。一要全面认识持续健康发展和生产总值增长的关系，不能把发展简单化为增加生产总值，在评价工作和考察干部时，不能一味以生产总值排名比高低、论英雄。二要明确我国经济不可能、也不必要保持超高速，实现我们确定的到2020年国内生产总值和城乡居民人均收入，比

2010年翻一番的目标，只要年均7%的增速就够了。三要明确我国经济完全有可能保持较高的增速，主要是由于工业化、信息化、城镇化、农业现代化带来的发展空间还很大，社会生产力技术雄厚，生产要素、综合优势明显，体制机制也在不断地完善。"两个百年"目标和实现中国梦的理想，将给中国经济发展源源不断注入新的活力、动力。把握好宏观调控方向、力度、节奏，根据经济形势变化，适时适度进行预调和微调，使经济运行处于合理区间是必要的。

深化改革开放，释放发展的强大动力。习近平主席明确的指出："改革开放是当代中国发展进步的活力之源，是我们党和人民大踏步赶上时代前进步伐的重要法宝，是坚持和发展中国特色社会主义的必由之路。"他号召全党全国各族人民"做到改革不停顿、开放不止步"。强调"改革开放只有进行时没有完成时"，要坚持改革开放的正确方向和正确方法论。同时要求：全面深化经济体制改革，坚决破除各种体制机制障碍；实施更加积极主动的开放战略，全面提升开放型经济水平；全面提升开放型经济水平的一个重要战略步骤，是实施自由贸易区战略；另一个战略举措，是建设"一带一路"。

吹响脱贫攻坚战冲锋号——咬定目标、苦干实干

针对我国当前依然严峻的脱贫攻坚形势（截至2014年底，全国仍有7000多万农村贫困人口），党的十八届五中全会后，党中央召开的第一个中央工作会议，为中央扶贫开发工作会议，体现了党中央对扶贫开发工作的高度重视。会议的主要任务是，贯彻落实党的十八届五中全会精神，分析全面建成小康社会进入决胜阶段脱贫攻坚面临的形势和任务，对当前和今后一个时期脱贫攻坚任务作出部署，动员全党全国全社

会力量，齐心协力打赢脱贫攻坚战。习近平主席出席会议并发表重要讲话。

他在讲话中指出，消除贫困、改善民生、逐步实现共同富裕，是社会主义的本质要求，是我们党的重要使命。全面建成小康社会，是我们对全国人民的庄严承诺。脱贫攻坚战的冲锋号已经吹响。我们要立下愚公移山志，咬定目标、苦干实干，坚决打赢脱贫攻坚战，确保到2020年所有贫困地区和贫困人口一道迈入全面小康社会。"十三五"期间脱贫攻坚的目标是，到2020年稳定实现农村贫困人口不愁吃、不愁穿，农村贫困人口义务教育、基本医疗、住房安全有保障；同时实现贫困地区农民人均可支配收入增长幅度高于全国平均水平、基本公共服务主要领域指标接近全国平均水平。脱贫攻坚已经到了啃硬骨头、攻坚拔寨的冲刺阶段，必须以更大的决心、更明确的思路、更精准的举措、超常规的力度，众志成城实现脱贫攻坚目标，决不能落下一个贫困地区、一个贫困群众。

同时，他指出，要坚持精准扶贫、精准脱贫，重在提高脱贫攻坚成效。关键是要找准路子、构建好的体制机制，在精准施策上出实招、在精准推进上下实功、在精准落地上见实效。要解决好"扶持谁"的问题，确保把真正的贫困人口弄清楚，把贫困人口、贫困程度、致贫原因等搞清楚，以便做到因户施策、因人施策。要解决好"谁来扶"的问题，加快形成中央统筹、省（自治区、直辖市）负总责、市（地）县抓落实的扶贫开发工作机制，做到分工明确、责任清晰、任务到人、考核到位。精准扶贫是为了精准脱贫。要实行逐户销号，做到脱贫到人，脱没脱贫要同群众一起算账，要群众认账。越是进行脱贫攻坚战，越是要加强和改善党的领导。各级党委和政府必须坚定信心、勇于担当，把脱贫职责扛在肩上，把脱贫任务抓在手上。扶贫开发投入力度，要同打赢脱贫攻坚战的要求相匹配。脱贫致富终究要靠贫困群众用自己的辛勤劳动来实现。没有比人更高的山，没有比脚更长的路。要重视发挥广大基层干部群众的首创精神，让他们的心热起来、行动起来，靠辛勤劳动改变贫困落后面貌。要动员全社会力量广泛参与扶贫事业。

明确"十三五"目标任务
——为中国发展注入"强心剂"

"十三五"时期是全面建成小康社会、实现我们党确定的"两个一百年"奋斗目标的第一个百年奋斗目标的决胜阶段。制定和实施好"十三五"规划建议，阐明党和国家战略意图，明确发展的指导思想、基本原则、目标要求、基本理念、重大举措，描绘好未来5年国家发展蓝图，事关全面建成小康社会、全面深化改革、全面依法治国、全面从严治党战略布局的协调推进，事关我国经济社会持续健康发展，事关社会主义现代化建设大局。

"'十三五'时期是我国经济社会发展非常重要的时期，各级党委和政府要明大势、看大局"，2015年5月27日，习近平主席在召开的华东七省市党委主要负责同志座谈会上，强调，要深刻把握国际国内发展基本走势，坚持立足优势、趋利避害、积极作为，系统谋划好"十三五"时期经济社会发展。谋划"十三五"时期发展，要清醒认识面临的风险和挑战，把难点和复杂性估计得更充分一些，把各种风险想得更深入一些，把各方面情况考虑得更周全一些，搞好统筹兼顾。"保持经济增长、转变经济发展方式、调整优化产业结构、推动创新驱动发展、加快农业现代化步伐、改革体制机制、推动协调发展、加强生态文明建设、保障和改善民生、推进扶贫开发"，这是习近平主席在讲话中明确的经济社会发展十大目标任务，要求在"十三五"时期取得明显突破。在这十大目标任务中，保持经济增长排在第一位。

针对这十大目标任务，习近平主席在讲话中，重点谈到了六个领域的发展思路，例如：产业结构优化升级，同步推进新型工业化、信息化、城镇化、农业现代化。要求，要深入研究保持经济增长的举措和办法，着力解决制约经济社会持续健康发展的重大问题，挖掘增长潜力，培育发展动力，厚植发展优势，拓展发展空间，推动经济总量上台阶。这明确了中国未来经济发展的着力点是经济结构的调整和发展方式的转变。需要我们以创新为驱动力，摆脱过去单纯注重加工业的眼光，改革和创新是应对当前和接下来一个阶段国内外经济复杂形势的重点。在谈到生态环境保护时，他将建设良好生态环境，上升到"人民生活质量的增长点、展现我国良好形象的发力点"、"金山银山不如绿水青山"的高度。在谈到民生问题时，他特别提到，要全面解决好人民群众关心的教育、就业、收入、社保、医疗卫生、食品安全等问题。

2015年10月26日至29日在北京举行的党的十八届五中全会上，习近平主席就《中共中央关于制定国民经济和社会发展第十三个五年规划的建议》起草的有关情况向全会作了说明。其中，不仅充分考虑了"十三五"时期我国经济社会发展的趋势和要求，明确了发展的方向、思路、重点任务、重大举措，而且就经济保持中高速增长；户籍人口城镇化率加快提高；我国现行标准下农村贫困人口实现脱贫、贫困县全部摘帽、解决区域性整体贫困；实施一批国家重大科技项目和在重大创新领域组建一批国家实验室；加强统筹协调，改革并完善适应现代金融市场发展的金融监管框架；实行能源和水资源消耗、建设用地等总量和强度双控行动；探索实行耕地轮作休耕制度试点；实行省以下环保机构监测监察执法垂直管理制度；全面实施一对夫妇可生育两个孩子政策等重大问题进行了详细说明。

习近平主席关于我国经济社会工作的这些要求和部署，为中国发展注入"强心剂"。我们深信，只要坚持不懈地贯彻下去，必将推动中国经济社会的持续健康发展，为全面建成小康社会和顺利实现中华民族伟大复兴的中国梦打下坚实基础。

继承弘扬国际战略传统——坚持和平相处，共同发展

中国是有着悠久文明的国家，是经历了深重苦难的国家，也是世界上最大的发展中国家。中国特色社会主义制度、历史文化传统、国情、时代潮流和国家根本利益，决定了中国只能走和平发展道路。新一届中央领导集体立足民族复兴的新起点，继承和弘扬中国国际战略的优良传统，针对重要战略机遇期内涵和条件的新变化，着眼全局和未来，坚持中国和平发展与世界和平发展相统一，开创了中国国际战略思想和实践的新篇章。

坚持走和平发展道路，但决不能放弃我们的正当权益，决不能牺牲国家核心利益。任何外国不要指望我们会拿自己的核心利益做交易，不要指望我们会吞下损害我国主权、安全、发展利益的苦果。这体现了坚持和平发展与维护核心利益的辩证统一，也明确了中国和平发展是有底线的。

实现中国梦，必须坚持和平发展。我们将始终不渝走和平发展道路，始终不渝奉行互利共赢的开放战略，不仅致力于中国自身发展，也强调对世界的责任和贡献；不仅造福中国人民，而且造福世界人民。"实现中国梦给世界带来的是和平，不是动荡；是机遇，不是威胁。"——2013年5月31日，习近平主席在接受拉美三国媒体联合书面

采访中作出此明确表态。

在"和平共处五项原则"发表60周年纪念大会上的讲话中，习近平主席明确指出，中国人民崇尚"己所不欲，勿施于人"；中国不认同"国强必霸论"；中国人的血脉中没有称王称霸、穷兵黩武的基因。在印度世界事务委员会发表演讲时进一步指出，中华民族历来爱好和平，和平、和睦、和谐的追求深深植根于中华民族的精神世界之中。中国走和平发展道路的意志是坚定的，将始终是维护世界和平的坚定力量。中国发展绝不以牺牲别国利益为代价，绝不做损人利己、以邻为壑的事情，坚持不干涉别国内政原则，不会把自己的意志强加于人。这在过去没有动摇过，未来仍将始终不渝坚持下去，永远不会动摇。但，中国和平发展道路要走通走顺，需要世界其他国家也都走和平发展道路。只有各国都走和平发展道路，各国才能和平相处，共同发展。

在中国人民抗日战争暨世界反法西斯战争胜利70周年纪念大会上，习近平主席发表重要讲话，并强调：战争是一面镜子，能够让人更好认识和平的珍贵。今天，和平与发展已经成为时代主题，但世界仍很不太平，战争的达摩克利斯之剑依然悬在人类头上。我们要以史为鉴，坚定维护和平的决心。为了和平，我们要牢固树立人类命运共同体意识。偏见和歧视、仇恨和战争，只会带来灾难和痛苦。相互尊重、平等相处、和平发展、共同繁荣，才是人间正道。世界各国应该共同维护以联合国宪章宗旨和原则为核心的国际秩序和国际体系，积极构建以合作共赢为核心的新型国际关系，共同推进世界和平与发展的崇高事业。为了和平，中国将始终坚持走和平发展道路。中华民族历来爱好和平。无论发展到哪一步，中国都永远不称霸、永远不搞扩张，永远不会把自身曾经经历过的悲惨遭遇强加给其他民族。中国人民将坚持同世界各国人民友好相处，坚决捍卫中国人民抗日战争和世界反法西斯战争胜利成果，努力为人类作出新的更大的贡献。让我们共同铭记历史所启示的伟大真理：正义必胜！和平必胜！人民必胜！

近年来，有的国家、有的势力、有的舆论片面解读，中国走和平发展道路的国家战略抉择，以为这将束缚中国维护国家利益的决心、手段和能力，不愿或不敢采取非和平手段来捍卫自己的核心利益。因而，屡屡制造事端、进行挑衅，甚至企图触碰我国核心利益红线。这种把中国的克制和忍让视为软弱可欺，把主张通过政治对话和外交渠道来解决争端，视为有机可乘的思想和行为，都是要付出相应乃至巨大代价的。中国不怕事，也不惹事，决不把走和平发展道路与维护国家利益割裂开来。任何外国也不要指望中国会拿自己的核心利益做交易，不要指望中国会吞下损害国家主权、安全、发展利益的苦果。中国的核心利益是决不能冲击和触犯的。中国支持其他国家特别是广大发展中国家维护自身的主权、安全、发展利益，真诚希望其他国家都走和平发展道路，大家携手把这条路走稳走好。这表明了中国在坚持和平发展的同时，坚决维护国家核心利益的底线和不可动摇的决心，阐明了中国坚持自身和平发展与推动世界共同和平发展的内在联系。

创新中国对外发展主张——与世界共建命运共同体

当今世界已进入全球化时代，面对世界政治经济社会发展的复杂形势和全球性问题，任何国家都不可能独善其身、一枝独秀。这要求各国同舟共济、相互帮扶，在追求本国利益时，兼顾他国合理关切，在谋求本国发展中促进各国共同发展，建立更加平等均衡的新型全球发展伙伴关系，以增进人类共同利益，共同建设一个更加美好的地球家园。基此，党的十八大报告提出倡导人类命运共同体意识，习近平主席系统阐述了这一战略思想,指出,整个世界已越来越发展成为你中有我、我中有你的命运共同体,一个国家要谋求自身发展,必须也让别人发展;要谋求自身安全,必须也让别人安全;要谋求自身过得好,必须也让别人过得好。世界长期发展不可能建立在一批国家越来越富裕,而另一批国家却长期贫穷落后的基础之上。各国必须坚持以合作的胸怀、创新的精神、负责任的态度,共同应对各种问题和挑战。只有各国共同发展了,世界才能更好发展。中国希望别国做到的,自己先做到。中国把自身的发展与世界发展联系起来,把中国人民利益同各国人民共同利益结合起来,把中国的机遇转变为世界的机遇,是合作共赢的积极倡导者,更是合作共赢的切实践行者。

中国与世界共建命运共同体,主张在政治上,坚持主权平等,主权和领土完整不容侵犯,各国主权范围内的事情只能由本国政府和人民去管,应该尊重彼此核心利益和重大关切。国家不分大小、强弱、贫富,都是国际社会平等成员,各国的事务应该由各国人民自己来管,尊重各国自主选择的社会制度和发展道路,反对出于一己之利或一己之见,采用非法手段颠覆别国合法政权。坚持公平正义,推动国际关系民主化、法治化、合理化。

在经济上,坚持共同发展,各国在谋求自身发展时,应该积极促进其他国家共同发展,让发展成果更多更好惠及各国人民;共同维护和发展开放型世界经济,共同促进世界经济强劲、可持续、平衡增长,推动贸易和投资自由化便利化,坚持开放的区域合作,反对各种形式的保护主义,反对任何以邻为壑、转嫁危机的意图和做法;推动南南合作和南北对话,增强发展中国家自主发展能力,推动发达国家承担更多责任,努力缩小南北差距,建立更加平等均衡的新型全球发展伙伴关系,夯实世界经济长期稳定发展基础。2015年11月30日,国际货币基金组织

（IMF）执董会批准人民币加入特别提款权（SDR）货币篮子，新的货币篮子于 2016 年 10 月 1 日正式生效。这不仅得益于中国采取了一系列加快人民币国际化进程措施，如：公布外汇储备货币构成、向外国央行等开放银行间债券市场和外汇市场、完善人民币汇率中间价报价机制、采纳 IMF 数据公布特殊标准等，为人民币"入篮"扫除了技术性障碍，而且也向国际社会释放了中国坚定金融改革、开放资本市场的积极信号，得到了国际机构和投资者认可。

在文化上，坚持包容互鉴，主张不同民族、不同文明多姿多彩、各有千秋，没有优劣之分，只有特色之别；尊重世界文明多样性，推动不同文明交流对话、和平共处、和谐共生；倡导文明交流互鉴，注重汲取不同国家、不同民族创造的优秀文明成果，取长补短，兼收并蓄，共同绘就人类文明美好画卷；反对唯我独尊、贬低其他文明和民族，甚至企图建立单一文明的一统天下。

在安全上，坚持共同安全，主张安全是普遍的，各国都有平等参与国际和地区安全事务的权利，也都有维护国际和地区安全的责任；倡导共同、综合、合作、可持续安全的理念，尊重并保障每一个国家的安全；不能一个国家安全而其他国家不安全，一部分国家安全而另一部分国家不安全，更不能牺牲别国安全谋求自身所谓绝对安全；要加强国际和地区合作，共同应对日益增多的非传统安全威胁；坚持通过对话协商以和平方式解决国家间存在的分歧和争端，以对话增互信，以对话解纷争，以对话促安全，以道义和理念为支撑实现基础牢固和真正持久的安全，不能动辄诉诸武力或以武力相威胁；坚持理性、协调、并进的核安全观，主张发展和安全并重、权利和义务并重、自主和协作并重、治标和治本并重，把核安全进程纳入健康持续发展轨道；推动建设开放、透明、平等的亚太安全合作新架构，推动各国共同维护地区和世界和平安全。

在对外关系实践中，中国积极扩大同各方利益的汇合点，同各国各地区建立并发展不同领域和不同层次的利益共同体，在中国与世界各国的良性互动、合作共赢中开拓前进，推动实现人类共同利益，共享人类文明进步成果。2015 年 9 月 26 日，联合国成立 70 周年之际，习近平主席在纽约联合国总部出席联合国发展峰会，发表了题为《谋共同永续发展 做合作共赢伙伴》的重要讲话，将以上中国对外发展主张予以进一步诠释。

环顾世界，和平与发展仍然是当今时代两大主题。要解决好各种全球性挑战，包括最近发生在欧洲的难民危机，根本出路在于谋求和平、实现发展。面对重重挑战和道道难关，我们必须攥紧发展这把钥匙。唯有发展，才能消除冲突的根源。唯有发展，才能保障人民的基本权利。唯有发展，才能满足人民对美好生活的热切向往。本次峰会通过的 2015 年后发展议程，为全球发展描绘了新愿景，为国际发展合作提供了新机遇。我们应该以此为新起点，共同走出一条公平、开放、全面、创新的发展之路，努力实现各国共同发展。

2015 年后发展议程是一份高标准的任务单，也是一份沉甸甸的承诺书。"一分部署，九分落实。"我倡议，国际社会加强合作，共同落实 2015 年后发展议程，努力实现合作共赢。

第一，增强各国发展能力。发展归根到底要靠本国自身努力。中国人讲："量腹而受，量身而衣。"各国要根据自身禀赋特点，制定适合本国国情的发展战略。国际社会要帮助发展中国家加强能力建设，根据他们的实际需求，有针对性地提供支持和帮助。

第二，改善国际发展环境。和平与发展相辅相成。各国要共同维护国际和平，以和平促进发展，以发展巩固和平。发展还需要良好外部制度环境，国际金融机构要加快治理改革，多边开发机构要增加发展资源。

第三，优化发展伙伴关系。发达国家应该及时兑现承诺、履行义务，国际社会应该坚持南北合作主渠道地位，深化南南合作和三方合作，支持私营部门等利益攸关方在伙伴关系中发挥更大作用。

第四，健全发展协调机制。各国要加强宏观经济政策协调，避免负面溢出效应。区域组织要加快一体化进程，通过域内优势互补提升整体竞争力。联合国要继续发挥领导作用。

中国郑重承诺，以落实2015年后发展议程为己任，团结协作，推动全球发展事业不断向前！

以"中国智慧"——构建合作共赢的新型国际关系

以习近平为核心的新一届中央领导集体继承和发扬中国的文明观和世界观，在外交主张中运用历史的、现实的多重维度，寻找共同渊源促进双边或多边战略合作；运用"中国智慧"推动构建以合作共赢为核心，追求各国共享尊严、共享发展成果、共享安全保障的新型国际关系。坚持"合则强，孤则弱"原则，积极树立双赢、多赢、共赢的新理念，摒弃你输我赢、赢者通吃的旧思维，谱写着中国外交的新篇章。

积极构建新型大国关系框架。与美国，力争不冲突、不对抗，以企实现相互尊重、合作共赢，尊重彼此核心利益和重大关切，不断推进务实合作，通过两国元首会晤、中美经济与战略对话、中美亚太事务磋商等机制，加强在地区和全球问题上的沟通协调，妥善处理敏感问题和有效管控分歧，确保两国关系持续健康稳定向前发展。**与俄罗斯**，互相视为最主要和最重要的战略协作伙伴，把两国关系都放到各自外交全局和对外政策优先地位，通过两国元首和政府总理定期会晤等双边机制，以及金砖国家和上海合作组织等多边机制，全面推进合作，把双方高水平的政治关系优势转化为务实合作的实际成果。**与欧盟**，着眼历史变革趋势，抓住发展机遇，以《中欧合作2020战略规划》和第二份《中国对欧政策文件》为牵引，以习近平主席和李克强总理访问欧盟总部及欧盟国家为契机，通过中欧领导人会晤等机制，在世界多极化和经济全球化进程中，准确定位全面战略伙伴关系，在全球产业调整中实现合作创新发展，着力推进双方和平、增长、改革、文明等方面的伙伴关系。**与印度**，抓住机遇，排除干扰，做好更加紧密的发展伙伴，共同实现民族复兴；做好引领增长的合作伙伴，携手推进亚洲繁荣振兴；做好战略协作的全球伙伴，推动国际秩序朝着更加公正合理的方向发展。作为两大古老文明，携手走出一条相邻大国友好相处之道。**与其他发达国家和发展中大国**，则通过二十国集团、金砖国家等框架积极推进友好合作关系。

更加奋发有为地推进周边外交。习近平主席强调中国坚持与邻为善、以邻为伴，坚持睦邻、安邻、富邻，突出体现"亲、诚、惠、容"的理念，中国要率先身体力行，使之成为地区国家遵循和秉持的共同理念和行为准则。党的十八届三中全会《决定》中明确指出，加快沿边开放步伐，允许沿边重点口岸、边境城市、经济合作区在人员往来、加工物流、旅游等方面实行特殊方式和政策。建立开发性金融机构，加快同周边国家和区域基础设施互联互通建设，推进丝绸之路经济带、海上丝绸之路建设，形成全方位开放新格局。以此为契机，通过亚太经合组织、东亚峰会、中国－东盟、中日韩－东盟等机制，全面推进新一轮对外开放，发展开放型经济体系，为亚洲和世界发展带来新的机遇和空间。

坚持正确义利观，巩固与发展中国家的团结合作。秉承中华文化和新中国外交优良传统,针对中国与发展中国家关系面临的新形势、新任务,习近平主席强调要坚持正确义利观,有原则、讲情谊、讲道义,道义为先、义利并举,政治上坚持正义、秉持公道、道义为先;经济上坚持互利共赢、共同发展,向第三世界国家提供力所能及的帮助,对那些与中国长期友好而自身发展任务艰巨的发展中国家,要更多地考虑对方利益。对叙利亚危机、巴以冲突、伊朗核问题等,明确提出了多条建议,彰显中国在中东地区事务中积极负责的建设性大国作用。

以更加积极的姿态参与国际事务。习近平主席指出,中国将坚定不移地做共同发展的推动者、多边贸易体制的维护者、全球经济治理的参与者;将继续着眼本国人民利益和人类共同利益,按照责任、权利、能力相一致的原则,力所能及地承担更多国际责任,积极参与国际体系改革和全球治理,推动国际政治经济秩序朝着更加公正合理方向发展;将继续建设性参与政治解决重大国际地区热点问题和应对全球性挑战,争取为维护世界和平、安全、稳定做出新的更大的贡献;将继续积极参与全球发展事业,与世界各国一道,推动世界繁荣进步。

随着这些战略思想的贯彻落实和有关战略部署的推进,以及同政治、经济、文化、军事、公众等方面外交的相互结合,形成系统运筹、整体推进的宏大态势,使中国国际战略布局和实践,呈现出全球性、前瞻性、主动性的突出特点,也使中国外交不断展现出新气象、新局面。

"一带一路"战略——开创全球合作发展新局面

2013年9月和10月,习近平主席先后提出,建设"新丝绸之路经济带"和"21世纪海上丝绸之路"的战略构想,简称"一带一路"战略。"一带一路"是促进全球共同发展、实现共同繁荣的合作共赢之路,是增进理解信任、加强全方位交流的和平友谊之路。中国将秉持和平合作、开放包容、互学互鉴、互利共赢的理念，全方位推进务实合作，打造政治互信、经济融合、文化包容的利益共同体、命运共同体和责任共同体。

"一带一路"是中国发展的必然战略选择，是联合国全体会员国认同的世界上最大的经济走廊。

"一带一路"贯穿亚欧非大陆，一头是活跃的东亚经济圈，一头是发达的欧洲经济圈，中间广大腹地国家的经济发展潜力巨大。丝绸之路经济带重点畅通中国经中亚、俄罗斯至欧洲（波罗的海）；中国经中亚、西亚至波斯湾、地中海；中国至东南亚、南亚、印度洋。21世纪海上丝绸之路重点方向是从中国沿海港口过南海到印度洋，延伸至欧洲；从中国沿海港口过南海到南太平洋。根据"一带一路"走向，陆上依托国际大通道，以沿线中心城市为支撑，以重点经贸产业园区为合作平台，共同打造新亚欧大陆桥、中蒙俄、中国—中亚—西亚、中国—中南半岛等国际经济合作走廊；海上以重点港口为节点，共同建设通畅安全高效的运输大通道。

"一带一路"建设秉承共商、共享、共建原则。**恪守联合国宪章的宗旨和原则**。遵守和平共处五项原则，即尊重各国主权和领土完整、互不侵犯、互不干涉内政、和平共处、平等互利。**坚持开放合作**："一带一路"相关的国家基于但不限于古代丝绸之路的范围，各国和国际、地区组织均可参与，让共建成果惠及更广泛的区域。**坚持和谐包容**：倡导文明宽容，尊重各国发展道路和模式的选择，加强不同文明之间的对话，求同存异、兼容并蓄、和平共处、共生共荣。**坚持市场运作**：遵循市场规律和国际通行规则，充分发挥市场在资源配置中的决定性作用和各类企业的主体作用，同时发挥好政府的作用。**坚持互利共赢**：兼顾各方利益和关切，寻求利益契合点和合作最大公约数，体现各方智慧和创意，各施所长，各尽所能，把各方优势和潜力充分发挥出来。

2015年3月28日，国家发改委、外交部、商务部经国务院授权，联合发布《推动共建丝绸之路经济带和21世纪海上丝绸之路的愿景与行动》，标志着"一带一路"建设进入了新阶段。

习近平主席明确指出，政策沟通、设施联通、贸易畅通、资金融通和民心相通"五通"，是"一带一路"区域合作中最为关键的要点，为打造共同体提供了必需的硬件、软件、情感三大要素，并且定位准确、互为补充：政策沟通为国家之间的合作提供前提与保障；道路等基础设施联通是合作的优先领域和很好的切入点；贸易畅通是重点内容，是互利共赢的载体和路径；资金融通是重要支撑，是配置资源的重要工具；民心相通是社会根基，为"一带一路"建设提供良好氛围。《愿景与行动》向沿线各国乃至全世界，坦诚公布了中国对待区域合作的立场和态度，表明了中国积极承担大国责任的信心和勇气，彰显了中国"亲诚惠容"的外交理念。同时，倡议沿线国家，相互配合、积极磋商、共同努力，携手将"愿景"变成"规划"，将"行动"变为"成果"，共创发展机遇，共享丝路繁荣，共谱世界和平发展新篇章！

亚投行——"源于中国而属于世界"的中国担当

作为首个由中国倡议设立的多边金融机构，亚洲基础设施投资银行于2016年1月16日开业，成为高标准国际金融机构的成功范例，具有多重意义。

服务于亚洲振兴。据测算，在2010—2020年期间，亚洲发展中国家基础设施投资总需求高达8万亿美元，年平均投资约需7000多亿美元，而现有多边开发银行在亚洲基础设施领域的年度投资规模仅约为100亿—200亿美元。在这种情况下，通过设立亚投行，动员更多资金，支持域内基础设施建设和互联互通，将为亚洲经济增长注入长久动力，也有利于形成周边国家与中国经济的良性互动。"要想富，先修路。"亚投行加快促进本地区基础设施互联互通，推动区域经济合作，为亚洲经济发展注入新动力。习近平主席在开业式上致辞时指出，"亚投行正式成立并开业，将有效增加亚洲地区基础设施投资，多渠道动员各种资源特别是私营部门资金投入基础设施建设领域，推动区域互联互通和经济一体化进程，也有利于改善亚洲发展中成员国的投资环境，创造就业机会，提升中长期发展潜力，对亚洲乃至世界经济增长带来积极提振作用。"

服务于南南合作和南北合作。亚投行创新的一大亮点，是发展中国家占多数且拥有较大话语权。这既顺应了国际经济格局的发展变化，也彰显了发展中国家携手推进亚洲区域发展的信心与决心。亚投行的成员国涵盖亚洲、大洋洲、欧洲、非洲、拉美等五大洲，以发展中成员国为主体，同时包括大量发达成员国，这一独特优势使其能够成为推进南南合作和南北合作的桥梁和纽带。

服务于全球治理。亚投行不仅激励国际金融体系变革，也在开创21世纪全球治理新路径：Lean，clean, green（精益、清洁、绿色），并且将遵循"公开、透明、择优"原则遴选管理层明确写入协定，是一项区别于现有主要多边开发银行的创新之举，反映了亚投行一贯坚持的现代治理理念。正如习近平主席指出的，"亚投行正式成立并开业，对全球经济治理体系改革完善具有重大意义，顺应了世界经济格局调整演变的趋势，有助于推动全球经济治理体系朝着更加公正合理有效的方向发展。"为确保做到这一点，亚投行充分借鉴现有多边开发银行在治理结构、环境和社会保障政策、采购政策、债务可持续性等方面好的经验和做法，取长补短，高起点运作；同时奉行开放的区域主义，开展联合融资、知识共享、能力建设等多种形式的合作和良性竞争，相互促进，取长补短，共同提高，提升多边开发机构对亚洲基础设施互联互通和经济可持续发展的贡献度。

实施军事与安全战略——建设一支听党指挥、能打胜仗、作风优良的人民军队

如今，第二次世界大战以来的胜利成果正在被蚕食，所形成的国际法准则和国际秩序正在遭到破坏。这是中国和平发展的一个大暗礁，需要我们高度的警觉。中国的实力不断增强被看好的同时，也引起周边国家"中国威胁"的叫嚣和敌视。以及国际右翼势力磨刀霍霍，引起人们对和平与发展更多担忧。同时，国内矛盾的瓶颈也制约着中国的进一步发展，深水改革的风险和挑战考验着我们党的执政智慧和能力。腐败、公平、环境、民生等问题，每一个问题都关乎中国梦的实现，每一个问题都隐含触礁的危险，处理不好都有可能导致深海翻船。

顶住来自外部对中国发展的挑战，冲破内部利益结构固化的藩篱，需要我们党：建立起经得起考验的强大政治实力，推进政治改革，发展社会主义民主政治，遏制腐败，深化行政管理体制改革，增强效率，应对外部的政治挑战；建立起强大的经济实力，继续深化市场化改革，增强国家发展的后劲，应对经济和金融的挑战；建立起强大的科技实力，发展尖端科学技术，生物技术、信息技术、海洋技术、新能源技术、计算机技术，发展国民教育为尖端技术输送人才，应对新技术革命的挑战；建立起强大的军事实力，发展陆、海、空、火箭军力量，建设海洋

强国，应对军事和战争挑战。探礁过海——党的十八大以来，在军委主席习近平的正确指引下，从推进大国军事关系到构建有利周边环境，从为提升战斗力创造平台到争取国际舆论斗争主动权，全面表现出新一届中央军委的外交风格。在涉及我国重大关切上针锋相对，纵横捭阖、经略致远，重视军事外宣工作，以海上军事力量展示和平军事外交成为习近平主席军事思想的重要特色。

"任何外国不要指望我们会拿自己的核心利益做交易，不要指望我们会吞下损害我国主权、安全、发展利益的苦果。""要坚持用和平方式、谈判方式解决争端，努力维护和平稳定。要做好应对各种复杂局面的准备，提高海洋维权能力，坚决维护我国海洋权益。要坚持'主权属我、搁置争议、共同开发'的方针，推进互利友好合作，寻求和扩大共同利益的汇合点。"习近平主席的这些强调，也揭示出了他军事外交思想的内涵：一是走和平发展道路与不牺牲国家核心利益的辩证统一；二是军事外交工作服务于军队现代化建设；三是在军事外交中不断提升军事"软实力"；四是军事外交活动坚持维护世界和平稳定。

同时，他明确"**建设一支听党指挥、能打胜仗、作风优良的人民军队，是党在新形势下的强军目标**。听党指挥是灵魂，决定军队建设的政治方向；能打胜仗是核心，反映军队的根本职能和军队建设的根本指向；作风优良是保证，关系军队的性质、宗旨、本色。""实现强军目标是一项具有很强开拓性的事业，面临大量新情况新问题，必须勇于探索、大胆创新、锐意改革。要以逢山开路、遇河架桥的精神，坚决推进军队各项改革，用新的理念、新的视野、新的方法、新的标准推进军事斗争准备和各项建设。""深化国防和军队改革，要把思想和行动统一到党中央和中央军委的决策部署上来，坚持用强军目标审视改革、以强军目标引领改革、围绕强军目标推进改革。"

全面实施改革强军战略，坚定不移走中国特色强军之路。在2015年11月24日至26日北京举行的中央军委改革工作会议上，习近平主席发表重要讲话并明确指出：人民军队发展史，就是一部改革创新史。在党的领导下，我军从小到大、从弱到强、从胜利走向胜利，一路走来，改革创新步伐从来没有停止过。我军之所以始终充满蓬勃朝气，同我军与时俱进不断推进自身改革是紧密联系在一起的。现在，我国进入由大向强发展的关键阶段，国防和军队建设处在新的历史起点上，放眼世界，纵观全局，审时度势，应对国际形势深刻复杂变化，坚持和发展中国特色社会主义，协调推进"四个全面"战略布局，贯彻落实强军目标和军事战略方针，履行好军队使命任务，都要求我们必须以更大的智慧和勇气深化国防和军队改革。同时，明确了军队改革的步骤和着眼点。

2020年前在领导管理体制、联合作战指挥体制改革上取得突破性进展，在优化规模结构、完善政策制度、推动军民融合发展等方面改革上取得重要成果，努力构建能够打赢信息化战争、有效履行使命任务的中国特色现代军事力量体系，完善中国特色社会主义军事制度。着眼于贯彻新形势下政治建军的要求，推进领导掌握部队和高效指挥部队有机统一，形成军委管总、战区主战、军种主建的格局；着眼于深入推进依法治军、从严治军，抓住治权这个关键，构建严密的权力运行制约和监督体系。着眼于打造精锐作战力量，优化规模结构和部队编成，推动我军由数量规模型向质量效能型转变；着眼于抢占未来军事竞争战略制高点，充分发挥创新驱动发展作用，培育战斗力新的增长点；着眼于开发管理用好军事人力资源，推动人才发展体制改革和政策创新，形成人才辈出、人尽其才的生动局面。着眼于贯彻军民融合发展战略，推进跨军地重大改革任务，推动经济建设和国防建设融合发展。

重视顶层设计、策略运筹——谱写中国特色外交新篇章

党的十八大以来，中国外交风格发生变化：由内向、被动转向积极、主动，充分展现了强势不强硬的大国外交风范。同时，通过一系列外交行动，实现了由被动到主动、由防御到进取、由中庸、重商到"有原则、讲情谊、讲道义"、由"韬光养晦"到积极作为的风格转变。在应对美国"重返亚太"，以及维护东海和南海等涉及领土主权核心国家利益问题上，中国外交更有原则，更加积极进取，表现出了更加自信的大国风范。东海防空识别区的划设就是典范。在伊朗、叙利亚等国际热点问题的处理上，中国也发挥了重要作用。创新外交形式，增强了中国外交的亲和力与影响力。习近平主席出访20多次，足迹遍布各大洲，实现全球覆盖。彭丽媛作为"第一夫人"开展外交，为首脑外交锦上添花，等等。这些新的外交形式，为开创中国外交新局面发挥了重要作用。

同时，以习近平为核心的党中央十分重视外交工作的顶层设计，不断强调要对中长期对外工作作出战略规划，通过一系列的重大外交行动，对大国关系、周边关系、与发展中国家关系和多边外交进行了整体布局。在具体的执行环节，强调要搞好策略运筹，顺势而为，根据国际形势和外部环境的变化，及时调整政策和策略，妥善处理新情况新问题。站在新的历史起点上，中国外交必须深入学习领会习近平主席外交思想和理论的新境界，把握精神实质、抓好贯彻落实，进一步统筹好国内国际两个大局，自觉地把外交工作放在党和国家工作大局中去谋划，更好把国内发展与对外开放统一起来，把中国发展与世界发展联系起来，把中国人民利益同各国人民共同利益结合起来，维护国家主权、安

全、发展利益，维护世界和平、促进共同发展。

切实践行中国特色大国外交理念，旗帜鲜明地坚持党的领导和中国特色社会主义，坚持独立自主的和平外交政策，坚持维护国际公平正义，坚持为国内发展和改革开放服好务，坚持开放包容、谦和大度的外交风范，努力走出一条符合中国人民利益、受到国际社会欢迎的中国特色大国外交新路。大力争取世界对中国梦的理解支持，让更多国家认识、理解、接受和欢迎中国的发展振兴。进一步构建以合作共赢为核心的新型国际关系，推进利益共同体和命运共同体建设。以"一带一路"为统领，推动建设深度交融的互利合作网络。认真履行外交为民使命，切实打造海外民生工程，努力推动中国外交工作迈上新台阶，谱写出中国特色大国外交的新篇章，为实现中国梦和世界持久和平与共同发展，作出新的更大贡献。

中国梦连接世界梦——人文魅力筑友谊

"中国梦"是始终贯穿习近平主席治国理政过程中的重要理念，在他的外交"路线图"中同样贯穿始终。他的每一次外交活动，都传播了"中国梦"的内涵，让"中国梦"连接别国梦、共筑世界梦。党的十八大报告明确指出，"将扎实推进公共外交和人文交流，维护我国海外合法权益"以及"夯实国家关系发展社会基础"。2012年12月，他在会见在华外国专家代表时指出："国与国友好的基础是否扎实，关键在于人民友谊是否深厚"。2013年6月，他在美国加州安纳伯格庄园与奥巴马总统举行会晤时指出，中国梦是和平、发展、合作、共赢的梦，与包括美国梦在内的世界各国人民的美好梦想相通；2014年3月，他在中法建交50周年纪念大会上说，中国梦是法国的机遇，希望中法两国和两国人民在实现中国梦和法国梦过程中相互理解、相互帮助,共同实现"中法梦";2014年7月,他在巴西国会发表演讲,指出中国梦和拉美梦息息相通,"中拉双方要勇于追梦、共同圆梦";2014年9月,他在访问斯里兰卡前,在该国媒体发表署名文章中写道:"'马欣达愿景'展现了斯里兰卡的强国富民梦,同中国人民追求中华民族伟大复兴的中国梦息息相通。"

习近平主席以他对世界各国文化传统的熟知与熟用,既向世界展现了"中国梦"的无限可能,也致力于阐述"中国道路",提出"中国方案",贡献"中国智慧"。在出访中,他每到一处都会掀起一股"中国热"。在上海亚信峰会、北京APEC会议、二十国集团领导人杭州峰会的"主场外交"中,他提出多项倡议,掌握国际话语权,更多发挥"主场优势"。在年度系列会议中,APEC各成员共提出超过100项合作倡议,其中半数以上是由中国提出,并得到各方支持。

如果说"亲、诚、惠、容"的周边外交理念、共建"命运共同体"的主张、践行正确"义利观"等观点,是"习式外交"在外交理念上的创新,那么民间外交、"友情"外交、"走亲戚"外交、"署名文章"外交,这些媒体给历次出访贴上的各类标签,不仅是"习式外交"在外交方式上的创新,也是人文魅力筑友谊的典范,更是中国外交新形象、新魅力的有力证明。

回首党的十八大以来,以习近平为核心的新一届中央领导集体,治国、理政、安邦,处理内政、外交的思想与思路,以及一系列重大决策部署,既坚定了当代中国的发展道路和发展走向,回答了今天的中国从哪里来、明天的中国向何处去的重大问题,提出改革发展的一系列新思路、新举措,展现了中华民族伟大复兴的美好愿景,也阐释了以民为本、以国为本的执政理念,彰显了真挚深厚的为民情怀,还展示了当代中国治国理政理念的深厚历史文化底蕴，体现了他们吸收和借鉴人类文明有益成果的宽广视野，更宣示中国走和平发展道路的坚定决心，展示了负责任大国的良好形象。同时，也以他们合作共赢的新境界谱写着中国和平发展和世界和平发展的新篇章。

中国坚决捍卫和维护国家主权和领土完整、维护全国各族人民的利益的决心是坚定的！中国走和平发展道路是坚定的！是任何力量都不可战胜的！因为中国红军的"长征"精神早已溶入了每个中华儿女的血液中……

第一章

百年求索：发展道路的历史探索与现实选择

我们已站到了新世纪的起点上。20世纪的中国，充满了屈辱与抗争，历经血与火的洗礼，百年历程悲怆壮烈。

而以伟大的毛泽东为代表的老一辈无产阶级革命家，将马列主义与中国实践相结合，经过艰苦卓绝的浴血奋战，缔造了伟大的中华人民共和国、中国共产党、中国人民解放军，这是20世纪中国人民世纪奇迹的创造。

一、屈辱中的呐喊与抗争（1840—1949）

（一）清朝中叶以来的中国屈辱历史

清朝中叶以来的中国走向了衰落，在这种衰落的过程中，"落后就要挟打"的厄运开始降临到中国的头上。中国开始了漫长而又痛苦的屈辱历史。这段屈辱的历史始于1840年的鸦片战争。

1840年6月，英国发动了侵略中国的第一次鸦片战争，结果在1842年8月战争结束后，签订了丧权辱国的《中英南京条约》，中国开始沦为半殖民地半封建社会。接着中国出现了一场轰轰烈烈的反封建反侵略的太平天国运动，却被中外反动势力联合绞杀。在太平天国运动期间的1856年，英法发动了对中国侵略的第二次鸦片战争，之后又签订了一系列条约，中国社会的半殖民地化程度进一步加深。

从19世纪50年代开始，中国及周边国家出现了侵略战争，边疆出现了危机。这些危机包括：美日侵略台湾、俄英侵略新疆、英国对云南和西藏的侵略、法国侵略越南、日本侵略朝鲜以及由法国侵略越南而引起的中法战争、由日本侵略朝鲜而引起的中日甲午战争。这样，到19世纪90年代，中国面临着被瓜分的局面，民族危机进一步加深。

中国无产阶级的产生早于中国资产阶级，它是在第一次鸦片战争后，在外国资本家经营的船坞和工厂里诞生的。随即爆发的五四运动，使无产阶级开始登上历史舞台。到此时，中国近代史进入下一阶段——新民主主义革命时期。

中国近代史在1840至1919年这个历史阶段中，洋务运动、边疆危机、反洋教斗争、早期改良主义的产生、无产阶级的产生，是多线平行发展，而义和团运动、戊戌变法运动、辛亥革命、五四运动，则是单线发展。

毛泽东曾经说过：一部中国近代史（这里指的是1840至1919年）就是一部帝国主义和封建主义相结合把中国变为半殖民地半封建社会的过程，同时也是一部中国人民反对帝国主义及其走狗的过程。换句话说，1840至1919年的历史是一部屈辱史，也是一部抗争史，同时还是

1842年8月29日，中英代表在英舰"康华利"号上签署《南京条约》

一部探索史。

1840到1919年五四运动结束，这79年的屈辱史可分为三个阶段：

第一阶段：第一次鸦片战争到第二次鸦片战争（1840—1856），是外国资本主义侵略奴役中国的开始到逐步深入内地的阶段，也就是半殖民地半封建社会开始的过程。其主要标志是签订了《中英南京条约》、俄美英法四国《天津条约》、中俄《北京条约》和中英、中法《北京条约》。

第二阶段：从19世纪70年代到19世纪80年代末，是边疆危机向民族危机过渡的阶段。帝国主义对中国的侵略进入了一个新的阶段，也就是半殖民地半封建社会进一步加深的阶段，主要标志是《马关条约》的签订。

第三阶段：19世纪90年代，即八国联军的武装侵略及其影响。这一阶段中国的半殖民地半封建社会完全形成，清政府成为傀儡的政府，成为"洋人朝廷"，其主要标志是《辛丑条约》的签订。

毛泽东也曾说过：哪里有压迫，哪里就有反抗，压迫愈深，反抗愈烈。中国人民是不甘屈服于帝国主义及其走狗的压迫和剥削的，他们进

《辛丑条约》局部

行了不屈不挠的斗争。从鸦片战争开始，就有上层地主阶级抵抗派，如林则徐领导的反侵略斗争，下有黎民百姓的反抗，如三元里人民的抗英斗争，斗争的史实不胜枚举。这79年的抗争史最突出的可以说是中国的三次革命高潮。第一次高潮以太平天国运动为主要标志，这是一场反封建反侵略的农民运动，它沉重地打击了封建势力、动摇了封建统治的基础。第二次高潮是义和团运动，这是一场革命运动，是一次反帝爱国的农民运动，沉重地打击了外国侵略者。第三次高潮是以辛亥革命为标志的，这是一场具有完全意义的资产阶级革命，是中国唯一的一场资产阶级革命，它推翻了封建君主专制，建立了中华民国。辛亥革命虽未改变中国半殖民地半封建社会的性质，但它的意义是不可低估的。

总之，1840至1919年的历史内容众多，贯穿着屈辱、抗争、探索，也贯穿着中国民族资本主义的孕育、产生、发展等，为摆脱受奴役的地位，结束屈辱的历史，中国人民虽经过多年的抗争、探索，都未取得成功。

1911年的辛亥革命，结束了千百年来封建专制的统治。从辛亥革命以后到中华人民共和国成立前的近40年时间，又可分为北洋军阀统治时期（1912—1927）和国民党统治时期（1927—1949）。辛亥革命推翻了清朝皇帝，但胜利果实却被袁世凯所获取。靠小站练兵起家的袁世凯及其他北洋军人集团，统治中国达16年。应当说，在这一阶段的前几年，主要是袁世凯在任的前后一个时期，中国现代化的进程有了一定发展。

1917年俄国的十月革命和1919年的巴黎和会，促使了中国人民的进一步觉醒。新文化运动和中国共产党成立，表明统治阶级已不可能再按原有模式进行统治了。1925年，在中国共产党人支持下，从广东开始北伐的国民革命军用不到三年的时间迅速击溃了北洋军阀的直系和皖系势力，并将南京作为首都建立了全国政权，1928年张学良在沈阳改旗易帜，宣告蒋介石的南京政府完成了对中国的统治。

南京政府统治中国只有22年时间，这一时期，内战频繁、外敌入侵，虽然在此期间，也有一个短暂的、相对稳定的发展时期（1928—1936），但时间毕竟太短。即使在这一时期，蒋介石与各派军阀之间的战争也是接连不断，如蒋冯阎大战、两广事变、福建事变。

1937年7月至1945年9月的抗日战争，日本帝国主义的入侵使国家的基础设施几乎遭到彻底毁坏，国家元气大伤，中国国力也迅速下降。虽然二战结束后，中国与美、英、法四个战胜国被称为世界四大强国，但这也只是从战胜国这一角度而言的。抗日战争的胜利，是中国自鸦片战争以来取得的第一次对外国列强的完整胜利，也洗刷了百年的耻辱。历史给蒋介石国民党政权一个极好的机会，就是进行战后国家建设，发展和平民主。但蒋介石的统治，容不得共产党的存在，进而开始了三年多的全面内战，结果导致中国国力进一步衰败，中国现代化进程陷入停滞和倒退。

对中国100多年历程来说，38年的民国历史，中国现代化进程步伐极为缓慢,几乎属于停滞不前阶段。

可见,在1949年以前,中国始终处于一种"内忧外患"的困境之中。外来的侵略使中国被迫卷入到世界历史之中。在这种世界历史的潮流中,落后的中国扮演着一个"被打者"的角色。无论是在政治、经济还是文化上,中国都处于半殖民地半封建状态。1840至1949年的中国,是中国人民虽呐喊与抗争但仍然遭受屈辱的历史。

(二)寻求独立、图存与现代化

中国寻求民族独立、救亡图存与自强的艰难历程是不断走向现代化的艰难历程。现代化(Modernization,亦称近代化)是一种世界性的历史发展过程,对十六七世纪以来的世界历史发展产生了前所未有的影响。其基本特征是人类社会由传统农业社会向现代工业社会的转变,主要表现为经济、社会、政治、文化等方面的深刻变革过程。中国走向现代化的艰难历程基本可以分为1840—1895、1895—1911、1912—1949这三个时期,这三个时期主要是物质、制度和文化三个层面的依次演进。

自1840年的鸦片战争到1895年的甲午战争是近代中国百年现代化历程的第一阶段。这一阶段所追求的现代化主要表现为物质层面的现代化,以"坚船利炮"、"自强"、"求富"为目标。现代化作为一种世界性的历史发展过程,使世界上任何一个国家、民族都不能完全置身于这个过程之外,后发外生型现代化的启动因素不是源于内部的自身发展,而是在受到外部挑战时做出的一种反应和选择,作为这一类型的中国,其现代化是19世纪中期西方资本主义冲击下被迫启动的。

1840年的鸦片战争既是一场外来侵略战争,同时也是先进工业文明对落后农业文明的冲击,战争打碎了清政府天朝上国的梦幻,争取民族独立和实现现代化成了朝野有识之士思考的主题。一些有识之士在比较中进行思考，萌发了了解西方、认识西方和学习西方的理性要求，学习西方的坚船利炮，"师夷之长技以制夷"成了最初的课题。但真正把"师夷"付诸实践的则是1860年的第二次鸦片战争，英法联军攻入北京，迫使清政府签订《北京条约》、《天津条约》等不平等条约。

从19世纪60年代开始的以"自强"、"求富"为目标，以工业化为主要内容的中国早期现代化经过30余年的努力，确实取得了不少成果，也给衰弱不堪的清政府带来了某些希望。但甲午战争的炮声很快使这一切化为泡影，战败的中国进一步沦为半殖民地半封建社会。现代化事业的受挫，民族危机的加深，促使了部分士大夫阶层民族意识的觉醒，在西学的广泛传播下，人们逐渐认识到只有变革传统的政治制度，才是中国现代化的根本出路，现代化进程自然推进到政治制度变革的层面上来。

从1895年甲午战争到1911年辛亥革命，是近代中国现代化历程的第二阶段，这一阶段现代化的核心是政治制度的现代化，以宪政、共和为目标，经历了维新、新政到革命的过程。

甲午之役是中国现代化进程的重要转折点，给中华民族带来空前屈辱的《马关条约》推动了中华民族的觉醒。梁启超在《戊戌政变记》一文中说："吾国四千余年大梦之唤醒，实自甲午战败割台偿二百兆以后始也。"甲午战争不仅仅是给中国造成了多方面的灾难，更多的是透过战争的硝烟，人们看到了中日两国现代化程度的不同，源自两国社会政治制度的差异。1898年的百日维新标志着中国现代化进程上开始了政治制度的变革。

在政治、经济变革的同时，近代国家观念、民族意识、民主意识的形成，推动了资产阶级改革运动和民主革命运动的发展，预示着中国社会政治大变革的到来。以改革政治为主要内容的晚清"新政"和"预备立宪"是清朝统治者试图利用传统政治权威的合法性为基础，自上而下地改革，以期保持原统治的连续性，和平地实现政治与社会结构的改革，然而居于领导地位的改革者，由于自身素质、能力、水平和政治学识的限制，对政局缺乏清醒的认识，改革偏离了轨道。无论是传统的地方绅士，还是被民族主义动员起来的新式知识分子，都不能进入政治系统。正常的政治参与道路被阻塞，清政府以宪政挽救其危亡的努力终告失败，非正常的政治参与使革命党人、地方绅士、各省实力派等各种力量汇合，导致了清王朝的土崩瓦解。1911年的辛亥革命以共和政治的形式把政治制度的现代化推到了一个新的高度。

从1912年共和告成到1949年中华人民共和国成立是近代中国现代化历程的第三阶段，这一阶段以民主和科学为目标，主要是思想和文化的现代化，以新文化运动为起点，以马克思主义在中国的胜利为终结。

辛亥革命后中国社会进入了快速变革的共和时期，在国际资本的渗透和国际革命的影响下，思想文化的传入和论争交迭相映，群众性的社会动员和革命运动风起云涌，民族资本主义经济发展潮起潮落，这些不同方向的趋势相互交织，推动着中国社会向现代社会的缓慢转变。从旧王朝体制上的改革转为推翻旧王朝的革命，这是器物层次上的变革转为制度层次上的变革。辛亥革命颠覆了清王朝，但并没有建立一个稳定的近代化国家。辛亥革命由于缺乏较为成熟的社会经济基础和相应的思想文化背景，虽然打倒了旧的政治权威，但新的政治权威未能建立。从1912年至1927年，由于没有强有力的中央政权，国家陷入军阀割据与混战之中，大小军阀混战达到100余次之多。由于没有稳定的政治中心，就不可能把社会内部蕴藏的发展潜力广泛有效地动员起来，也就不可能从停滞转向现代化发展。新政治权威的建立，一个稳定的近代化国家有赖于思想和文化的更新，思想和文化的变革成了共和时期中国现代化必然的前提条件。

在现代化进程中，思想文化的现代化是最艰难的，袁世凯帝制闹剧，张勋复辟逆流以及军阀混战的出现，使激进的中国人努力反省过去，在思想文化上掀起了一场反对旧传统的新文化运动。新文化运动的倡导者们认为辛亥革命并没有在中国真正建立起民主制度，国人在"共和政体之下"却依然"备受专制政治之痛苦"，其原因在于共和政治必须出于多数国民之自觉，必须建立在多数国民思想人格变更的基础上，否则，共和、立宪只能成为装饰品。因此，要确立真正的共和，以及现代法制和经济，必先根除对中国政治影响至深的儒家纲常伦理思想。

新文化运动举起了民主与科学的旗帜，以彻底不妥协的精神向封建旧传统旧文化进行挑战，陈独秀认为，"只有两位先生（德先生和赛先生，即民主和科学），可以救治中国政治上、道德上、学术上、思想上一切的黑暗"。新文化运动不仅把学习西方从最初的物质层面、制度层面上升到思想文化层面，而且开创了探索中国现代化出路的百家争鸣局面，形成了中国思想奔涌的一大高峰，各种西方社会政治思潮竞相传入，出现了思想文化领域的大激战，东西文化的论争以及中国文化道路的探讨，成为这一时期思想文化领域的热点，通过激烈论争和实践，马克思主义得到了广泛的传播，为中国现代化道路指明了方向。

共和时期思想文化的变革和更新固然是中国现代化所必要的前提条件，但群众性的动员和革命运动也是不可缺少的。由于中国现代化障碍更多地表现在帝制危险、军阀混战和外敌入侵这一现实问题上，因此，以革命运动的方法来解决辛亥革命后的一系列复杂局面成了唯一的选择，中国现代化的精英在探索社会改革方案时最终选择武装斗争。从孙中山驱除鞑虏，恢复中华，以俄为师，改组国民党，发动国民革命，到毛泽东建立农村根据地,坚持武装斗争,最后夺取全国政权,是中国现代化道路的必然选择。只有当我们清楚地看到二三十年代中国内外危机,现代化举步维艰的情况后,才能理解这一危机后出现的一系列革命运动和革命战争。辛亥以来,先后发生了1913年的二次革命、1916年的护国运动、1917至1918年、1921至1922年两次护法运动、1925至1927年的国民革命、1927至1937年的土地革命战争、1937至1945年的抗日民族解放战争、1946至1949年的全国解放战争,经过近40年的政治大动荡,终于在中国共产党的领导下,通过革命战争建立了一个稳定的现代国家,从而为中国的现代化在政治上奠定了坚实的基础。

在国内缺乏应有的社会与政治稳定,国外面临国际发展环境恶化的背景下,中国的经济现代化充满了艰难和曲折,最终陷于困境。从发展的四个时期来看,1912至1927年,南京临时政府和北京政府一系列鼓励和发展民族工商业的政策、措施和西方列强对华资本和商品输入的减少,中国近代资本主义工商业得到较快的发展。1928至1937年,南京国民政府初步完成了国家的统一,中国社会进入一个相对稳定的时期,中国经济进一步汇入世界经济潮流,经济发展呈螺旋上升状态。1937至1945年,中国处于抗战时期,在恶劣的战争环境下,中国经济处于全面崩溃。沿海工业的丢失,使工业产值大幅度下降,国民经济转入战时体制,现代化严重倒退。1945至1949年,内战全面爆发,工农业生产遭到严重破坏,国民经济全面受损。整个共和时期,中国经济的现代化是在扭曲中进行的,近代工业发展极不平衡,主要局限于东南沿海地区,据1947年全国20个主要城市统计,共有工厂14078家,其中上海占54%,天津占9%,青岛、广州各占3%。在整个国民经济中封建经济始终占主导地位。由于连绵不断的内乱和外患,使国家无力从事大规模的经济建设和基础设施建设,农村经济更是长期处于停滞状态,中国向现代工业社会的转型,最终陷入困境。

二、围堵中的奋斗与探索(1949—1981)

(一)自力更生的内政

1949年10月1日,毛泽东在天安门城楼上向全世界庄严宣告:中华人民共和国成立了,这是20世纪人类历史上一个重要事件。中华人民共和国的成立,使中国摆脱了外来侵略,获得了民族独立。中国也才真正开始了自己的独立、发展和探索。正是以中华人民共和国的成立为起点,中国开始了它的和平发展的历程。只是这一历程并非一帆风顺,中间充满了艰难和挫折,但同时又是中国人的理想和激情迸发的历程。

中华人民共和国的成立使中国结束了长期的社会动荡,有了一个现代化建设所需要的稳定的社会经济环境,并开始了现代化全面建设时期。

刚刚成立的新中国,面对的是战争留下的一片废墟,现代工业产值只占很小比重,作为一个贫穷落后的农业国,几乎是当时世界上最穷的国家之一。

中国共产党人对建设一个新中国是充满信心的。从新中国成立到1957年,短短几年时间,新中国经济建设取得了巨大成就:仅用三年时间就清理了战争留下的废墟,到1952年,国民经济恢复时期结束,国家的经济发展水平已经达到战前最好的年份——1936年的水平;抗美援朝、保家卫国,中国这样一个被世界上公认的弱国与世界上最强大的美国和联合国军在朝鲜战场上打了三年,最终打了一个平手,这对遭受百年耻辱的中国人来说是一个巨大鼓舞,对一个弱国来说确实是很大的胜利,因而极大提高了中国民族的自豪感和自信心。

第一个五年计划的成功实施，特别是苏联帮助援建的156工程项目的完成，为中国工业化打下了初步基础。

毛泽东有句名言：我们不但要善于破坏一个旧世界，我们还将善于建设一个新世界。短短几年，国家的经济和社会发展取得的巨大进步为毛泽东这句名言作了很好的注解，因而极大鼓舞了亿万中国人民的劳动热情，人们试图用更好更快的方式实现国家的富强之梦。毛泽东是豪情万丈的一代伟人。我们曾经搬走了三座大山，打败了貌似强大的美帝国主义，仅用了三年就实现了国民经济的恢复，特别是第一个五年计划的顺利完成，这一切都使毛泽东充满自信。

领袖的豪迈激情激励了亿万人民群众奔向共产主义的热情。千百年来，人们心目中的大同世界是"有田同耕，有饭同吃，有衣同穿，有钱同使，无处不均匀，无人不饱暖"。

为了摆脱千百年来中国人靠天吃饭的困局，全国大修水利工程，1949年—1981年，全国共建成大、中、小（10万 m^3 以上）型水库8.6万座，数百万座被民间称作"水库"的塘坝不在统计之列。总库存4千多亿 m^3。人工河渠总长为300多万公里，已配套机井220万眼，各类堤防总长16.5万公里。全国拥有有效灌溉面积近8亿亩，占世界灌溉面积的1/4，居世界首位。人均灌溉面积超过了世界人均水平。把灌溉密度（灌溉面积占实际耕作面积的比例）提高到了46%，处世界领先地位（美国目前灌溉密度仅为13%）。同时还完成了近3亿亩的除涝和近3000万亩的盐碱地治理。这些百年工程，为我们扩大改革开放后几十年的农业发展和粮食丰收奠定了伟大而无法估量的基础。

从第一辆自行车、第一台收音机、第一台缝纫机、第一台拖拉机、第一座电厂、第一辆汽车、第一架飞机……奠定了伟大的工业基础。

人均寿命从1949年左右的35岁，到1989年增加到了70岁。出生婴儿死亡率也从1950年千分之二百五十减少到1981年的千分之五十。到1976年为止，有93%的人民公社建立了医疗体系，每个村庄都有"赤脚"大夫。实现了小病不出村，中病不出乡，大病不出县。同时彻底地改变了农民看病由自己支付的困难境况。

1962年的导弹发射成功；1964年中国第一颗原子弹爆炸成功；1967年，中国第一颗氢弹爆炸成功，洲际导弹发射成功，标志着中国核武器的发展进入了一个新的阶段；1970年，中国第一颗人造地球卫星"东方红1号"成功发射；而且奠定了我国伟大的国防工业基础。1971年，中国恢复联合国合法席位。

从中华人民共和国成立到十一届三中全会做出扩大改革开放的决定之前的这段时间，中国走过了社会主义改造时期、建设时期。中国进行了社会主义发展道路的不断探索。在这个过程中，既取得了伟大的成绩，但又不可避免地犯了错误，是曲折中的探索与前进。在这一时期，中国的经济建设每年的增长速度达11.2%，居世界第一，令世人瞩目、令国人骄傲，是扬眉吐气的进步和发展，中国工农业化和国防工业完整的基础和体系基本在这一时期得以建成和进一步夯实。从而为中国的发展奠定了百年基业。

（二）独立自主的外交

20世纪的中国外交有两项基本任务：20世纪前半叶，中国人追求的是恢复19世纪失去的国家独立和主权；20世纪后半叶，中国外交的核心问题是如何作为一个独立的主权国家同现存世界打交道，学习更好地维护自身利益并推动国际秩序朝更加公正合理的方向发展。

1949年10月1日，毛泽东主席在开国大典上向全世界宣告：中华人民共和国成立了。渴望已久的国家独立和统一使中国以一个崭新的面貌出现在国际舞台上。自成立时起,新中国就确定了独立自主的和平外交政策,并始终不渝地奉行这一政策。"独立自主"与"和平"这两个词集中体现了中国在外交方面最基本的诉求,它既是基于历史的经验,也是基于现实的需要。然而,要贯彻这个总政策还必须解决一系列问题。答案不是现成的,也不会一次给定。

外部是一个两极世界,内部实现了高度统一,在新的历史条件下,国际形势、中国内政和中国外交三者之间的互动关系也表现出与以往不同的特点。在毛泽东时代,中国外交政策的制定、调整和外交格局的变动相当清晰地显示了中国领导人对国际形势的判断、对国家利益的估算及其外交指导思想的发展;同时,中国领导人对国际和国内问题的认识也在很大程度上决定着对外关系和国内政治之间的互动。

新中国成立后的前32年是外交奠基和快速发展的一个大时期,这一时期依据外交格局的三次转变又划分为三个阶段。这个时期,中国的一个重要目标是在平等的基础上同世界各国普遍建立正常的外交关系。

从中华人民共和国成立至50年代中期是新中国外交发展的第一阶段。这几年,外交工作的中心任务是巩固新生的革命政权,保卫来之不易的民族独立,并为恢复国民经济和随后开始的向社会主义过渡争取一个有利的国际环境。新中国成立前夕,毛泽东先后提出"另起炉灶"、"打扫干净屋子再请客"方针。这些方针构成了新中国外交政策的框架,并基本奠定了初期的外交格局。

从50年代中期开始,中国外交的另一条重要线索是沿着和平共处五项原则展开的。这五项原则是:互相尊重主权和领土完整、互不侵犯、互不干涉内政、平等互利、和平共处。这五条结成一个有机体,言简意赅地概括出新型国家关系的总体特征。推行和平共处五项原则的重要作用是突破美国遏制和孤立中国的政策,寻求对外关系的普遍发展。

正是由于和平共处五项原则全面反映了中国外交的长期诉求，因而它影响深远。

从50年代后期至60年代末，是新中国外交发展的第二阶段。1956年，中国转入大规模的社会主义建设，并试图摆脱苏联模式的影响，探索适合本国国情的发展道路；在国际事务和共产主义运动中，中国也尝试着发挥更大的作用。由于种种原因，从这时起，美苏两个大国共同走上了与中国对抗的道路。整个60年代，"反两霸"是中国外交的主旋律和对外关系格局的特点。

70年代是新中国外交发展的第三阶段。在这10年初期，毛泽东通过启动中美关系正常化进程，成功地改变了中国的外交格局，使中国外交跨入了一个具有长远历史意义的突破性大发展时期。

60年代末至70年代初，中国对外政策发生了令人震惊的巨大转变。促成这次转变的直接原因主要来自中国之外。1968年，毛泽东和周恩来开始对外交政策进行调整。1969年发生的中苏边境冲突和随后苏联的核威胁使中国深感国家安全问题的严重性。此后，中国外交政策的调整带上了实行战略转变的重要意义。当这一转变具有必要性的时候，实行这一转变的可能性也出现了。美国试图调整对华政策为中国外交政策的转变提供了契机。中美双方出于对各自国家安全的考虑，需要结束彼此长期对峙的局面。

1971年春，"乒乓外交"拉开了中美关系走向缓和的序幕。次年2月，尼克松访问北京。中美和解的进程启动了。中美关系的戏剧性变化引起了连锁反应。1971年10月，第二十六届联合国大会通过了恢复中国代表权的决议，接着又出现了与中国建交的高潮。在实现与世界上绝大多数国家建立起正常外交关系的同时，中国对外经济联系在不断加强，对外贸易明显增长。

70年代中国对外政策的转变具有广泛而深远的影响。在这个阶段，中国外交第一次对世界格局的演进起到巨大的推动作用，中国外交活动的范围从此扩展到整个国际舞台。

在前32年的实践和探索中，新中国外交取得了巨大成就，也遭遇过一些挫折。中国领导人高度重视并成功维护了国家的独立和安全。不管我们如何评说其间的功过是非，一个无可否认的事实是，中国正是以这样的方式在美苏对立的两极世界中逐渐成为国际舞台上一支公认的独立力量，最终取得了主动的战略地位，并在一定程度上摆脱了冷战的束缚。

抗美援朝、保家卫国的胜利，以及中印、中苏、中越自卫战的胜利，为中国的和平发展奠定了国际军事地位，争取了几十年的和平发展时间，其意义之影响深远，是全世界研究的永恒课题。也是毛泽东被公认为世界领袖的开始，更是新中国巍然屹立在世界东方的开始。新中国在极其艰苦、一穷二白的基础上，研制了"三弹一星"这一伟大的创举，进一步奠定了中国和平发展的国际科技地位。毛泽东对"三个世界"的划分和论断，争取了大多数国家的支持，为中国的和平发展确立了广泛的国际联盟，使新中国在西方国家的封锁下，短短32年，建交国达160多个，从而奠定了中国外交大国的国际地位。

中华人民共和国恢复在联合国的合法地位和常任理事国，和平外交五项原则的确立，奠定了中国大国的国际政治地位。

新中国成立后的1949—1981年，是中国共产党在一贫如洗、满目疮痍的国土上建立社会、经济、文化、教育、工业、农业、政党、军队等一切体系，建功立业的32年，是伟大社会主义"四个现代化"实践和建设的32年，是国际大国地位确立的32年；是人民干得有劲头，活得有盼头，嚼着草根也有甜头的32年；是领袖与人民同甘共苦的32

年；是人民当家作主的 32 年；是人民有信仰、领袖有思想、万众一心的 32 年；是不畏西方强敌封锁、自力更生、艰苦奋斗、力争上游的 32 年；是中国开始建设"四个现代化"后的进程中，社会风清气正的 32 年；是在不断求索、改革开放，甚至犯过错误，又加以改正的 32 年；是进一步确定共产党领导地位，建立新的社会体制的 32 年；是文官宵衣旰食、励精图治，武官胸中甲兵、骁勇善战的 32 年；是人不犯我，我不犯人，人若犯我，我必犯人的自尊自强、凛然正气的 32 年；是展现以毛泽东为代表的老一辈伟人以人民为中心，在军事、外交、政治、经济等各方面的雄才伟略的 32 年。这 32 年，是一代世界伟人，集战略家、军事家、哲学家、革命家、书法家、诗人、以及被人忘却的经济家等于一身的人民领袖毛泽东全心全意为人民服务的 32 年。这 32 年，对中国的现实和未来具有伟大的深远的历史意义和积极的现实意义。一身正气、清正廉洁；一不怕苦、二不怕死的伟人毛泽东在疾病缠身的最后时刻，仍然想着人民和国家的命运，正如他写给周恩来的一首诗，也是最后一首诗《诉衷情》：当年忠贞为国筹，何曾怕断头？如今天下红遍，江山靠谁守？业未竟，身躯倦，鬓已秋。你我之辈，忍将夙愿，付与东流？

三、扩大改革开放与走向世界（1981—2013）

（一）和平发展的推动

以 1978 年 12 月中共十一届三中全会精神为理论指导，在前 32 年奠定的基础上，从 1981 年以后的工作实践至 2013 年十八大召开前，这 32 年对中国现代化进程影响深远。

中国现代化的整体推进，其发展目标是逐步清晰和明确的过程，也是扩大改革不断深化的过程。随着改革开放的扩大和深入，必然涉及发展目标的选择，必然涉及到体制和机制方面的改革。

党和国家的工作重点转移到社会主义的经济建设，与此同时，对新时期的民主政治建设和精神文明建设也逐步地提出来。邓小平认为，中国社会主义现代化建设包括经济、政治和文化现代化。这三个方面三位一体，不可偏废。据此，党的十三大首次明确提出，"把我国建设成为富强、民主、文明的社会主义现代化国家"。"富强"主要体现为经济现代化的要求，"民主"主要体现为政治现代化的要求，"文明"主要体现文化现代化的要求。于是，在进一步开始推动中国社会主义现代化道路从由工业、农业、国防和科学技术的四个方面的现代化，变成"富强、民主、文明"三位一体的整体现代化的基础上，使中国现代化的奋斗目标更加完善、科学。中共十六大提出把发展社会主义民主政治，建设社会主义政治文明作为全面建设小康社会的重要内容，而小康社会作为现代化的一个发展阶段，说明建设社会主义政治文明，实际就是推动政治现代化进程，中共十六大的这一提法，实际是中共十三大提出的三位一体的现代化的具体化和延续。

这是一个历史性的转变，涉及经济、政治、文化、外交等内容。中国要建立与本国国情相结合和适应的社会主义市场经济。当然，市场经济也不是万能的，必须与本国的具体国情结合，必须结合中国社会主义这一国情。但这种结合，不应违背市场经济的"一般"规律和原则，因为市场经济的一般规律和原则，是实行市场经济巨大的强制力，是必然要产生作用的。虽然在这方面目前仍有一些问题需要理清，但从总的发展趋势看，中国向真正意义的市场经济体制转变这个总的趋势是不可改变的，因为开弓已没有回头箭，由计划经济变为市场经济，不但激发了亿万人民群众参与市场经济实践的积极性，而且也极大地推动了外交战略的实施。

(二) 面向未来、融入世界

从 1981 年开始，中国进入了扩大改革开放的实践时代，中国对外关系也开始全面发展。这个时期，中国对外政策引人注目的调整出现在 1982 年，但事实上调整从 1978 年开始，直至 1985 年才基本结束。与 60 年代末至 70 年代初的那次调整形成对照，这次外交政策的调整主要是由国内因素促成的。

一是签订中日和平友好条约，二是实现中美建交。

为配合经济建设这一中心工作，中国外交进行了更全面的调整。中美建交后，开始致力于建立更均衡的对外关系。通过一系列外交活动，中国不断改善与周边各国的关系，进一步加强了同第三世界国家的政治经济合作；在力争中美关系稳定发展的同时，逐步使中苏关系朝正常化方向前进；同时继续发展同西方国家和东欧国家的政治经济关系。此外，中国还积极拓展多边外交，加强与联合国的合作，广泛参与多边经济、社会领域的活动和区域性争端的解决。

在上述政策变动的表象之下，更值得关注的是中国外交工作的指导思想所发生的深刻变化。这种变化是：第一，提出外交工作的任务，除一如既往地维护国家独立、主权和社会主义制度外，主要是配合国家的经济建设和祖国统一大业的完成，并为此创造一个和平的国际环境；第二，在重新阐释独立自主的和平外交政策时，提出要把国家的主权和安全放在第一位，实行真正的不结盟，强调反对霸权主义；第三，在与世界各国的交往中，提出要根据世界的发展趋势和自身的利益要求来处理与不同类型国家的关系，不再以意识形态划线，也不再重复划分敌、我、友，即团结一部分国家打击某个或某些国家的策略。

80年代初外交政策调整的推动力,不仅来自政治和经济变革进程的实际需要,也来自对以往历史经验的不断总结。

苏联解体、两极世界终结后,总的国际形势发生了重大的变化。但是,中国外交政策没有出现大幅波动。外交政策能够保持稳定和连续有三个重要原因:首先,面对复杂形势,邓小平提出了"冷静观察、稳住阵脚、沉着应付"的对外关系指导方针,并说"要冷静、冷静、再冷静,埋头实干,做好一件事,我们自己的事"。他坚持把意识形态斗争和国家关系分开,做出了明智的选择。江泽民和胡锦涛出任党和国家最高领导人后反复强调,和平与发展是当代世界的两大主题没有改变,外交工作的基本任务和根本目标是为我国改革开放和经济建设服务,为我国争取一个有利的和平国际环境,中国的基本外交政策原则不变。第三,在外交方面采取的应变措施得当。

在1989年以后的几年里,中国大力开展睦邻外交,实现了同亚洲国家的全面建交;利用矛盾很快打破了西方国家的制裁,恢复和稳定了同西方发达国家的关系;提出了要以和平共处五项原则为基础,建立国际政治经济新秩序的主张;在台湾、香港、西藏、澳门等问题上,有针对性地同有损中国主权的行为进行斗争;强调自主选择发展道路,根据国情决定改革和开放的步骤、领域和速度。扩大改革开放以来的中国外交政策显示出前所未有的连续性并不是偶然的。它是由国内政治路线的连续性——继续实行改革开放和群众对这一路线的支持作保障的。从1981年开始实行的扩大改革开放政策虽然是中国的国内政策,但它始终要求对外政策的紧密配合,没有对外政策的配合,扩大改革开放的国内政策就无法实行。

在新的世纪,中国的国内任务十分明确,这就是继续推进现代化建设,参与经济全球化的进程和最终实现国家统一;为此,中国需要一个和平、稳定和有利于发展的外部环境。中国的和平发展道路需要内政与外交的联动。中国所处的国际环境以及中国的社会制度，决定了中国的发展不能走对外扩张型的发展道路。

中国走出了一条主要依靠自己的力量和改革创新来实现发展的和平之路，开创了有中国特色社会主义的建设之路。这条道路以改革为突破口，抛弃传统社会主义模式对生产力的束缚，解放生产力，发展生产力，争取达到共同富裕。以理论创新、制度创新为发展的不竭动力，构建社会主义市场经济体制框架，以公有制为主体，多种所有制经济共同发展，将公有制实现形式多样化；以按劳分配为主，多种分配形式并存。以对外开放作为社会发展的基本国策，实施"走出去"与"引进来"的发展战略，大量吸引外国投资和外国技术，在平等互利的基础上，积极发展同世界各国的合作。以积极参与经济全球化、参加国际分工的姿态，融入国际经济大循环，调整产业结构，抓住科技革命的机遇，增强国际竞争力，增大在世界经济中的分量。以积极稳妥的政治体制改革促进经济体制改革，坚持精神文明、政治文明、物质文明一起抓，加强和改进执政党建设。以一国两制的伟大构想解决国家统一的问题，进而推动海峡两岸关系的发展。

实践证明，这条有中国特色的社会主义之路为中国的和平发展积累了巨大的物质财富。今天的中国确实离不开世界，世界也离不开中国。美国高盛公司高级顾问雷默首次提出"北京共识"的概念。他认为，"北京共识"意味着创新和试验，捍卫国家边界和利益，求变、求新和创新是这种共识中体现实力的基本措词。尽管目前人们对"北京共识"还未达成共识，但它从一个侧面说明中国模式正在被国际社会所接受。

审视中国和平发展的历史进程，可以看到一幅清晰的发展脉络：选择和平的方式壮大自己，是发展的基本原则；奉行独立自主的和平外交政策，广交朋友少树敌，融入国际机制，是和平发展的环境保障；适合中国国情的发展道路，是和平发展的物质基础。

  1981年—2013年，是中国扩大改革开放实践的32年；是经济快速发展的32年；是使中国成为世界第二大经济体，奠定中国世界经济大国的32年；是广大人民群众脱贫致富的32年；是基础建设投资、引进外企、扩大内需前所未有发展的32年；是"引进来"与"走出去"双向丰收的32年；是"白猫黑猫抓住老鼠就是好猫"，和摸着石头过河的32年；是国有资产、集体资产私有化的32年；也是在诸多方面和领域付出沉重代价的32年。美国前总统尼克松在《不战而胜》的书中写道，"当中国的年青一代忘记了他们国家和民族文化的时候，就是美国的胜利。"这32年发展的实践检验和教训同样对中国未来健康、持续、全面的发展有着重大的意义。

第二章

千年难题：和平发展与崛起的矛盾

一、大国兴衰：战争崛起的失败逻辑

（一）侵略者的失败

大国的兴衰是世界历史中的常态。"日不落帝国"英国曾经称雄世界，但最终将它的国旗回缩到英伦三岛。拿破仑法国曾经在欧洲不可一世，但最终不得不低下它"高卢雄鸡"的头。德日法西斯虽然迅速崛起并在世界范围内攻城掠池，但最终逃脱不了失败的厄运。英国、法国、德国和日本曾经由兴到衰的主要原因是，这些国家的军事实力超过邻国特别是成为世界强国后，都实行对外侵略扩张政策。

英国通过对外侵略扩张、贩卖黑奴和海外贸易，三管齐下而成为"日不落帝国"。从15世纪末到19世纪初，英国对外发动了近200次战

争。15世纪末，西班牙实现统一后逐渐强盛起来，拥有欧洲最强大的海军和舰队，控制了欧美之间的大西洋水域。但是，当西班牙"无敌舰队"1588年进攻英国，企图一举置英国于死地时，却遭到英国海军毁灭性的打击，英国第一次显示它的海上力量，西班牙则从此一蹶不振、丧失了海上霸权。英国于1733年在美洲东起大西洋沿岸西至阿巴拉契山脉的整个狭长地带，建立了13个殖民地。英国利用其海上霸权，加速对外侵略扩张，到1876年，英国的殖民地面积已达2250万平方公里，相当于英国本土面积的92倍。到1870年，英国的商船吨位超过荷兰、法国、美国、德国和俄国等大国商船吨位之和，这是英国向全球扩张的重要条件。经过两次世界大战的打击，特别是广大殖民地相继获得独立后，当年自称"日不落帝国"的大英帝国无可奈何地走向衰落。

法国是欧洲大陆上长期与英国争夺霸权的国家，曾有称雄欧洲的辉煌时代。1789年大革命后，法国的历史几度出现曲折，但最终还是确立了资产阶级革命的成果。"法国大革命冲破了君主专制的樊篱，为法国实现政治、经济、社会和文化的全面现代化铺平了道路。"拿破仑通过各种措施，发展国内经济。他甚至不断发动侵略战争，打败荷兰、意大利和德意志诸邦，占领欧洲大片土地。拿破仑帝国的建立，打破了欧洲封建秩序，把法国的影响扩展到整个欧洲，引起了君主专制国家的恐惧。拿破仑帝国是建立在对外侵略征服基础上的，帝国境内缺乏有机的政治经济联系，很快便由盛转衰。拿破仑帝国的兴衰反映了一个帝国"其兴也勃焉，其衰也忽焉"的历史规律。法国的动荡较其他国家要严重得多。在动荡中前进，法国崛起道路显然不同于其他国家。在第二帝国时期，拿破仑三世积极参与国际竞争，赶超意识强烈，法国的工业化进程明显加快，这使法国经济更多地融入到世界资本主义体系之中。普法战争对法国是一个沉重的打击，在以后几十年时间里，法德矛盾不断激化。法国时刻想对德复仇,而德国也在寻求机会以彻底摧毁法国,这一竞赛过程一直持续到第一次世界大战。由于同德国军备竞赛,法国过多地削弱了自己的国力,正如保罗·肯尼迪所指出的,"仅仅由于两国关系恶化而造成的同德国的对立,侵蚀了法国的力量。"真可谓是见道之论。

明治维新后的 70 多年期间,日本发动或参与 14 次对外侵略战争,其中 10 次是对中国的侵略战争。中国和日本一衣带水,在"中强日弱"的漫长历史时期,两国经济技术和文化交流不断扩大,仅留学长安的日本留学生,唐代多达五六百人。但是,随着日本军事实力增强,日本开始策划侵略中国。早在 1887 年,日本参谋本部第二局局长小川又次就撰写了《清国征讨策案》。小川设想侵略中国战争胜利后,必须实行对中国全面占领。他在"善后处置"篇中为日本政府献策:"中国虽因弊衰败,然究系亚洲大国,其兴亡与东亚命运息息相关,彼若为他国所吞食,本国之命运不可意料。不如在欧洲各国入侵之前,拟定统辖中国之策略。"小川提出将中国分割 18 省,满洲另立一国,又划分西藏、蒙古,均分其力,使唇齿相依,共谋进步,则欧洲之豺狼不足为虑矣。这个"拟以武力征服中国"的方案,成为日本军国主义侵略中国的指导纲领。

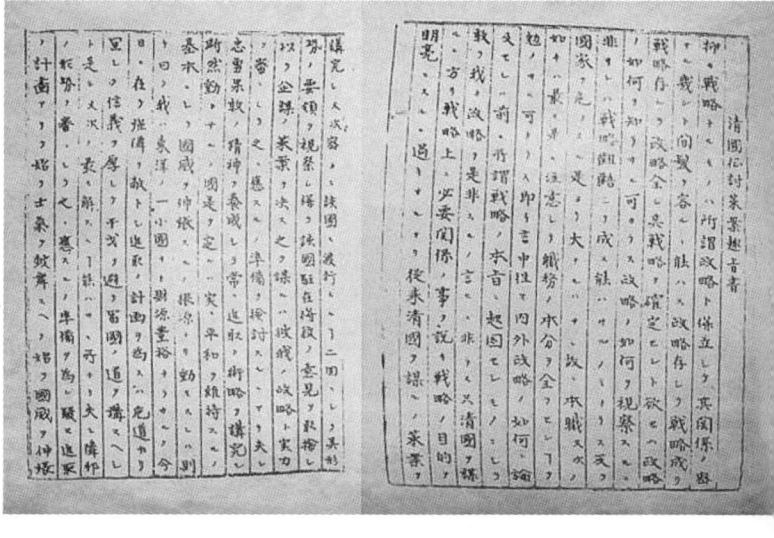

《清国征讨策案》局部

1894年日本发动侵略朝鲜和中国的战争，这一年是旧历甲午年，故称甲午战争。1895年4月17日，清政府代表被迫在日本马关（今下关）签订不平等条约《马关条约》。企图独霸中国东北的俄国对此极为不满，借参加八国联军之机，俄国十几万军队侵入东北，日俄矛盾加深。

　　1904年2月到8月，日俄双方舰队在旅顺口附近多次海战，俄舰队遭受重大损失。1905年1月，旅顺口俄国守军投降。2至3月间，双方以60万兵力在沈阳地区展开会战，俄军惨败。为挽回败局，俄国从欧洲地区调舰队东驶，结果于5月被日军全歼。日俄战争是日本和俄国为扩大各自势力范围，侵略、争夺中国东北，并在中国领土上进行的一场帝国主义战争。日军趁机大举侵入东北，为日本侵占中国东北、建立伪满政权和发动大规模侵华战争做了充分准备。经过密谋策划，1931年9月18日，日本关东军炸毁沈阳北部柳条湖附近的南满铁路一段路轨。1932年1月，日军占领锦州，整个东北沦为日本帝国主义奴役下的殖民地。1932年3月，日本扶持的傀儡政权在长春建立。1934年改为满洲帝国，立溥仪为皇帝。1937年7月7日，日军悍然向宛平县城开枪射击，接着炮轰卢沟桥。8月13日日军进攻上海，中国军队奋起抵抗，中国人民的英勇的八年抗日战争从此开始。日本军国主义者是第二次世界大战的罪魁祸首之一。第二次世界大战结束后，日本利用掠夺的财富和不负责战争赔偿、并在美国的扶持下快速崛起。

　　德国是通过战争完成统一大业的。1861年，普鲁士的威廉一世继承王位后，任命俾斯麦为内阁首相兼外交大臣。俾斯麦的哲学是，"强权胜于真理"。他认为："当代的重大问题要得到解决，不能凭演说和议会的决议……要凭铁和血。"因此，俾斯麦被称为"铁血宰相"。1867年，德国成立了北德意志联邦，这是俾斯麦统一德国的重要一步，但南德四邦仍受法国控制。在俾斯麦的刺激下，1870年7月19日，法国首先向普鲁士宣战，普法战争爆发，普军获胜，法国投降。1870年底，南德四邦宣布加入北德意志联邦。1871年1月18日，威廉一世在法国凡尔赛宫加冕为德意志帝国皇帝，4月16日，新选出的帝国议会批准了帝国宪法，俾斯麦就任帝国宰相。德意志国家的统一，结束了500多年封建割据的四分五裂局面，促进了德国资本主义的发展。随着德国经济实力和科技创新能力的增强，德国加速扩充海军。德皇威廉二世宣称："德国的殖民目的，只有德国已经成为海上霸主的时候，方能达到。"1898年，德国制定了一个为期20年的海军建设计划，一年后又把这个计划扩大了一倍。到1908年，英国建成12艘号称"无畏舰"的主力舰，德国建成9艘。德国的海军力量迅速赶上英国。德国成为两次世界大战的策源地不是偶然的。正是在两次世界大战中，德国由兴盛走向了衰落。

德国与日本在20世纪初走的是一条通过扩军备战，以武力手段直接挑战世界体系中的霸权国家的崛起之路。这种诉诸战争的发展路径是其崛起失败的重要原因。

（二）苏联的解体

20世纪的国际舞台上演了一幕幕大国崛起、兴盛、衰落、灭亡的悲喜剧。其中，苏联是经历了上述全过程的唯一一个社会主义国家。20世纪20至30年代苏联通过经济实力的迅速恢复与增长、第二次世界大战后国际范围内政治动员能力的拓展和以核力量为重要支撑的军事实力的增强，迅速崛起为一支重要的国际力量，并取得了与美国同等的"超级大国"地位。但是由于苏联崛起在战略设计方面存在严重缺陷，在实施过程中目标发生了重大的偏离与逆转，最终以失败告终。

"苏联崛起"可以从以下两个层面来解读。第一，"苏联崛起"是相对性的概念，是一个通过纵、横双向比较而得出的结论。从纵向维度看，苏联崛起指的是20世纪20至30年代社会主义苏联通过完成第一、第二个五年计划，走上了以重工业、军事工业为核心的工业化强国之路，1936年前后苏联工农业生产基本恢复到第一次世界大战之前的水平，为赢得苏德战争的胜利、谋求与西方大国同等的大国地位奠定了军事、科技、人才基础。在此，与"崛起"相对的是十月革命爆发前破败的沙皇俄国和革命胜利后百废待兴的苏维埃俄国。从横向维度看，苏联崛起是相对于在二战中遭受重创的传统欧洲强国被迫出让欧洲事务主导权而言。头号战败国德国战争结束后被分为四个占领区，很快在此基础上又合并为意识形态对立的两个独立主权国家。德国在欧洲的铁杆盟友意大利1945年的国民生产总值跌至1911年时的水平；饱受战争创伤的法国，面对国家衰弱不堪的现实，也不得不丢掉法兰西尊荣，将大国旧梦暂且搁置；老牌殖民国家英国，虽是欧洲唯一将反法西斯战争进行到底的国家，但紧接着法西斯投降而来的却是一场"财政上的敦刻尔克"战役，无力承受的帝国之重也促使它不得不从殖民地抽身。昔日大国式微，欧洲时代终结成为苏联崛起的另一种衬托。

第二，循其"崛起"轨迹，可以找到一条类似抛物线形状的苏联从崛起到衰败的"路线图"。苏联开始实施第一个五年计划的1928年是苏联崛起的起始出发点。"一五"计划用了四年零三个月提前完成，到1932年底，苏联建立起了独立的国民经济体系，开始由一个农业国向一个工业国转变。紧接着苏联又通过了发展国民经济的第二个五年计划（1933—1937）。"二五"计划期间，工业产量比1913年增长近5倍，1937年时苏联的工业总产值跃居为欧洲第一，世界第二（仅次于美国），苏联宣布基本实现了社会主义工业化，这可以视为是苏联崛起的正式标志。第二次世界大战为苏联崛起提供了一个重要的战略机遇。二战中苏联靠着两个五年计划期间积聚的经济、军事、科技实力,不仅赢得了反法西斯战争的胜利,也为社会主义苏联争得了与西方大国对等的国际地位。社会主义意识形态的扩展、苏联阵营的形成,特别是20世纪40年代末50年代初,以斯大林模式为基本特征的苏联社会主义建设道路在中、东欧国家的推广和确立,大大增强了苏联国际国内的动员能力。此外,还应当看到,在当时冷战的国际背景之下,苏联之所以被西方视为与美国相对立的另一"超级大国",更为重要的因素是以核能力为重要衡量标准的苏联军事实力的强大威慑。1968年10月,美国总统尼克松不得不承认苏联与美国之间实际上已形成了战略均势,以此为标志,意味着苏联崛起也达到了巅峰。如果把1991年联盟的解体视为整个崛起进程的中断,那么在"峰顶"与"谷底"之间就是一个崛起与逆转交错、兴盛与衰落并存的时期。

对苏联崛起自身所具有的相对性的分析可以推导出苏联崛起有一个显著的特点,即先天不足,意指苏联力量和影响(地位)的上升从根本上讲不是一个与其他大国相比绝对量增长的概念,所以这种"崛起"本身是不完备的。但是由于它所对应的力量和影响的下降又是绝对意义上的,因此不能否认在这个相对的比较下,苏联的"崛起"的确是一个客观的存在。从对苏联崛起"路线图"的分析又可推演出苏联崛起的另一重要特征:后天失调。一般而言,国家的崛起应当是一个地位与实力达到均衡、或者基本同比例增长的结果。崛起前要有一定的综合国力的积累和参与主导国际事务的经验的积累,并且在条件和时机具备的情况下,适时促成和实现崛起。但是由于苏联崛起所处的特殊历史背景,使得它的国际地位与现实国力的"高度"之间形成了很大并不断在扩大的落差。这一方面是由于西方国家夸大了苏联的威胁,哄抬了它的大国形象;而另一方面,苏联滥用霸权和无度扩张又进一步增大而不是缩小了这种落差。"后天失调"还表现在，苏联国力的增长不是一个"综合国力"协调、均衡、同步上升的态势与过程，在其软、硬实力之间及其内部力量对比上存在着严重的失衡与不调。

探寻苏联崛起中断或失败的原因必须到苏联崛起战略中去寻找。苏联崛起之所以难以为继，根本原因就在于国家发展战略的设计和实践存在重大缺陷，具体来看：

首先，优先、高速实现重工业化的国家经济发展模式和高度集权的中央计划经济管理模式既推动了20世纪30年代苏联的迅速崛起，也成为导致崛起不可持续的潜在制约因素。实现国家工业化是苏联实现"一国建设社会主义"的既定道路。苏联工业化的中心，工业化的基础，就是发展重工业。排斥市场、价值规律的作用，靠国家高度集中的指令性计划将有限的资金、资源集中用于发展重工业，造成整个国民经济结构比例失调。这种以牺牲农业及其他经济部门的发展，以人民生活水平的不断降低为代价的崛起模式注定是不可持续的。

其次，高度集权的政治体制所导致的个人专断、民主不足等现象难以为崛起提供必要和有力的政治保障。崛起是一个机遇与挑战并存的战略选择，从一定意义上看，选择了崛起就选择了或成或败两种结局的考验。这样一个关乎国家和人民命运的重大进程，其战略设计、准备、实施、修订和完善等都要求必须以科学和民主决策为依据。但是苏联式高度集权的政治体制使得国家政策的制定与执行在实际操作层面往往是少数人以至单个人意志的体现，领导人个人的性格、情绪、作风等等都为国家发展战略的拟定和实施增加了随意性和不稳定性。

第三，以扩张和争霸为要旨的对外政策是苏联崛起失败的催化剂。增长过快的国际地位使得苏联对自己的现实国力产生错觉，唤起了从未了断的"帝国情结"。无论是以防御还是进攻为目的，苏联无节制地扩军备战与对外扩张,以及与美国在世界各个角落展开不妥协的争霸与竞赛,过早过快地透支了自身有限的资源和能量。

由此可见,苏联的崛起从开始就潜含着失败的诱发因素,而缺乏自我纠错机制,难以弃绝的帝国扩张野心,最终促成这一悲剧的产生。崛起本来应当是一项旨在实现国家富强、民族振兴和造福于民的伟业,在苏联的实践中却最终成为一场失去终点的赛跑,一段无极限的冲刺。"崛起"(或者更确切地说,作为其变异的"扩张")成了目的本身。意识形态变为冷战的外衣,在其包裹之下的是与美国的利益与霸权之争。

二、历史先例:帝国的崛起

(一)美国:一个全新的大国

美国霸权并不是在推翻英国霸权中获得的,它并没有成为英国霸权的绝对挑战者。相反,美国在其立国早期,更多关注的是其国内问题,即经济的发展、民主的完善和领土的扩张。美国是一个幸运的国家,不仅有天然的屏障为自己掩护,而且立国之时没有像其他国家一样要进行对封建势力的斗争,可以说,它一诞生,即具有了无可比拟的优越性。美国的崛起之路并不是典型的英国式的扩张之路,因为它本身的封建性基本不存在,又受西欧资产阶级思潮的影响,所以它在建国之初即具有了典型的近现代资本主义体制。而且在内战后,美国经济的极大发展,为 20 世纪美国的成功崛起奠定了坚实的国内经济基础。再加上美国民主的相对完善性使其在 20 世纪 30 年代大危机后并没有走上像德、日那样的法西斯道路,这种民主的自我调节性在美国可见一斑。

美国是一个年轻的资本主义国家,它由一个人口不到 300 万,土地面积仅 89 万平方公里,在原英属北美 13 个殖民地基础上建立起来的弱小农业国,发展成为一个拥有 937 万多平方公里土地,人口 2.5 亿以上,国民生产总值超过 10 万亿美元,占世界国民生产总值 28.6%(2004)的超级大国。

从美国在世界上所占的地位看,美国的发展历程大致可分为三个阶段。

萨姆特要塞打响了美国南北战争的第一炮

从独立建国到发展为头号资本主义国家(1776—1945)为第一阶段。这一阶段,北美 13 个英属殖民地的人民通过独立战争和 1812 至 1814 年第二次独立战争,彻底摆脱了英国殖民统治,为美国资本主义的发展开辟了道路;又经过南北战争(1861—1865),废除了奴隶制度,大大推进了在自由劳动制度下美国工业化的进程。虽然 1929 至 1933 年的全球经济危机使美国受到严重打击,但两次世界大战都极大地刺激了美国经济,从而使第二次世界大战结束时,美国发展成为世界头号资本主义国家。

从二战后初期到 1991 年苏联解体前为第二阶段。当时的美国是与苏联并列的两个超级大国之一。70 年代初,由于过分扩张和发动侵略战争,以及国际形势的重大变化,美国开始丧失绝对优势地位而被迫承认,决定世界今后命运的将不是美国一家,而是美、苏、西欧、日本和中国五大力量中心。

从 1991 年底苏联解体至今是第三阶段。此时的美国是世界上唯一的超级大国。20世纪90代美国率先走上发展信息经济的道路，从而使劳动生产率和经济发展速度再次超过所有发达资本主义国家。

苏联的解体和美国经济实力的膨胀，使美国以唯一"超级大国"身份行事，摆出世界霸主的架势。美国崛起的原因有很多，其主要概括为如下几个方面：

1. 良好的自然条件和地理环境

美国幅员辽阔，土地肥沃，可耕地占国土面积90%，与加拿大共有的五大湖泊所蓄淡水约占世界淡水总量一半，并具有丰富的矿产资源。美国还据有良好的地理位置。北与加拿大、南与墨西哥两个相对经济不是很发达的国家相邻，东西有大西洋、太平洋两洋相隔，使其在两次大战中不仅本土未受损伤，反而可以利用战争的机会聚敛财富。世界上几乎没有任何一个其他大国享有如此的"天赋权利"。

2. 有利于创新、发展的民族精神

美国历来被称为多民族的国家。由于历史的原因，美利坚民族形成了自己的许多特点。此外，这是一个没有传统的（宗教传统除外）、从民主共和国开始的国家，是一个比任何别的民族都要精力充沛的民族。北美移民的特点，加上他们来到陌生土地上开拓和向西进军的经历，使得美利坚民族养成了自强不息、艰苦奋斗的精神和科学的求实态度，以及藐视封建传统、趋向变动的革新精神和强烈的自治愿望。

3. 有一部维护资产阶级长治久安的相对稳定的宪法

宪法是国家的根本法，是一个国家治国安邦的总章程。而宪法的稳定性又是法治的本质属性。美国宪法制定的过程及其权威性和相对稳定性特点，对美国的发展起了重要作用。200多年来除增加了"权利法案"即前十条修正案外，总共仅26条修正案，且至今仍然适用，在世界宪法史上是绝无仅有的。其中重要原因之一是它只列基本原则，宪法自身随时代的演变而演变。而三权分立与制衡被认为是美国建国先辈们一项得意之作。宪法中明确规定，行政、立法、司法三个部门相互独立、各自执掌一部分权力，但三部门中没有任何一个能不受其他部门牵制而行使自己的权力。美国这套权力分离与制衡的原则为稳定资产阶级国家制度发挥了重要作用。后世一些美国学者赞扬制宪会议的"代表们完成了伟大而持久的事业。他们的最大成就，在于他们成功地将一个软弱无力、宗派林立的各州联盟转变成一个统一国家。这个成就本身改变了美国的世界地位"。

4. 两次革命与多次改革为经济和综合国力发展创造了有利条件

1775年开始的美国独立战争推翻了英国殖民统治，使美国生产力获得第一次大解放；1861至1865年内战废除了奴隶制，使生产力获得第二次大解放，从而使工业革命于19世纪80年代完成。值得注意的是，美国从建国伊始还经历了各种社会运动和改革，大到关系国计民生的经济变革和政府改革，小到禁酒运动和涉及民风民俗，几乎无所不包。其中比较突出的有19世纪末的黑幕揭发者运动，20世纪初影响深远的进步运动，30年代初的罗斯福"新政"和二次大战后于60年代兴起的空前激烈的争取民权、反对种族歧视、争取妇女平等权利的运动和新左派运动等。这些运动迫使美国当局在一定程度上进行相应的改革。从这个意义上讲，社会运动和改革已构成美国的重要推动力，这也反映了美国社会的自我调节能力，对维护和发展美国的资本主义，特别是垄断主义起到了积极作用。其中，罗斯福"新政"改革在资本主义大国中率先放弃自由放任政策，由国家积极直接干预社会经济生活，局部改变生产关系，迅速而大规模地将垄断资本主义转变为国家垄断资本主义，在一定程度上改善了广大人民群众处境，走"福利国家"道路，对战后垄断资本主义和美国经济的发展产生了深远影响。

5. 一贯重视经济、教育、科技和人才的网罗

作为一个纯粹的资本主义国家，出于对资本增值和扩展的强烈愿望，美国很懂得加强经济这个根本。美国一直鼓励科学和发明，其办法是促进思想自由交流，鼓励"实用知识"的发展和网罗来自世界各地的有创造力的人才。这样，早在19世纪末20世纪初的世界第二次科技革命中，美国就已崭露头角。第二次世界大战期间和战后兴起的以原子技术、空间技术和电子计算机技术为标志的第三次科技革命，其发源地就在美国。20世纪90年代美国又率先进入知识经济时代，依靠信息网络优势，在劳动生产率和经济发展速度上再次超过其他发达资本主义国家。作为世界头号科技强国，美国的科技投入也是无人可及的。而且完善的研发管理体制，不断创新的投资机制，使其庞大的科技投入产生了与之相符的成果。这些也正是20世纪90年代美国率先进入知识经济的原因。美国成为科技强国与其广泛招揽科研人才有密切关系。作为一个主要由外来移民组成的国家，美国不仅吸收了世界上许多国家文化、科技和其他工艺，而且获得了许多优秀的科学家和技术人才，特别是美国移民政策中始终注重吸收那些具有高知识、高技术的人才。

6. 利用两次世界大战登上世界霸主地位

20世纪上半叶，两次世界大战造成了空前浩劫，世界上各主要大国除美国外几乎无一例外地遭到严重打击或削弱。美国由于有两洋之隔，远离战争中心而免遭破坏，反而利用大战发了横财。经过第一次世界大战，美国由债务国一跃而为债权国，成为全世界金融中心和财政剥削中心。二战后，美国不仅摆脱了30年代严重的经济危机与萧条，而且大大发展了生产力，促进了国家垄断资本主义的发展。战后初期，美国占资本主义世界工业产量的53.4%（1948），出口贸易的32.4%（1947），黄金储备的74.5%（1948）。美国靠战争的输血而空前强大起来。当时，

美国垄断资产阶级宣称，20世纪是"美国世纪"。杜鲁门总统在1945年12月的国情咨文中说，"胜利已使美国人民有经常而迫切的必要来领导世界了"。

7. 利用美元在二战后资本主义世界货币领域的霸权地位而获利

美国学者罗伯特·吉尔平指出："美国霸权的基础，是美元在国际货币体系中的作用和它的核威慑力量扩大到了各个盟国。"1944年8月，在美国新罕布什尔州的布雷顿森林举行了国际货币金融会议。会议基本上按照美国方案通过了《最后议定书》及《国际货币基金组织协定》和《国际复兴开发银行协定》两个附件，总称为"布雷顿森林协定"。《国际货币基金组织协定》规定，35美元等于1盎司黄金，把美元与黄金挂钩，各国货币与美元建立固定比价，保持固定汇率，从而使美元处于中心货币地位，并等同于黄金，成为国际储备资产和国际支付手段。美元起了世界货币作用，确立了美元在战后资本主义世界货币领域的霸权地位，为美国的经济扩张创造了极为有利的条件。

8. 利用"冷战"推行联合与壮大资本主义力量的策略

二战后美苏两国几达半个世纪的"冷战"给了美国国力发展以多方面的刺激。由于"冷战"这种疑似临战态势的不断持续，刺激了国防工业，从而"造就了美国尖端技术"。而更重要的是给了美国以拉拢资本主义同盟者的天赐良机。

1947年3月，以反共主义为特征的杜鲁门主义提出后，同年6月就提出了援助西欧的马歇尔计划。此计划以"复兴欧洲"为名，行控制西欧之实。从1948年4月到1952年6月，4年时间，美国共拨款131.5亿美元援欧。到1950年，西欧各国生产已达到战前水平。到1951年底，原定期限为5年的马歇尔计划提前完成了。对美国来说，马歇尔计划达到了一箭几雕的目的。既稳定了西欧经济，防止社会动乱与革命的爆发，又使受援国沦为美国的附庸和势力范围，纳入美国全球称霸的战略轨道。对于美国经济而言，它有助于美国商品的输出，这样，美国就利用"冷战"的阴影，把"遏制"共产主义的计谋与制造商、出口商的热情融为了一体。而且，正如基辛格所说，从"冷战"开始，"美国选择了西方团结优先于东西方谈判的策略，它的确别无其他选择，因为它不能冒风险接受斯大林暗示和解之议，然后再发现他只是利用谈判来破坏美国努力在建立的国际新秩序。因此，遏制成了政策的指导原则，持续了40年之久"。原西德总理赫尔穆特·施密特也说："对苏联的态度，自然地构成西方一切协调一致的总战略的基石。"

从以上我们看到，200多年来促使美国迅速崛起的因素是多方面的，是这些因素综合作用的结果。美国崛起之路的一个鲜明特征和重要经验就是在崛起过程中避免与世界体系发生正面冲突，不直接挑战霸权国家，更不允许在自己的国土上发动外部战争。美国作为英国的殖民地，在走向独立后并没有向当时世界体系的霸权国家英国挑战，而且在两次世界大战中都成为了英国的盟友，只是在英国逐渐丧失了霸权基础的情况下，才取而代之。因此，正确面对和积极融入世界体系的态度为美国的崛起提供了良好的外部保障。当然，美国得天独厚的地缘政治环境也是其崛起的有利外部条件。

从内部条件而言，美国的成功在于制度创新和国家力量发展上的"软硬兼施"。美国通过实行市场经济制度，运用自由贸易原则在经济总量上逐步超越了英国。同时土地政策和移民政策的实施也很好地解决了国内的农民问题和劳动力问题，特别是吸收了大批国外精英。民主的政治制度以及不断的制度创新也为美国成功崛起提供了内在动力。此外，美国崛起过程中还极其重视利用和发展文化观念等"软力量"。文化的"软力量"与经济、政治、军事等"硬力量"有机地结合在一起，共同推动了美国的成功崛起。

（二）英、法、德、日的崛起规律

英国在19世纪成功崛起的经验之一也是在外部不与世界体系中的霸权国家发生正面冲突，在内部寻求以和平手段建立一个新的制度。英国的光荣革命以和平的方式建立了议会制，与法国以革命方式彻底打破旧制度形成了鲜明的对比。同时英国以圈地运动方式解决农民问题，客观上为资本主义经济生产解决了劳动力问题。法国解决农民问题的方式是农民通过革命获得小块的土地，形成了强大的小农经济，这在某种程度上阻碍了资本主义经济的发展，这也是法国19世纪无法崛起的原因之一。但是，由于法国在二战后意识到难以通过经济、军事等传统方式来实现崛起，于是依托文化的软力量实现并支撑起了其世界大国的地位。

二战后，德、日再次成功崛起，则主要是利用美国这一霸权国家的安全保护。与此同时，德国积极改善同周边大国的关系，通过地区联合实现崛起。而日本则依靠美国的资金、技术、资源和市场的支持，以朝鲜战争作为美国后勤保障和供给，美国的亚洲基地和附庸，成功地在经济领域实现崛起。

根据对世界各主要大国崛起道路的分析，我们可以得出对大国崛起的一些历史规律的初步认识：第一，大国的崛起必须尽量避免与现存的霸权国家和世界体系发生正面的对抗和冲突。一方面要尽可能避免卷入大规模的战争之中，另一方面也要避免由大规模的军备竞赛而引起国民经济资源的消耗殆尽。第二，大国崛起需要安全稳定的周边环境和有利的地缘政治环境。美国的成功崛起与其得天独厚的地缘和周边环境是密切相关的。虽然其他国家没有美国这种"例外性"的地缘政治，但在崛起过程中一定要处理好与周边国家的关系，努力创造和经营好周边地区。第三，大国崛起需要有稳定发展的国内环境，尽量以和平的、渐进的方式改造社会、发展社会，革命式的、疾风骤雨式的社会改造最终将制约社会发展与国家崛起。第四，大国和平崛起需要先进、全面和系统的制度建设。根据国情和社情的变化，适时、积极地进行政治、经济和社会制度的调整和创新，对于国家崛起及崛起之后的国际软力量相当重要。第五，社会发展与国家建设同步推进也是大国崛起的重要保障。仅依靠国家主义的崛起而不注重社会进步和福利提高，就会使发展缺乏持久动力。最后，农民问题是社会发展、大国崛起必须面对的重要问题。

三、历史经验对中国的启示

近代以来的大国崛起，都是在充分整合利用国内外一切条件与资源的基础上实现的，涉及政治、经济、科技、文化与国际关系等诸多方面。在崛起的过程中，有的国家正常发展，有的国家利用国外的先进技术以跳跃的方式在极短时间进入崛起大国行列。从近代大国崛起的历史经验中，我们可以归纳为以下几个方面。

准确的国家定位是大国成功崛起的重要前提。准确的国家定位首先源自对国力的充分认识。国家领导人制定的大政方针如果不能符合国力的实际发展水平，其后果往往是导致国家定位过高而不合时宜地向现存国际体系发起挑战，争夺霸权，并最终走向自我毁灭的历史悲剧。德意志帝国以"世界政策"取代"大陆政策"，在战争的泥淖中越陷越深而不能自拔就是最为典型的例证。相反，法国在二战后清醒地意识到自身经济、政治、军事实力的衰退，转而重视其独特的文化优势，通过推行文化大国政策而在世界政治舞台上以二流国家的实力发挥一流国家的作用。因此，中国能否实现崛起，首先在于能否对国家实力进行合理的评估、对国家进行正确的定位。

社会进步与国家强大的同步发展是大国成功崛起的重要保证。在先进的社会基础上才能建立起真正强大的国家。国家在经济、军事等"硬实力"上的强大并不意味着社会的必然进步，而在落后的社会基础上建立的强大国家则注定无法正确把握世界发展潮流而避免不了被历史淘汰的命运。大国如果不能在"中心—边缘"的世界体系结构中占据中心地位，其崛起就只是昙花一现式的强盛。中国在现阶段不具备崛起的内外环境和条件，而最理想的是要实现和平发展。

科技进步是国家崛起的根本性支柱。崛起国家几乎毫无例外地把科技作为对外竞争、走向大国行列的根本性支柱。自近代以来，社会的发展是跳跃而加速的，若干新的发明一旦应用到生产之中就会产生新的力量，直接推动国力的提高。例如英国经济实力和科技实力在19世纪中期以前曾经长期独占鳌头，但后来便很快被德国和美国超过；战后的日本利用东西方冷战时代的特殊条件，用掠夺到中国等受害国资源，又不负战争赔偿的责任；战争中快速发展和秘密保存的轻重工业体系，与朝鲜战争的红利。通过引进、吸收和发展新技术在短时间内实现了第二次崛起。这些都是大国崛起过程中的典型事例。中国在和平发展乃至最终崛起的过程中，始终要真正将"科学技术是第一生产力"贯彻到底。

经济实力和综合国力是国家崛起的基础。不论是处于近代还是现代，经济实力与综合国力都是大国实现国家崛起的物质基础与前提。进入近代以来，国家间竞争形式开始转变为以科技和经济为中心的国力的竞争，各大国都认识到，一国的兴衰强弱不仅仅在于军事力量，更为重要的是取决于经济实力和综合国力。中国必须坚持"以综合发展为中心"，增强自己的综合实力，同时务必要加强保卫自己国家利益的军事力量。以壮士断腕的毅力和决心彻底治疗过去几十年来国内患上的多种重病，内外兼顾，同时在国际舞台上重塑自己的政治影响力和文化吸引力。

制度建设和创新是大国成功崛起的重要保障。民主的政治体制和法制社会的建立，有助于防止发生战争，有助于发展道路的和平渐进。历史表明，英、美由于具备了不断自我调整、自我更新的宪政制度，从而得以避免在本土发动战争、被人鱼肉。虽然为了利益在他国发动了许多战争，但对己体并没有造成伤害。日本和德国发动战争，伤害了几千万被侵略国人民和自己国家的人民后，因战后美苏分别对两个国家的统治政策不同而又先后崛起。

融入和改革国际体系是大国成功崛起的必由之路，是大国和平获取外部资源求得发展的重要手段。大国挑战二战后美国主导建立的国际体系往往是将付出沉重代价。而英美等西方发达国家利用由他们创建的国际体系框架并加以不断的调整和创新，成功地实现了霸权的平稳转移。

稳定的周边地缘环境是大国成功崛起的重要外部空间，也是维持和平、避免战争的重要途径。以往的大国崛起只是个别国家的强盛而非一个地区的整体发展，这往往会打破地区的原有平衡，招致周边国家的恐惧和敌视，引起局部战争甚至是世界大战。如近代未能避免的德国和日本崛起过程中的侵略和扩张行为。但是，在全球化蓬勃推进，区域化方兴未艾的今天，一个国家的崛起首先应与地区的整体发展紧密结合。战后德国走欧洲联合和地区一体化之路实现了国家的重新统一和崛起，为大国崛起提供了新的发展模式。虽然中国经过这三十多年快速发展，但因为人口多、包袱重，发展中存在的问题直接伤害了自身的肌体。加之以美国为体系的西方发达国家对中国发展的抵制，致使中国在未来30—50年无法实现真正的崛起。中国的周边有着日本、印度、俄罗斯这些已经崛起和正在崛起的大国,中国的崛起不可避免地将与这些国家发生竞争和摩擦。中国只有依靠自身的优势,通过地区合作加强与周边国家之间的相互依赖,在东亚区域繁荣的基础上实现自身的和平发展到和平崛起。

第三章

虚假臆断:"中国威胁论"

一、新瓶装旧酒

在美苏冷战的大背景下,"中国威胁论"并未成为西方舆论的焦点。从20世纪90年代起,西方出现了一股"中国威胁论"的思潮,声势越来越大。"中国威胁论"经西方媒体的恶意宣传而风行一时。对照历史,今天的"中国威胁论"不过是昔日"黄祸论"和"中国威胁论"的再现而已。

(一)历史上的"中国威胁论"

历史上的"中国威胁论",曾经有过"睡狮说",即拿破仑所发出的警示"中国是头睡狮,如果它一觉醒来,世界就会为之震动,那就让它继续睡吧",表示了对中国强大的隐忧。还有就是"黄祸论"。19世纪60年代,俄罗斯兴起了"黄祸论"。所谓黄祸,原指13世纪蒙古人对俄罗斯和欧洲一部分的征服。进入19世纪,这种论调认为,中国庞大数量的黄色人种,吃苦耐劳、节约朴素和驯服的禀性,在民族主义力量的号召下必将对西方白色人种社会构成重大威胁。

可以看到的比较有代表性的记载是19世纪中期,俄国无政府主义者巴枯宁在《国家制度和无政府状态》一书中提出的"来自东方的巨大威胁"的观点。他从俄国的国家利益出发,认为1860年第二次鸦片战争后,欧美已将西方文明的最新成果——新式武器和欧洲人的纪律输入中国,中国吸收了这些东西,将对俄国构成巨大威胁。在美国,著名军事家马汉在其《海权论》一书中认为中国正在成为西方文明的一种潜在威胁,这来自于三点原因,一是中国的规模巨大,人口众多,且人口具有很大的同一性;二是西方文明的引入;三是中国正在成为一个现代化的大国。所以,他认为,如果不把中国文明纳入西方文明的轨道,西方文明就会被东方文明和其他文明毁灭。

19世纪末,中国的日益觉醒引起了帝国主义的极大恐慌。这些帝国主义国家制造种种诋毁中国的言论,宣扬中国国力的增强将对世界构成威胁,"黄祸论"在欧洲盛行起来。英国有一本小说《黄种人的危险》,说到难以胜数的中国人按西方的装备武装起来,会使欧洲遭到大灾难。德皇威廉二世还担心:"2000万至3000万受过训练的中国人,由六个日本师团加以协助,由优秀、勇敢而仇视基督教的日本军官指挥……黄祸正在成为现实。"还有这样的描述:"支那人口繁盛,其数居人类三分之一,其人坚忍耐劳,勤工作,善经商,而其人民于生存竞争之场,犹非白种人所能及;若行新法,革旧弊,发奋为雄,势必至凌白种而臣欧洲,则铁木真、汉拿比之祸,必复见于异日也。""如果外国帮助中国人民提高和开明起来,则这些国家将由此而自食恶果。"

可以说,"黄祸论"属于早期的"中国威胁论"。在20世纪的世界发展过程中,关于"中国威胁"的论调也一直在发展。只不过由于美苏冷战的大背景,而未能引起舆论较大的关注度。

(二)现实中的"中国威胁论"

1990年8月,日本防卫大学副教授村井龙秀在《诸君》月刊上发表题为《论中国这个潜在的威胁》的文章。从国力角度把中国视为一个潜在的敌人。因而被认为是"中国威胁论"的始作俑者,但该文在当时并未引起人们的关注。20世纪90年代以来,随着中国经济实力的增强,中国的国际地位不断提升,国际影响力不断增强。国际舆论中就有关于中国将对其他国家的利益和国际秩序及亚太地区和世界的稳定构成威胁的评论著作和文章。大体可分为以下几个方面:

一是"中国军事威胁论"。即中国经济发展以后,必然导致实力增长,而实力增长必然会导致军事扩张,并且在对外关系中表现出强烈的大国主义倾向。军事威胁论涉及许多方面,如增加军费、扩充军备以及军事扩张态势等等。该论认为:"经济强大—政治崛起—军事扩张"这一大国发展的必然规律也适应目前的中国。"中国的历史、文化、传统、规模、经济活力和自我形象,都驱使它在东亚寻求一种霸权。这个目标是中国经济迅速发展的自然结果。所有其他大国——英国、法国、德国、日本、美国和苏联,在经历高速工业化和经济增长的同时或在紧随其后的年代里,都进行了对外扩张、自我伸张和实行帝国主义。没有理由认为,中国在经济和军事实力增强后不会采取同样的做法。"据此,军事威胁论者认为,中国将会像当年的德国、日本和苏联那样,大规模发展军事力量,走对外扩张的道路。

《即将到来的美中冲突》一书认为中国已经成了美国的全球对手,两国的利益冲突今后会更严重。中国将在未来居支配地位,中美之间的争夺会成为21世纪最重要的全球争夺。美中冲突以两个命题为基础,第一个基础是:中国正在发展成为支配亚洲的大国,中国的目标是要取代美国的霸权;第二个基础是:美国不允许在亚洲出现一个支配的大国。所以,中国的目标与美国的利益势必冲突。该书还认为经过长期辩论之后,中国领导人已经把美国确定为它在全世界的主要敌人,中国的侵略性正在增强,中美关系类似于过去的苏美关系,美中冲突的可能性大于合作的可能性。

二是"中国经济威胁论"。这种观点认为,中国的经济实力远远低于其表象,已使一些周边国家成为了中国经济的"殖民地"。首先,对中国经济的估算,西方一些学者认为,应采用购买力的方式才能准确计算出中国经济的真实实力,并认为人民币汇率比人民币购买力低估了52%。美元与人民币的比率应该是1:4.01,这意味着中国的国内生产总值应扩大2倍。

三是"文明冲突"和"意识形态冲突"论。这种论调的代表人物是美国的塞缪尔·亨廷顿,他于1996年写成的《文明的冲突和世界秩序的重建》集中反映了这种观点。他认为,冷战后的世界是一个多极和多文明的世界,目前世界上的文明有七到八个:西方即基督教文明、中国为主的儒教文明、日本文明、伊斯兰文明、印度教文明、东正教文明、拉丁美洲文明和可能的非洲文明。亨廷顿认为,他本人所属的西方文明将受到所有非西方文明的重大挑战,其中,伊斯兰文明和儒教文明可能联合起来对以欧美为代表的西方文明构成最严重的挑战。"未来的危险冲突可能会在西方的傲慢、伊斯兰国家的不宽容和中国的武断的相互作用下发生","伊斯兰国家和中国拥有与西方极为不同的伟大的文化传统,并自认其传统远较西方的优越。在与西方的关系中，随着其力量和自我伸张性增强，与西方在价值观念和利益方面的冲突日益增多和加剧。"他认为，"美中冲突在很大程度上是基于两个社会的文化差异。"亨廷顿还认为，冷战后世界格局一个突出的特点是，伊斯兰文明、儒教文明在向西方文明挑战，特别是儒教文明圈内的国家不仅积极地扩充自己的军事力量，而且大量向中东国家输出高技术或大规模杀伤性武器，暗地里支持伊斯兰文明同西方文明直接对抗。这种观点现已遭到多数中西方学者的质疑和批评。

四是"中国生态威胁论"。首先，空气污染。这种观点认为，由于中国不重视环保，其现代化过程将伴随着严重的破坏人类生存环境的现象发生。中国人口占世界的1/5，其经济的发展，必然对世界有限的资源和能源的消费提出更多的要求，从而产生环境问题，并将殃及周边国家。其次，温室气体排放。1993年美国著名的《外交季刊》杂志所刊发的《中国崛起》的文章认为，中国燃烧煤所排出的二氧化碳是导致全球变暖、气候反常甚至引起孟加拉国和世界其他沿海地区发生洪涝灾害的关键因素。

此外，还出现了资源威胁论、粮食威胁论、台湾问题威胁论、贸易威胁论等多种表现形式，层出不穷。

粮食威胁论。由于中国人口增长，耕地面积减少，中国对粮食的需求将大幅上升。这将影响到其他国家的粮食供给，威胁到世界其他国家人口的生存。1994年起，美国世界观察研究所所长莱斯特·R·布朗相继就中国的粮食问题发表一系列看法。他认为粮食短缺就像是悬在中国头顶上的一把达摩克利斯之剑，中国发生粮荒只是个时间问题。中国不可避免地要大批进口粮食，这种进口对于世界是一个巨大的威胁。

3月2日的《纽约时报》的《中国正像20世纪80年代的日本：对

美提出经济大挑战》一文又报道说，目前的中国犹如20世纪80年代的日本，在劳动力成本上占据优势，但是与日本不同的是，中国劳动力成本优势几乎是无止境的，而且国内市场巨大、善于使用外交手腕以及无需美国保护的军事实力，因此中国必将对美国构成更大、更久的经济与贸易挑战。这是中国威胁论者提出的"贸易威胁论"。

此外，还有"能源威胁论"，认为经济的发展迫使中国需要更多的能源。1994年中国人均已消耗5桶石油，如果这样保持到2005年，中国将每年多进口60亿桶石油，如果中国人均消费水平达到台湾水平，还需每年增加60亿桶（相当于目前沙特产量的4倍），同时，引发石油价格的大幅上扬。一些西方学者认为，中国对于石油的强劲需求正成为推动油价上涨的重要因素，威胁着世界经济的发展。如果没有其他石油资源被发现，中国又得不到其他能源方面的替代，可能会加剧与其他国家的冲突，那么中国选择战争的可能性就增大了。

"光棍威胁论"。这种观点将男女性别比例与安全问题挂钩，指出男性人口过剩会给国内和国际社会安全造成威胁，并把矛头对准世界上人口最多，而且男性比例偏高的两个国家——中国和印度。

二、形变质不变

（一）"中国威胁论"的实质

一些西方国家极力鼓吹"中国威胁论"，具有复杂的历史背景，其实质就是妄图遏制中国的发展。美国国内一些人头脑里冷战思维和霸权理念的根深蒂固，则是"中国威胁论"的思想基础。此外，中国良好的发展势头和一些成功的发展模式也使美国右翼保守势力集中火力攻击中美经贸关系，诬称"中国利用从美国获取的经济实惠发展军事现代化"。

此外，中国是社会主义国家，政治制度和意识形态与西方迥然不同。中国一旦崛起了，这些敌对中国的人就认为是对西方"民主优势"的挑战，因而为了维护西方所谓"民主优势"论的正确性，需要竭力遏制中国的崛起。这种不正常心态危害着中国与各国发展健康的合作关系，也不利于为中国创造一个和平健康的发展环境。

随着中国经济的迅速发展，美国的这部分人感到十分不安，广为散发"中国威胁论"，恶化中国的国际环境，阻碍中国的发展。"中国威胁论"的思潮不仅在美国市场颇广，而且波及了世界各地。发展到中国周边的一些国家，如日本、俄罗斯、印度和东盟国家也是议论纷纷。"中国威胁论"离间中国与邻国乃至亚洲国家的关系，损害中国的形象，使有些人达到不可告人之目的。

对于20世纪90年代，"黄祸论"在俄罗斯一些地方沉渣泛起。俄罗斯历史学家拉林曾经分析了"黄祸论"的产生根源和背景。认为，"黄祸论"的再度流行不仅有深刻的政治、经济背景，也有文化和文明方面的原因，而且同当前俄经济衰退、东亚政策不稳定和不连贯有关。因此，"黄祸论"的存在是一种战略和利益的借口，是为了达到某种政治目的而采用的一个必要的手法。

1998年5月11日至13日的48小时时间里，印度连续进行了五次核试验，遭到国际舆论广泛和严厉的斥责。瓦杰帕伊政府把印度连续进行五次震惊世界的核试验的理由归咎于"中国的威胁"，并在核试验前后大力宣扬印度版"中国威胁论"。印度国防部长费尔南德斯说"中国是印度潜在的头号威胁"，随后，瓦杰帕伊总理又说，"印度的和平时常受到来自边界那边的威胁"，因为印度面对的安全环境"恶化"，印度政府才决定进行核试验。

可以看出，"中国威胁论"的实质就是要通过渲染中国对西方社会的现实威胁，造成西方民众对中国的恶劣印象，以达到孤立中国，遏制中国的目的。中国的"多极世界"的倡导和美国的单边主义和霸权政治是格格不入的。我们可以看到，尽管我国在国际社会主持公道，奉行独立自主和平外交政策，对别国秋毫无犯，可是"中国威胁论"却还是十分流行。

冷战结束以后，多极化趋势出现，和平的力量不断增强，世界局势总体趋向缓和、稳定。经过20多年改革开放的中国，综合国力发生了极大的变化，人民的生活水平逐步得到了提高，经济建设取得了举世瞩目的成就。这些成就的取得，为维护世界和平和反对国际霸权主义起到了极大的作用。2003年6月26日和9月5日，布什总统的国家安全顾问赖斯和美国国务卿鲍威尔却相继发表讲话，反对世界多极化。美国国务院发言人说："我们不认为我们生活的这个世界是一个多极世界。"布什的美国全球战略的核心目标是运用美国的军事优势，建立美国一家主宰、遏制所有竞争对手、把美国价值观强加于全世界的单极世界，确保美国在国际社会的霸权地位。美国炮制"中国威胁论"的目的是企图阻挡国际格局多极化的发展趋势，就是要在政治上打压中国，阻止中国的发展，同时为其遏制中国政策、调整全球军事部署和增加军备开支寻找借口。

（二）"中国威胁论"的荒谬逻辑

"中国威胁论"并不是空穴来风，而是有一定的理论基础。其理论基础的逻辑可主要归纳为"秩序稳定论"、"安全困境"说和"霸权周期论"三种。

1."秩序稳定论"。国际社会是虽然处在无政府状态，但必然有一个超级大国作为强者"领导世界"，维持世界秩序，维护世界经济政治的稳定。否则，世界将会更加无序。战后美国已义不容辞地承担起了"世界警察"的角色，为了实现这一目标，必须防止欧亚大陆出现敌对性大国就是重要一环。而日益强大的中国既具有文化优越感又和在历史上曾遭受世界上其他国家痛苦对待的国家一样，是难以安于现状的，最终会破坏美国主导的国际规制。因此，中国是现有"国际秩序的潜在破坏者"。

2."安全困境"。在无政府国际社会中，各民族国家间是相互不信任的，且相互惧怕，安全成为首要目标。为了获得安全，各国竭力增加军费，力图获得军事上的优势，从而改善自身安全状况。因此，一国的强大会使该国更安全，但会造成其他国家，尤其是邻国的恐惧和不安，于是这些国家定会采取相应措施使自己安全，这样一来又会使强国认为这是对它地位的挑战，威胁其安全，于是会更进一步采取各种措施对他国进行遏制和打压，从而使各国陷入一个无法解脱的困境之中。

3."霸权周期论"。大国之间的力量总是消长的，并造成旧的国际关系的破裂，导致旧的国际力量均势失衡。霸权虽然带来世界经济政治的稳定，但霸主最终会自我牺牲，霸权最终会衰败，从而使世界霸主易位。大国崛起的成败原因主要表现为新兴大国是否对现实"世界领导者"进行了挑战，并在挑战中取得胜利。中国以强大的经济实力为依靠，以文化优越感和民族主义为铺垫，将加速军事现代化，并向外显力量，谋求地区霸权，从而对美国的地缘和战略利益构成了重大挑战，成为美国领导21世纪的巨大阻力。美国学者约翰·米尔斯海默曾撰文说："一个富裕的中国将是一个决心获得地区霸权的侵略性的国家——不是因为一个富裕的中国将具有邪恶的动机，而是因为任何国家为了最大程度的生存、发展、繁荣，最佳办法就是成为区域霸主。"他认为，任何大国的最终目标都是支配其所在的区域，确保世界的另一地区不会有大国成为霸权国。所以,他认为,如果中国在未来数十年内仍然保持其令人瞩目的经济增长,它也可能会建立起庞大的军事力量,像美国支配西半球一样支配亚洲,中国将会寻求地区霸权,是因为地位是生存的最好保证。他指出,中国会像美国一样,最大限度地占有世界权力。"如果生存是其最高目标,那么中国便别无选择;这正是大国政治的悲剧。"约翰·米尔斯海默关于一个国家要想生存下去就必然成为霸权国家的论断是经不起推敲的。

三、坦然应对

(一)国家形象的自我建构

1. 用事实批驳"中国威胁论"

我们要学会善于用事实说话,用事实批驳"威胁论"。如布朗1994年曾预测21世纪初中国会出现粮食危机,会威胁世界。然而,中国现在却出现了因粮食太多,粮仓无法储藏的问题。

20世纪90年代,中国政府有关部门还特意邀请布朗来北京访问,希望听取其意见和建议。有学者甚至将这个情况描述为:"布朗博士的功劳是他的呼吁唤醒了中国。他不是第一个呼吁这个问题的,但是,这次呼吁引起了中国领导人的极大关注,引发了中国一系列的活动。"中国为了回应布朗先生的警示,避免出现"粮食危机",为了不让别人感到中国是个"威胁",中国开始大规模地刺激粮食生产,结果"我们终于有了充足的粮食,以至于充足到无库可放,以至于政府总理为此而发愁"。通过这个事件,可以提供给我们许多值得思考的东西。所以,"我们对待国外宣扬'中国威胁'和'中国崩溃'的言论应该有一个科学的态度,要针对不同对象的不同情况,区别对待,对一些学者就某些具体问题提出的看法，我们既要防止怕'丢丑'而一概否认，也要防止把这些'外来和尚'的话当作'经'。对'中国威胁论'最好的回答就是积极主动地按照客观规律做好我们自己的各项事业，让事实来说话"。

关于"能源威胁论"，可以用一组数据来说明问题。众所周知，全球经济增长，各国对石油的需求都在增长，石油消费增长成为一种全球现象。中国石油进口近两年虽有所增长，但对世界石油市场根本不构成冲击。2004年，中国生产原油1.75亿吨，进口原油1.17亿吨，进口量仅占全世界原油贸易总量的6.31%。大约是当年美国进口原油的四分之一，日本的二分之一，大体上相当于韩国、德国和法国的水平。当年美国进口了5.9亿吨原油，日本则进口了2.4亿吨原油。2004年中国人均消费石油不到2桶，只有美国的十分之一、日本的八分之一和欧盟的五分之一。目前的高油价，已经成为世界经济发展的主要挑战之一，但并不是中国造成的，是多种因素的综合作用，国际投机商炒作是重要的原因。中国对于世界石油需求的增长不是世界油价上涨的决定性因素，中国也是高油价的严重受害者。中国正在大力实施可持续发展战略，发展各种能源替代产业，推进循环经济和节能产业，正在有效降低对于石油的过分依赖。保证正常的石油供应和稳定的石油价格，有利于促进世界经济的繁荣和稳定，也有利于促进中国经济的可持续发展。

关于中国构成了军事威胁，也可以用事实来说话。事实胜于雄辩，只要把中国同其他国家的国防经费做一比较，就不难看出。从人均国防开支来看，2004年美国1540美元，日本350美元，中国20美元。美国是中国的77倍；日本是中国的17倍。2005年，美国国防开支预算4175亿美元，日本450亿美元，俄罗斯180亿美元，印度167亿美元。法国、英国、德国等国的国防开支也普遍呈增长趋势。和其他国家比较，中国的军费只有美国的5%、英国的40%、日本的60%、法国的

70%。中国的国防开支仅占国内生产总值的 1.6% 左右，低于世界平均水平。2004 年 5 月底，美国国防部发布的《中国人民解放军军力报告》还在故意歪曲事实，臆测说 10 到 15 年内，中国将拥有一支世界级军队，将对台湾地区构成威胁。而台湾问题是属于中国的内政问题。通过以上材料可以明显看出，美国的这个报告纯粹是在为美国军事霸权主义发展军备寻找借口。

同样，有许多例子可以证明，形形色色的"中国威胁论"实际上就是变种的"欧洲中心主义"、"西方中心主义"观点在各个领域的反映。这些"中国威胁论"都是在这种观念影响下，对于中国发展的敌对态度的直接反映。对于这种情况，我们要积极用事实进行批驳，努力为和平发展的中国在国际上树立一个名实相副的国家形象。

2. 在国家影响力不断增强的情况下，揭露恶意言论的实质

在中国的发展和国家实力不断增强的过程中产生的"中国威胁论"是西方强国冷战思维的延续和发展，这种观点认为中国的逐步强大就是社会主义制度对资本主义制度的挑战，是黄种人对白种人的挑战。

刘金质在其《冷战史》中对此作过深入分析："所谓冷战思维是指冷战时期美苏等主要国家在制定外交政策时对国内外环境的估计、对政策对象国的认知以及推行政策的工具与手段的运用，即一个国家外交政策决策者的思维方式和行为准则。主要表现在：其一，视对方为本国生存与发展的主要威胁，是最大和最危险的敌人；其二，给对方规定了历史的归宿，加剧意识形态的冲突；其三，奉行'零和'对策的游戏规则，认为己方之所得恰是对方之所失；其四，制造安全困境，迷信核武器和核威慑，倚重军事力量；其五，关注地缘政治，重视同盟战略。冷战结束后的一段时间曾经出现过国际关系中意识形态淡化或消失、重经济轻军事等议论。事实上，美国并不想放弃冷战思维，因为这是它几十年得心应手的工具,也是它的传统。""冷战是两种社会制度和生活方式在对立斗争的旗号下进行的。美国把苏联和社会主义国家描绘成专制主义、没有人性、侵略扩张的邪恶国家,却自我标榜为维护与推进民主自由的斗士。美国决策者和主流媒体把这种观念强加给美国人民。美国社会形成了这样一种思维定式:共产主义是邪恶之源,其一举一动都在消灭人类的良知,有损于美国的利益。这种思维模式是美国政府继续推行冷战政策极易利用的国内资源。"这些分析可谓是揭露了"中国威胁论"恶意言论的实质。这些反映冷战思维的言论,根本不符合21世纪世界发展的需要。

西方舆论大肆鼓吹"中国威胁论",起了恶化中国发展经济所需要的国际和周边环境的恶劣作用,离间了中国与世界各国尤其是周边国家的友好关系,挑起中国的周边国家对中国正常的军事防务和经济发展产生不应有的戒心,以此来掩盖美国继续推行霸权主义和强权政治的丑恶目的。对此,我们应充分利用国家的影响力,对西方某些国家的恶意言论要及时予以深刻揭露。

此外,中国应该利用国家影响力不断增强的条件,充分展示自己的和平发展道路。西方一些国家借用舆论手段,对中国的发展实施的一种"软遏制",作用相当于冷战时期采用政治、军事、经济手段的"硬遏制",但具有更大的隐蔽性和欺骗性。西方国家企图通过这种"软遏制"手段,不断给中国的发展制造麻烦,最终实现遏制目的。中国应积极发展同周边国家和世界各国的友好关系,在东亚地区,我国与东盟关系日益紧密,在南亚与印度关系有很大改善和发展,在上海合作组织的框架下我国与中亚国家的关系也日趋紧密。在与这些国家交往中,中国对"中国威胁论"进行客观理性的驳斥,对这些国家的疑虑提供合理的说明,努力消除不利影响;全面系统地阐述中国对国际交往的外交目标、政策、方针和主张，让世人知晓中国与世界各国发展关系是一种正常的、平等互利的国家间交往，属于一种互补性强的合作。

3. 在经济全球化的大背景下，中国发挥的积极作用受到更多国家认可

从中华人民共和国成立以来，中国领导人曾多次重申，中国外交政策的宗旨是维护世界和平，促进共同发展。可以看到，中国没有与超级大国结盟，而是强调中国同美国等西方大国不存在根本的利害冲突，并强调"国与国之间，理应做到互相尊重，求同存异，平等相待，友好相处"。近年来，中国与中亚邻国和平解决了边界问题、与东盟决定建立自由贸易区、与涉及我南海主权争端的有关国家签署了行为准则。这些积极的努力证明，中国并没有忽视邻国和弱国，这些为消除它们对中国的疑虑产生了相当积极的效果。中国还大力推进区域经济合作，引导亚洲区域经济合作的健康发展，并在各种合作机制中发挥了重要作用，如签署曼谷协定、与东盟建立自由贸易区等。此外，中国积极推动了上海合作组织、亚太经济合作组织、东盟与中日韩的10+3、东盟与中国10+1等的经济合作，中国在这些组织中发挥的作用也越来越明显。这些都体现了中国和平与合作的诚意，受到亚洲及世界各国的欢迎。

在亚洲金融危机中，中国承受着巨大的压力，坚持人民币不贬值，为东亚乃至世界的经济稳定发挥了重要作用，被世界许多国家评论为负责任的大国。美国《财富》杂志在评论中国入世的意义时说："现在中国在许多方面是经济全球化的一种向心力——它以越来越快的速度吸引着资本和外国公司；在这个进程中，鉴于其永不枯竭的廉价劳动力供应，以及在技术食物链上令人吃惊的迅速上升，它将重写许多产业的经济纪录……对于想同中国做生意的外国人来说，加入世界贸易组织意味着'更多的透明度和更遵守规则'。"实际上，中美两国在平等互利基础上开展的经贸投资合作，确实促进了两国经济发展和人民生活的改善。

（二）建构"和平发展论"

孙中山认为，中国自有历史以来，以和平为民族之特性。自汉朝以来，中国便不主张与外人战争，中国人的和平思想到汉朝时已经很充分，如果中国确曾进行过战争，那只是自卫。从中国历史看，中国一直与周边的国家和民族保持着友好的往来，即使在中国最强盛的时代，仍能与它们和睦相处，一些弱小国家如安南国、高丽国等能始终处于独立的地位；中国与印度的交流自东汉时已经开始，彼此和平交往。历史发展证明中国是爱好和平的，和平已经成为中华民族流传已久的价值观念。

新中国成立后，几代中国领导人的外交思想更是贯穿着和平的主线。中国领导人先后提出了和平共处五项原则、求同存异、不称霸、和平与发展是时代的主题、反对霸权主义等一系列准则，旨在维护世界和平、发展合作，不搞对抗、共赢共存。"不称霸"是几代中国领导人关于中国外交政策的一致思想，中国的几代领导人都坚持了中国现在不称霸，强大起来以后也绝不称霸的思想，坚持了独立自主的和平外交政策。这也是指导中国未来对外政策的基本思想，是中国一项长期国策。现在中国以反霸维和作为自己的两大外交任务，成为国际上维护和平的重要力量。中国提出的建立亚太安全机制的五项原则，就明显地表达了中国寻求和平、反对谋求地区霸权的态度。说到中国的内政问题如台湾问题，中国政府也是本着"和平统一，一国两制"的解决方针，中国政府一直在全力争取通过和平方式实现台湾和大陆的统一。

中国在继续着自己的和平发展之路。在经济全球化日益发展的今天，中国的发展对其他国家特别是周边邻国来说，更多体现的是机遇而不是威胁。机遇与挑战总是相生相伴，利用各种有利条件做好了迎接挑战的准备，挑战就转变为机遇。在这种观点支撑下，一些舆论开始发出"中国机遇论"的探讨。他们认为，"中国威胁论"应改为"中国机遇论"。中国的发展对别国构成挑战，但同时是机遇，因为中国经济增长给世界经济复苏带来了实实在在的好处。

作为负责任的大国，中国在过去多年间，以促进和平与发展为己任，妥善应对了南亚核危机、亚洲金融危机以及"9·11"事件等重大国际危机；与邻为善，以邻为伴，巩固发展了同周边国家的睦邻友好关系，与发展中国家合作取得新突破；积极参与以联合国为中心的多边活动，发挥联合国及安理会维护世界和平与安全的核心作用。中美、中俄关系得以进一步巩固。同时，中国提出的树立以互信、互利、平等、协作为核心的新安全观，受到国际社会普遍赞同。

在经济方面，中国在加入世界贸易组织的第一年里认真履行承诺。2002年世贸组织各主要成员对中国的"总体表现"表示满意。包括日本小泉首相在内的政经界高层人士多次表示赞同这一观点。日本外务省等官方文件强调，中国经济发展对日本既是机遇也是挑战，要抓住机遇，实现共同发展。当年，中国实际利用外资约500亿美元，有望成为世界吸收外商直接投资最多的国家。根据联合国贸发会议发布的《世界投资报告》，中国已连续9年位居发展中国家和地区吸收外资的首位。

今天，随着这个世界上最大的潜在市场进一步走向开放和成熟，"中国机遇论"正在全球范围内成为越来越多人的共识。

中国自从被挟裹着进入近代国际体系以来，对这个以西方标准定位（Western-Oriented）的国际体系，基本上采取了五种不同的反应模式：抵抗、屈服、趋同、反叛和协调。目前中国对国际体系的态度基本上以协调为主，越来越明确地把广泛参与国际社会并为此遵循其共同规则，当做中国现代化求富求强的一大前提，强调把参与相互依存的国际体系并在这一体系的比较分工中实现中国的国家利益作为外交的最大诉求。基于对当前时代主题的认识，将经济发展和提高生活水平置于国家目标的首位。正是在这个意义上，对外开放被定为中国的基本国策。其外在表现就是同西方之间除外交交往之外，贸易、金融、文化等非政治性交往范围越来越广，规模越来越大，以致大体上形成了"相互依存之网"。

摩根士丹利公司首席经济学家斯蒂芬·罗奇发文《我们为什么要感谢中国》（发表在 2004 年 3 月 22 日的《财富》杂志上），以确凿的证据反驳了"中国威胁论"。他在文中明确指出：西方发达国家对中国的正确态度是感恩而不是指责。罗奇认为，中国经济快速增长的同时也让世界分享了超常利益，这个被"中国威胁论"者忽略的事实恰恰是美国等国家应该感谢中国的缘由。美国去年 5400 多亿美元的全球贸易逆差中，对华逆差占比例最大（约为 23%），但逆差的根源在华盛顿而不在北京。近年来美国联邦预算赤字频频失控而储蓄严重不足（美国国内总储蓄约占 GDP 的 18%，比世界平均水平低 6 个百分点），需要吸纳国外储蓄来补缺，这必然带来贸易逆差。正如日本填补了里根时代联邦预算赤字的空缺一样，中国充当了布什时代预算赤字补缺者的角色。如果美国贸易赤字的对象不是中国，也会是墨西哥、加拿大甚至欧洲，如果那样的话，问题会更严重。因为从这些地区进口的成本更高，高成本降低了消费者的购买力，又进一步阻碍了经济的发展。事实上，美国消费者是美中贸易的最大受益者。2003 年美国从中国进口了价值 1500 亿美元的物美价廉的商品，此举抑制了美国的物价上涨。2003 年 1 至 12 月美国除石油之外进口商品价格指数仅上升了 1%，这一数字相对于经济的快速增长和疲软的美元来讲，实在微不足道。在失业率抬头、收入增长乏力的背景下，低通货膨胀率等于增强了美国消费者的购买力。因此美国应对中国充满感激。我们已经欣喜地看到，由于中国的发展给邻国和他国、乃至世界同时带来了巨大的发展空间，在国际舆论中，"中国威胁"已越来越失去市场。最近，日本主流媒体纷纷发表有关中国经济发展对日本经济产生影响的报道。耐人寻味的是，与以往的"中国威胁论"截然相反，日本现在的这些报道一致认为，中国经济发展促进了日本经济的复苏，中国旺盛的市场需求已成为日本经济发展的动力。2003年第四季度日本的GDP较上一季度增长了117%，是连续第四个季度实现了正增长，日本经济增长对中国的依赖程度越来越高。日本共同社发表的一篇新闻稿的标题就是"中国从威胁变成了救世主"。中国离不开世界，世界离不开中国。中国外交政策的宗旨是维护世界和平、促进共同发展。中国将一如既往地坚持改革开放，积极参与国际经济技术合作与交流，按照共同有效规则和趋利避害的原则，在与世界各国的平等竞争中寻求双赢互利，实现和平发展。

  作为负责任的大国，中国的发展为别国提供机遇而非构成威胁。各国通过中国的所作所为，逐步开始认识中国是一个以和平发展为世界提供"机遇"的、为世界经济发展起促进作用的大国。

第四章

和平发展：概念界定及其科学内涵

和平发展是一个值得深入探讨的概念。目前，人们对于和平发展有着各种各样的理解，有的人认为，和平发展这一概念是有所侧重的，其重点在于"发展"，"发展"是目的，"和平"是手段；有人则强调"和平发展"的根本目的是实现世界的和平，因此"发展"是为了更好地达到和平。此外，还有不少人从战略或者政策的角度对和平发展这一概念进行阐释，可谓众说纷纭，各不一样。这些解释都有一定的道理，然而却不够全面、深刻。一个能够成立的理论需要基本的概念、原理和自身的逻辑体系。因此，对于到底什么是和平发展，必须进行全面认真的研究，进行知识上的概念化和理论化，深入剖析其科学内涵。本章的主要任务就是对和平发展这一刚刚进入理论界视野不久的概念进行界定，将从"和平"这一国际政治理论中的基本概念入手，全面分析中国和平发展的科学内涵与发展历史。

一、和平的概念界定

和平是一个很复杂的概念,任何一个民族、国家、集团,都声称自己热爱和平,以和平的方式追求自己的利益,但事实上,在人类文明的进化过程中,战争屡见不鲜。这提醒我们,只有对于和平这一概念加以正确理解,才能厘清和平发展这一概念的真实内涵。

(一)消极与积极的和平

战争与和平问题是国际政治中的一个永恒的主题。关于二者的讨论也一直不绝于耳,但是,查阅一下相关的文献,我们就会发现,关于战争的讨论和研究远多于关于和平的讨论和研究。这可能与思想界存在的一种主流话语或话语霸权相关,那就是认为战争是国际政治的常态,而和平则不过是一种暂时的、短暂的现象,战争停歇后的短暂和平只不过是为下一次战争做准备,是下一次战争的过渡时期。很显然,这种强势话语在道出国际政治部分真相的同时,也掩盖了国际政治的部分真相。实际上,和平在历史上也出现过较长的时期,如欧洲的百年和平、中国"朝贡体系"下的东亚的较长时期的和平,而最近的例子则是二战结束以来的世界的局部战争,整体和平。

和平思想在西方经历了长期的发展,中国传统文化中也存在着丰富的和平思想,但是,中西的和平观是不一致的。中国传统的儒家思想的"所谓'和'是一种意境,内涵非常丰富。它是指自然体系中的基本要素达到圆融后产生的一种状态,用简单的语言表示就是阴阳平衡。更深一步地讲,就是金、木、水、火、土五大自然元素构成了互生互动、生生不息的良性循环系统"。可见,中国传统文化中的和平指的是一种"内外和谐、稳定有序"的意思,这样的和平概念与国际上通行的和平概念有所不同,甚至与其他国家产生对概念理解的冲突。因此,研究"中国和平发展"就不能不了解西方的和平概念。

关于和平的定义存在许多,但基本上可以分为两类:一类是消极性定义,一类是积极性定义。

关于和平的消极性定义的代表人物有法国的雷蒙·阿隆。在阿隆看来,和平其实就是敌对政治集团之间的冲突处于长期悬而未决的状态,只要国家间的矛盾未激化到军事冲突的程度,便可以说是和平。可见,没有战争便是和平。也就是说,"只要战争或其他有组织的直接暴力不存在,和平就建立了"。直接暴力的概念是加尔通在1969年发表的题为《暴力、和平及和平研究》的论文中对暴力加以区分而提出的,是指暴力的原因在于特定的人或集体,具体到国际政治,特定的集体主要是指国家,由个别国家引起的战争是个体性暴力,是直接暴力,消极性和平指的是没有个体性的直接暴力。因此,是消除了战争和暴力冲突之后的和平类型,它建立在没有直接暴力的基础之上。坚持消极和平观点的学者认为,应该通过谈判和调节而不是武力手段来解决争端,主张依靠国际性协议和组织(如联合国)来保证集体性安全。因此,有关消极和平的研究更关注现实或短期内的安全问题。事实上,集体性安全强调的稳定和秩序往往需要强权的保证,所以消极和平可以容忍结构性暴力。

与此相对,积极和平概念建立在对广泛社会条件的理解之上,它与结构暴力有关。结构暴力是指贫穷、疾病、压制性体制和社会歧视给人类带来的痛苦和灾难。它关注的是社会政治和经济结构中存在的问题,以及由此造成的政治权利和经济利益分配上的不公正现象。与直接暴力相比，结构暴力是一种间接暴力，而间接暴力没有特定的暴力主体，它在社会体系中表现为结构化的不平等。这种不平等产生于国际社会权力的不平衡、权力的剥夺、财富多寡的悬殊等。在现实的国际社会中，"最明显的结构暴力状态是带有中心—周边这一系列封闭型层次关系的典型封建结构"。结构性暴力是一种无形的、看不见的暴力，需要一个长期的过程才能消除。主张积极和平思想的学者认为，实现积极和平的关键在于消除非正义，而公正和平等是和平的根本因素，不消除不平等的社会结构，即不消除结构暴力，和平就不可能实现。积极和平研究关注建立在阶级、伦理道德、部落、年龄、宗教、种族和性别等基础上的各种形式的歧视，认为消除歧视是实现积极和平的前提条件，它追求的是未来的、持久的、全面的和真正的和平。

消极和平关注的是国际系统的进程即单元的层面，它认为只要单元间即国家之间不存在战争，就是一种和平状态；而积极和平关注的是国际系统的结构层面，认为尽管国家间不存在战争，但只要制约国家行为的结构是一种不平等的结构——源于国家所处的权力位置的不同而导致的国家间利益和价值分配的不平等，那么，它就不是一种和平状态。可见，无论是消极和平还是积极和平，它都是与战争和暴力相对的，和平的实现意味着战争和暴力的消失，而暴力的出现则意味着和平被破坏。当然，这里的暴力既包括直接的个体性暴力，也包括间接的结构性暴力。

实际上，在关于和平的定义方面，发达国家与发展中国家是存在争议的。发达国家由于其在国际体系中的主导和支配地位而倾向于维持现有的国际体系，反对后起国家对现有国际体系的修订、补充、发展和完善，更不能容忍"颠覆性破坏"，因此，它们实际上倾向于消极和平。而发展中国家由于深受不公平、不平等的国际旧秩序之苦，因此迫切需要变革现有的国际体系，另一方面，发展中国家又希望在与发达国家的交往中能够以平等的身份进行而不至于受到霸权国家的强制压制，因此，发展中国家实际上既重视积极和平又重视消极和平。

中国作为发展中国家中的一员，并且是最大的、和平发展的国家，对它的"和平发展"的"和平"该怎样定位呢？在这里，中国"和平发展"中的"和平"应该是双重的，既应该是消极和平，也应该是积极和平。中国发展的过程避免对其他国家发动战争，也要避免其他国家对中国发动战争；中国民富国强后并不是要无所作为，而是以积极的姿态参与国际社会的建设，使国际社会朝着公正、公平、合理的方向前进。

传统的和平观的代表人物雷蒙·阿隆认为，和平是建立在权力关系基础上的，因此，和平的形式与权力关系的性质有着直接的关系。据此，以权力的分配状况为标准，雷蒙·阿隆划分了三类和平，即"均势的和平、霸权式的和平、帝国式的和平"。在特定历史阶段，某些国家或政治单位之间的力量对比会达到平衡，从而出现均势的和平，如17到19世纪的欧洲就经常处于此种状态中。当某一国家的力量处于决定性的、压倒性的优势时，则可形成霸权式的和平，如所谓的"英国治下的和平"、"美国治下的和平"。如果霸权发展到征服，建立起一个帝国来，便可实现一种帝国式的和平，如1871年以后，德意志帝国的建立就创造了这样的和平。

实际上，现时代的中国和平发展中的"和平"是介于均势的和平与霸权式的和平之间，这实际上是与当今的国际格局紧密联系在一起的。当前的国际格局是一种"单极—多极"的混合结构。美国作为唯一的超级大国一家独大，但同时还存在其他的大国如中俄欧日等，这些大国间形成一种相对均衡的多极格局。所以，美国的一定程度上的霸权和中俄欧日的相对均衡的多极导致当前的国际社会是一种均势的和平与霸权式的和平的混合。

（二）自然特征和社会特征

和平作为战争的孪生姐妹，它如同战争一样，既是一种自然现象，又是一种社会现象，因此，它也就相应的具有一些自然特征和社会特征。

具体地说，"和平的自然特征主要是其非暴力性、不安全性和非永久性"。所谓和平的暴力性，它是指人与人之间、国家与国家之间没有武装暴力行为的自然状态，这里的武装暴力既包括直接的个体性或集体性暴力，也包括间接的结构性暴力。所谓和平的不安全性是指和平状态下依然存在危险与威胁。在国际关系中，安全常常指"客观上不存在威胁，主观上不存在恐惧"。根据安全程度，和平作为一种安全状态分为"不安全、不太安全、较安全和绝对安全四个程度"，作为理想状态的绝对安全在现实的国际关系中是不存在的。所谓和平的非永久性，就是指和平的不稳定性，和平不是一劳永逸的东西，和平可能被战争所取代。

由此可以看出，和平与安全是存在区别的：1、和平与安全的性质不同。和平只意味着没有战争，并不等于说国际社会就没有威胁和危险，而安全就意味着没有威胁和恐惧。2、和平必须是双边或多边共享的，而安全则可为单方独享。和平意指没有战争，而要没有战争，显然单方面是不行的，必须是双方或多方的。而安全则不同，从国际体系的结构角度看，在国际体系中力量占优势的国家相对于力量处于劣势的国家就不存在安全问题，在这种情况下，安全就是独享的。当然，从国际体系的进程角度看，安全就成为"主体间性"的了，一方的不安全往往也会导致另一方的不安全。3、同在和平状态下，国家安全和国际安全的程度不一样。同在和平状态下，不同国家在同一时期的安全程度不一样,同一国家在不同时期的安全程度也不一样;不同历史时期的国际安全也不一样。也就是说,同在和平状态下,国际安全不同于国家安全,国家安全随着具体的国家、具体的历史时期而变化,即国家安全具有时空性。4、和平与安全并不具有同步性。就是说,和平与安全并非等同,和平状态并非必然比战争状态更能保证国家安全。

和平还具有一些社会特征,"和平的社会特征是其目的性、工具性和正义性"。和平的目的性是指和平成为人们追求的目标,成为人们追求的一种价值。然而,有一点我们要明确,作为一个国家,和平并不是它在任何时候都追求的目标,也不是一个国家所追求的最高目标,它仅仅是国家所追求的众多目标中的一个,有时,国家安全、领土主权、民族独立等的重要性会超过它。和平的工具性是指和平是人们用来实现自己目标的一种手段和方法,即人们通过和平的方式来实现目标。但是,我们同样要注意,不能把和平的方式作为解决国家间矛盾的唯一方式,没有武力保障的和平将会是脆弱的和平,甚至将会导致国家安全的丧失。和平的正义性是指追求和平的目标和采取和平的方式实现正义目标的做法是符合人类现代道德标准的。

由此可见,和平的性质决定了一国争取和平环境的政策需要有十分明确的涵义。具体地说,"和平的非暴力性决定了争取和平只是成为国家安全政策的原则之一;和平的不安全性则决定了争取和平和政策需要服从改善国家安全环境的目的,因为没有丝毫安全的和平是没有意义的;和平的非永久性则要求我们在争取延续和平的同时做好和平结束的准备。"另外,我们需要强调如下观念:和平是人类追求的目标之一,但不是国家安全的最高目标,因此要防止将和平等同于安全;和平是解决利益冲突的一种方法,但并非最有效的方法,因此要防止把"争取和平"视为增强国家安全的根本途径。

通过上面的分析，我们可以发现，对"和平"的概念定义建立在和平与暴力的二元对立的基础上。在国内社会层面，和平与暴力相对基本上是说得通的，而且在国内，消除直接性的个体暴力和间接性的结构暴力是可能的，但是，在国际政治中，以和平—暴力的二元对立为基础来确定和平的概念是有一定问题的。这在很大程度上是与国际社会的若干特点有关的。在国内社会中，存在一个最高的国家权威——中央政府，国家的法律制度可以得到强制性的执行，所以，国内秩序表现为一种有序的状态；而在国际社会中，主权国家之间是平等的，没有一个国家可以凌驾于其他国家之上，国际法和国际制度往往很难得到实行，所以，国际社会的秩序主要表现为一种无政府状态——在国家之上并不存在一个最高权威。这些特点就是国际政治与国内政治的区分所在。如果以没有直接暴力和间接暴力来定义和平，那么人类历史上就几乎不曾存在过和平状态，而这显然与我们所知的经验事实不符。所以，在这里，对和平的定义还是建立在"战争—和平"二元对立的基础上比较合适。所谓"和平"就是指国家之间以及主要由国家所组成的国际社会的有限延续的非战争行为和非战争状态的现象。

二、中国和平发展的内涵与历史

（一）理论概念

前面我们已对"和平"进行了较细致的分析，当我们将"和平"的内涵具体到"中国和平发展"这一命题中时，作为目的性的和平，"中国和平发展"应该积极主动地与发展中国家和贫、弱的国家共同承担起改变现有的不合理的国际旧秩序而建立新的公正合理的国际秩序（积极和平），和中国富强后要在不被侵犯的基础上维护国家间的和睦相处，而不以大欺小、以强凌弱地诉诸武力（消极和平）这两层意思。作为工具性的和平，"中国和平发展"就意味着中国通过改变国际社会中的不合理、不公正的旧秩序和不对其他国家主动发动战争的方式来实现发展和富强。作为正义性的和平，"中国和平发展"就意味着中国在公正合理的国际秩序和未发动针对中国的战争的国际环境中发展。

中国作为发展中国家中的一员，并且是最大的发展中国家，对它在"和平发展"中的"和平"该怎样定位呢？通过考察"中国和平发展"中的"和平"的社会特性，我们可以发现，中国所提出的"和平发展"中的"和平"含义应该是双重的，既应该是消极和平，也应该是积极和平，但更多的是一种消极性和平即非战争行为，而对于积极性和平的实现和利用并非中国自身单独的力量可以达到的。中国发展的过程中既不想对其他国家发动战争，也要避免其他国家对中国发动战争。但就中国目前的现实来说，更应强调消极和平即传统意义上的和平观，如果中国一味追求积极和平发展则只会导致中国的国家安全受到极大损失。因此，此处所讨论的"中国和平发展"主要是中国的消极性的和平发展，即中国的发展是在非战的国际环境中发展，中国不主动通过战争的方式发展。中国不主动对外发动战争来实现发展，中国不允许在发展过程中有其他国家对中国发动战争。

也就是说，中国的和平发展必然要涉及国际秩序的调整与国际关系中的权力的再次分配。这也是在国际社会中大多数国家的诉求。但中国并不像传统的崛起大国那样，主动去挑战现有的国际秩序。对现有的国际秩序，中国不很认同，因为这是由西方国家主导的旧的国际秩序，霸权主义、强权政治色彩依旧很浓厚，广大发展中国家的应有权益还不能得到充分的保障，在国际事务中不能发挥应有的作用。但是，中国看到了当今世界和平与发展的主流，中国的发展得益于这样一个整体稳定、和平的国际环境，因此不会主动去挑战现有的国际秩序，而是采取积极融入的政策，中国广泛加入各种国际组织，参与其中活动，并发挥积极的、建设性的作用。同时，也在积极主动地对旧有国际秩序加以补充和发展。中国的发展不可避免要与现有的国际秩序发生这样或那样的摩擦，坚持和平发展就是要用积极的态度去化解这种矛盾，尽可能克服它已有的内在缺陷，改革不合理的因素，在国际政治经济秩序中注入中国因素，使国际政治经济秩序更加有利于中国和世界各国的和平发展，而且更加有利于世界和平与发展，实现世界的和谐。

在这里，"和平"又包括两个层次的含义：一是国内和平，就是国内的安定、有序；二是国际和平，就是国家之间不发生战争，至少不发生大规模的世界战争。国内和平与国际和平是紧密相联的。在社会发展道路问题上，"和平发展"中的"发展"是指摆脱贫穷、走向富强，使国家的综合国力和国际影响力迅速提高。具体到我国，"发展"就是实现中华民族的民富国强。实现"四个全面"——全面建成小康社会、全面深化改革、全面推进依法治国、全面从严治党。推动深化改革开放和实现两个一百年的奋斗目标。

"和平发展道路"是指中国在和平的环境中，以和平方式走一条既符合中国国情又适应时代特征，同经济全球化相联系，独立自主地建设中国特色社会主义，更好地维护和平的发展道路。

"和平发展"的发展道路包含着丰富的内容。正确理解我国和平发展道路的科学内涵，需要把握以下五点：第一，从发展时间上看，是指从1949年新中国成立到21世纪中叶。第二，从发展力量上看，是依靠自己的力量发展自己，是独立自主，自力更生。第三，从发展方式上看，是以和平的方式实现发展。对内，通过深化改革，创新体制，扩大开放，不断解放和发展生产力，根治社会的各种积癖。对外，通过扩大开放，和平地利用国际资源，不是对外侵略、扩张。第四，从发展环境上看，通过努力，在和平的环境中实现中国的发展。第五，从发展结果上看，发展的中国永不称霸，更好地维护和平。由和平发展道路的内涵分析，可以看出，这条道路体现了"发展"与"和平"的完美结合，"发展"是这条道路的核心和目的，"和平"是实现这条道路的方式、环境和结果。

和平中发展意指和平发展的环境问题。和平发展的提出，是执政党根据当前的世界形势，根据中国的现实而提出的一项伟大战略。发展的国际环境主要包括国际经济环境、国际安全环境和国际舆论环境。从总体上看，新一轮的全球化浪潮和地区主义的蓬勃发展，有利于中国的产业结构的调整，中国积极地融入全球化。在国际安全领域，在可以预见的未来，世界大战是可以避免的，中国以"睦邻、惠邻、安邻、善邻"的思想为指导，积极寻求通过和平谈判解决与邻国的争议问题。同时非传统安全问题进一步突出，需要世界各国的合作，任何一个大国都无法单独地解决此问题；国际舆论方面，随着中国综合国力的增强和国际地位的提高，中国勇于承担与自己实力相匹配的角色，在世界舆论界，中国的国际形象日益正面、积极，中国越来越被认为是负责任的大国。

和平地发展就是发展的手段问题。从中国主观发展战略和外交主张而言，中国发展的手段是和平、合作和经济的，而不是军事的和对外扩张的，它超越了传统的现实主义政治学的崛起观。中国的和平发展，在世界上是新型的发展模式。选择和平，我们就为中国发展奠定了在世界的道义性和正当性基础。中国在国内以建立和平、民主、文明、法治的中国为发展目标，对外以互利共赢的方式获取资源和发展动力，建设性地参与国际事务。这就超越了历史上其他大国的崛起模式——军事力量膨胀超越经济发展，通过建立势力范围和军事轴心的方式挑战霸权和现有国际秩序。中国通过和平的手段面对内外问题挑战，通过和平的手段处理对外关系，不仅为了自身的和平和安全，而且也为世界的和平和安全尽职尽责。提出和平发展的实质，不仅仅是表明中国要发展，而更是要表明中国发展的和平特质，表明中国发展与历史上大国崛起往往伴随着战争的不同的性格，也就是和平的性格。

和平的发展是意指发展的指向性问题，亦即发展的目的性问题。中国的发展不是为中华近代史上的斑斑屈辱、深仇大恨"雪耻"，更不是为了独霸世界，或者谋求对它国有"先发制人"的物质手段。中国的发展，对国内来说，首先是实现国民的全面小康生活，达到现在的世界中等发达国家民众的生活水准，实现国内的安定、有序和基本富裕，更好地维护和实现近14亿中国人的人权，更好地实现中国的国权，近14亿人的中国的长治久安则是国际和平和安全的一个重要组成部分。对国际社会而言，以"维护世界和平，促进共同发展"为宗旨的中国，与别国关系的本质就是和平。因为中国的发展需要一个稳定和平的国际环境，作为负责任大国的中国必然要为世界的和平和安全而尽职尽责。

与历史上已经崛起的大国在崛起的过程中一般伴随着掠夺战争不同，中国走的是一条在西方大国封锁下自力更生、艰苦奋斗的道路。在"发展"前限定"和平"二字，这就把中国发展道路的特征清晰地表现出来：一是在和平中发展。表明中国的发展必须通过努力，争取和平的内部环境和外部环境。二是和平地发展。表明中国是以和平的方式实现发展和崛起，而非暴力的、军事的或者其他非和平的方式。三是为和平而发展和崛起。表明中国发展的结果是和平。对内创造一个安全、稳定、祥和的社会秩序和生活环境，不断提高人民的生活质量；对外争取一个和谐、公平、公正的国际关系，更好地维护世界和平。

（二）历史机遇

关于中国和平发展，有不少人将其看作是"正在发生"或"将要发生"的，将这一进程定位于现在或将来。在笔者看来，这样一种观点是割断历史的观点，是一种静态的历史观，中国和平发展的历史进程的起点不应该是现在，也不应该是将来，而是过去，具体地说是1949年中华人民共和国的成立。中国和平发展是一个动态的过程，它是一个从过去到现在再到将来的"连续统一体"，我们不能在这"连续统一体"中截取一段来取代全过程。

关于中国和平发展的历史进程的知识分析，这里主要是从中国的内政和外交两个方面来展开，即从国内的"稳定发展"和国际上的"安全发展"两个方面着手。当然，这并不意味着国内的和平发展与国际上的安全发展是彼此分离的两个平行过程，事实上，二者是一种融合的关系，融合于中国和平发展的过程之中。

中国和平发展的历史进程在国际层面主要表现为"安全发展"。在这里用"安全发展"的提法，因为在一个无政府状态的国际体系中，在一个自助的国际体系中，在一个充满"安全困境"的国际体系中，国家的安全和生存是一国的首要的、基本的目标。

（三）现实内涵

和平发展不仅仅是理论命题，而且它已经成为一项带有根本意义的国家战略，成为了一个政治命题。和平发展是要将中国建设成为一个富强而繁荣的世界大国。因此，和平发展的国家战略是国内、地区、全球"三位一体"战略，具有层次性。三个层次相互联系，成为一体。其中，国内战略是基础，地区战略是核心，全球战略是目标。

1. 国内战略目标是基础

国内战略目标是和平发展战略的基础层面。和平发展战略不仅是中国的外交战略,也是中国的内政战略。尤其在当今国内国际界线更加模糊的形势下,中国国际地位的提高,欲求成为地区乃至全球性大国,更需要首先把国内的发展作为基点。

和平发展是一项国内战略,指实现国内各项战略目标。就当前阶段而言,和平发展,就是要为实现"人民富裕、国家富强"而奋斗,坚持以民为本、全面协调与可持续的健康的科学发展观,实现经济、政治、文化和社会的全面进步。首先,要把建立和平、民主、文明、法治的中国作为发展目标。创造国内外的和平环境是中国发展的首要目标,没有和平,发展只会落于空谈。民主是社会主义的特征,没有民主就没有社会主义。建设中国特色社会主义民主政治,深化政治体制改革,创造团结和睦、生动活泼的政治局面。建立既立足中国现实和传统文化,又吸取外国文化的社会主义新文明。到21世纪中叶,人均国民生产总值达到中等发达国家水平,人民生活比较富裕,基本实现现代化。在未来的较长时间内,我国要建设一个惠及十几亿人口的更高水平的、更全面的和发展比较均衡的小康社会,达到社会的全面进步。

2. 地区战略目标是核心

地区战略目标是和平发展战略的核心层面。当前,中国在国际上只是一个地区性大国。中国的外交重点在亚太,"发展"首先要增强其在亚洲的地位。这也是中国成为世界性大国的前提。

和平发展是一项地区战略,指在亚太地区性组织中发挥主体作用,在地区事务中牢牢抓住主动权,使周边关系稳定发展。首先,在地区性组织中起主导作用。亚太经济合作组织(APEC)是亚太地区重要的经济组织,中国自20世纪90年代加入该组织以来,一直发挥着重要作用，如在 2001 年成功举办了 APEC 上海峰会。此外，中国在其他地区性政治安全组织的影响力也在发展中。其次，在地区事务中牢牢抓住主动权。亚太地区政治、经济、安全事务错综复杂。经济上，中国积极加强和东盟的自由贸易合作，顺利实现 10+1 和 10+3 的经济合作，在区域、次区域经济合作中发挥重要作用，实现本区域各方的共赢。政治安全上，威胁地区安全的不稳定因素依然存在，一触即发。朝鲜问题、钓鱼岛问题、台湾问题、南沙群岛问题等一系列安全问题已影响到地区各国的安危。另外，恐怖主义等非传统安全因素也日益威胁到地区的安全。中国更是首当其冲，许多安全问题与中国国家利益紧密相连。"和平发展"需要中国在创造地区和平中发挥关键作用。"和平"是中国发展的条件，也是中国发展的标志。再次，促使周边关系稳定发展。在发展的过程中，中国如何实现同周边和其他国家及地区的良性互动是中国创造有利于自身长远发展环境的重要基础和必备条件。中国的发展将改善和增进与俄、日、印（度）及东（盟）等地区性大国或地区的关系。这也是中国发展的标志之一。

中国与亚洲国家之间，已经形成一种互促、互利、互助、互补的新型合作关系。中国的发展和亚洲的发展紧密相连。中国的强势发展对亚洲国家而言是一个福祉。完全可以相信，一个充满活力、繁荣富强，致力于世界和平与发展、永不称霸的中国，将为亚洲的发展和振兴做出新的贡献。和平发展中的中国，则是亚洲和平发展的一部分。这不仅意味着中国的改革开放与和平发展得益于亚洲其他国家的经验与发展，而且意味着中国作为亚洲一员，将会对亚洲其他国家首先是周边国家的发展、繁荣和稳定，发挥更加积极有益的作用。

3. 全球战略目标是根本

全球战略目标是"和平发展"战略的根本。中国是一个发展中国家，对国际事务的影响力极为有限。可是，中国具备了成为世界性大国的条件，其未来的发展趋势必然是在全球的和平发展中发挥重要作用。

和平发展是一项全球战略，指在全球性国际性组织中起重要作用，在全球性的国际事务中牢牢抓住主动权，使大国关系稳定发展。首先，在国际性组织中起重要作用。中国是世界一些国际性组织的重要成员，如联合国、世界贸易组织等。中国是联合国安理会五大常任理事国之一，这为中国成为世界性大国提供了政治条件和政治资源。中国要成为世界性大国，就应充分利用这一条件，推动联合国改革，发挥安理会常任理事国的作用，在国际事务中尽力维护和实现本国及发展中国家的利益。其次，在国际事务中牢牢抓住主动权。中国只是一个地区性大国，而不是全球性大国或强国，因此，对许多全球性问题只能是心有余而力不足。如，中东和平问题、中亚民族问题、非洲稳定问题、全球性的反恐问题等。这不同于美国，它在全球有军事基地，力量遍及世界各地，故能在全球发挥巨大的影响作用。另外，在建立国际政治经济新秩序中，中国的秩序观虽然代表广大发展中国家的利益，但效果有限。这既是中国发展并最终崛起的掣肘，也是中国发展要突破的障碍。再次，促使大国关系稳定发展。中国要成为世界性大国，需要调整和发展与世界大国的关系。中美关系是中国外交的重点，影响中美关系的症结有美国的霸权主义，对中国高新技术转让的封锁，为了本国利益对二战后世界秩序稳定的离间、挑拨，以及对日本军国主义复活的鼓动，和人权问题、贸易摩擦、台湾问题等。不但有损于美国的国际地位和正面影响，也搅乱了世界秩序的稳定。这些问题能否解决，影响中美关系乃至世界经济发展的未来走向。此外，中国与欧洲大国的关系也需进一步深化，中英、中法、中德等都是中国需要改善和发展的重要国家关系。从某种意义上说，发展的过程就是国际地位不断上升，而且和世界上地位最高的国家不断接近的过程。

中国的和平发展有利于世界的和平与稳定，它将使世界格局更为平衡，国际社会更为安全；中国的和平发展将使人类的文明和文化更为丰富多彩，为人类提供更多的模式和文化借鉴；中国的和平发展将为国际关系的历史带来新的范例和素材，证明人类可以以理智和和平的方式处理好国家冲突这一千古难题；中国的和平发展将证明，一个落后的国家，一个有着悠久传统文化的国家，可以通过自己的努力和智慧实现有自己特色的现代化，像凤凰一样浴火重生。中国正在并将继续为实现人类的可持续发展做出贡献，已经并将继续为减少人类贫困和提高生命质量做出贡献，已经并将继续为维护世界和平、促进世界经济，特别是周边地区的经济发展做出贡献。

"三位一体"的战略给"和平发展"做了一个全面的定位。"和平发展"战略在未来的实施中应当正视其在国内、地区和全球中的准确位置，明确目标，实现三个层面的共同发展。中国的和平发展最终有益于构建一个永久和平、共同繁荣的和谐世界。

第五章

战略机遇：中国和平发展的机遇与挑战

中国在21世纪初期面临的基本战略机遇主要是：第一，奉行不同美国长时期对立或大规模冲突的根本国策，争取全方位的睦邻关系。第二，美国由于紧迫和较长期的反恐、防止大规模杀伤性武器扩散、控制中近东地区等国家的战略，出于对与中国冲突或长时间对抗的巨大代价的忧虑，对华政策将长期保持战略警戒和威慑、政治压力、缓解对抗、协调合作四者大致动态平衡的形态。第三，在东亚国际政治中，总的长期趋势是美国权势逐渐衰减，中国影响逐渐增长，较好处理朝鲜半岛问题和防止中日敌对情况。第四，全球化进程。第五，多极化趋势有助于中国制约美国，构建自身更大的国际力量。

对于一个国家或地区来说，所谓战略机遇期是指国内外环境在得到正确把握的前提下，能够为其长远经济社会发展提供良好的条件，对其历史命运产生全局性、长远性、决定性影响的某一特定历史时期。

战略机遇期具有以下几层基本含义：第一，时间的长期性。战略机遇期是一个长达十年以上的历史时期。第二，空间的世界性。战略机遇期是世界范围内矛盾运动发展变化的结果，是人类社会发展规律在当今时代的展现，是国际、国内各种因素综合作用所形成的机会和境遇。第三，主体的集团性。战略机遇期是对于国家、地区或社会集团而言的，它不是个别部门、行业的机遇，也不是小单位的机遇，更不是对个人而言的。第四，内容的综合性。战略机遇期的飞跃发展通常是科技革命引发生产力的质变，经济发展带动社会的全面进步，文明程度的提升促进综合国力的增强。第五，影响的全局性。能否紧紧抓住重要战略机遇期，事关国家、民族的历史命运，其影响是全局的、长远的、决定性的。

一、时代主题：平等、和平、发展、合作

（一）平等是国际社会的基本准则

国家主权平等原则是国际法与国际关系中最古老的基本原则。主权平等原则最早产生于在欧洲国际关系中承认君主主权的平等权力。

1618 至 1648 年的欧洲"三十年战争"，以德意志皇帝和哈布斯堡王朝为代表的宗教保守势力的战败而告终。1648 年《威斯特伐利亚和约》产生。该和约承认瑞士、荷兰、葡萄牙的独立，并保证神圣罗马帝国德意志诸邦的领土主权，第一次确认了所有参加国不论是新教旧教，还是君主制共和制，都以独立和法律上的平等权利集合于一个国际社会之中。从此，帝国的等级服从体制和罗马教皇神权政治体制下的世界主权论被抛弃，在欧洲国际关系中初步确立了主权国家地位和主权平等原

则。这一原则成为近代国际法的基础，对近代和现代国际关系产生了深远影响。

第二次世界大战结束以后，在为筹建普遍性的国际组织——联合国而召开的旧金山会议上，"主权平等原则"作为一项旨在指导国家间关系的基本准则，开始正式登上国际讲坛并为各国所确认。

1945 年 6 月，50 个国家签署了《联合国宪章》，明确规定了各会员国应共同遵循的原则：（1）各会员国主权平等的原则；（2）和平解决国际争端的原则；（3）不以威胁或武力侵犯他国领土完整或政治独立的原则；（4）不干涉他国内政的原则；（5）对联合国符合宪章的行动予以协助的原则。

在这之后，联合国召开的多次重要会议上，主权平等原则又被反复重申。1970 年，为适应国际形势发展变化的需要，第 20 届联大通过了《国际法原则宣言》，其中专门对主权平等原则作了更为系统、全面地阐述。宣言称："各国一律享有主权平等。各国不问经济、社会、政治或其他性质有何不同，均有平等权利与责任，并为国际社会之平等成员国。""主权平等尤其包括下列要素：（1）各国法律地位平等；（2）每一国均享有充分主权之固有权利；（3）每一国均有义务尊重其他国家之人格；（4）国家之领土完整及政治独立不得侵犯；（5）每一国均有权利自由选择并发展其政治、社会、经济及文化制度；（6）每一国均有责任充分并一秉诚意履行其国际义务，并与其他国家和平共处。"

该文件的《总结》部分又称："本宣言所载之各项宪章原则构成国际法之基本原则，因之吁请所有国家在其国际行为上遵循此等原则，并以严格遵守此等原则为发展彼此关系之基础。"

鉴于《宪章》在当今国际法体系中的基础地位和联合国成员国的广泛性，《宪章》及《宣言》中提出的主权平等原则成为当代国际秩序的核心之所在。主权平等原则突出了国际秩序中各国法律地位和主权权益的平等性,已深入人心。

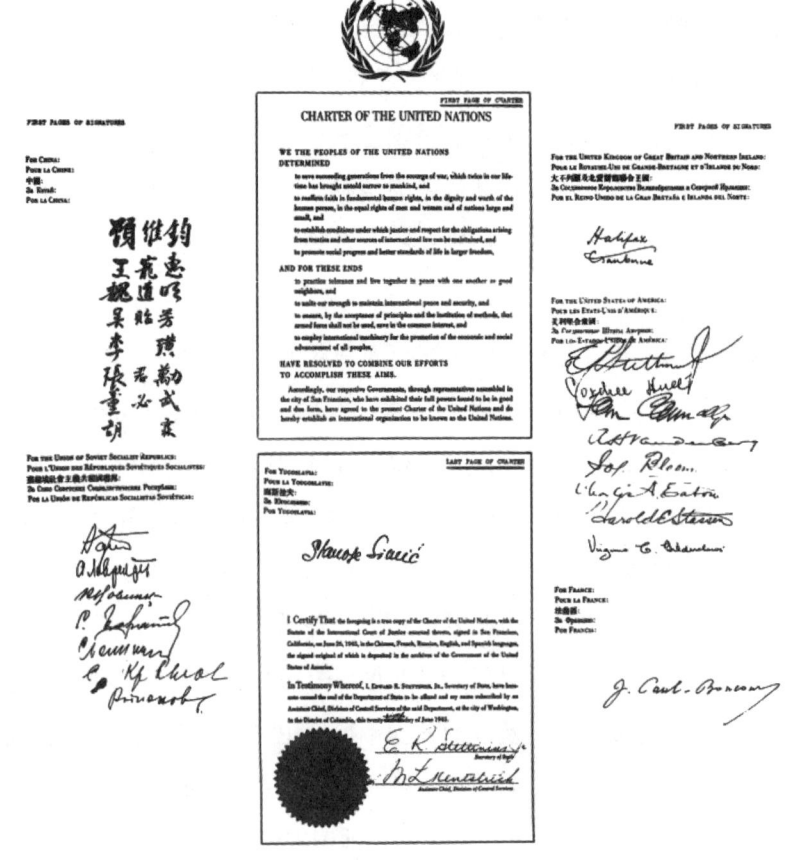

1945年6月26日50个国家签署了《联合国宪章》,
上图复印件包含了首页、末页和前5国签名

(二)和平与发展是人民的诉求

从20世纪80年代开始,世界局势总体已趋于缓和。在国际环境方面,虽然还有各种战争和动乱,但总体上说,世界出现了一个维持较长的和平时期,开始进入新的发展阶段。世界形势发生了重大变化,世界关系的主流,已经从冷战时期的大国间大规模军备竞赛为主要表现的全面对抗,发展为以经济为基础、科技为先导的综合国力的竞争。

二战后半个多世纪,世界保持了总体上的和平。战后世界经济的发展,特别是生产和资本的高度国际化,使发达国家之间的相互依存关系达到空前程度,生产国际化基础上的全面资本渗透,形成了"你中有我,我中有你"和"一荣俱荣,一损俱损"的相互依存局面。西方发达国家为了维护其根本利益,采取了一系列调节措施,使各种矛盾有不同程度的缓和,处于相对稳定的状态。同时,广大第三世界国家纷纷取得了民族独立,普遍面临着发展民族经济和巩固政治独立的重任,也在积极致力于创造和平稳定的国际环境。发展中国家虽然强烈要求改变旧国际经济秩序及由此带来的西方发达国家同发展中国家贫富悬殊不断扩大的现状,但发展中国家对发达国家的斗争,从一开始就使用经济手段,坚持对话与合作的方式来缓解矛盾,这种斗争还不致于导致普遍战争。维护和平与促进发展反映了当今世界各国的共同愿望和强烈要求。

从我国内部来说,我国根据国际形势的变化和我国现代化建设的需要,基于和平与发展是当代世界两大主题的论断,调整党的对外政策和外交格局,从而开创了中国外交的新局面。第二次世界大战后,世界形势的变化,提出了世界已进入了一个新的历史时期,也就是和平与发展的新时期。我国也坚定不移地奉行独立自主的和平外交政策,在和平共处五项原则的基础上同世界各种性质的国家发展友好合作关系,将维护世界和平作为中国独立自主外交政策的主要目标。我国提出的和平共处五项原则,即互相尊重领土主权完整、互不侵犯、互不干涉内政、平等互利、和平共处,发展成为指导国家间关系普遍适用的基本准则,是

"中华人民共和国成立后对国际法的发展作出的主要贡献之一",在保证各国主权的平等,以实现有利于各国自身和国际社会共同利益的和平共处方面,发挥了积极作用。中国在和平共处五项原则的基础上已同170多个国家建立了外交关系。

和平与发展作为时代的主题。经济全球化的发展和世界多极化的趋势,都是不以人的意志为转移的。当今的历史条件决定了在相当长历史时期内,国际形势虽然频繁变化,但和平与发展仍是当今时代的主题。不管国际风云如何变幻,我们始终不渝地奉行独立自主的和平外交政策。中国外交政策的宗旨,是维护世界和平,促进共同发展。我们愿同各国人民一道,共同推进世界和平与发展的崇高事业。"反对霸权主义,维护世界和平,促进共同发展"。

(三)合作是全球性问题的治理之道

美国学者罗伯特·尼斯贝特在社会学意义上把合作定义为"为了达到一些目标而采取的联合或协调性的行为"。在国际关系研究中,大部分学者都比较接受美国政治学家基欧汉关于合作的定义,必须把"合作"与"和谐"相区别,合作是一个过程,和谐则是一种状态;和谐要求利益的完全一致,而合作仅仅是在包含冲突及其相关利益的情况下才能发生;在和谐状态下,行为者的政策能够自动地促进其他行为者目标的实现,而合作则需要通过谈判的过程将各个独立的个体或目标变得相互一致起来。他将合作定义为:"当行为者通过政策协调,将自己的行为调整到与其他行为主体的实际偏好相一致时,合作就会出现。或者合作可以用更加正式的形式概括为:作为政策协调过程的后果,当一个政府实际采取的政策也被它的同伴们视为是对它们自己目标的认定时,政府之间的合作就会发生。"中国学者俞正梁认为国际合作就是指:"国际关系行为主体全面或局部的协调、联合等协力行为,是一种相互适应,它是基于各行为主体在一定领域和范围内利益或目标的基本一致。"

"面对全球化,单边行动往往是不够的,它往往导致失败或引起对抗性反应。面对全球化的深化,各国越来越愿意牺牲某些合法的行动自由,以限制他国对自己采取的措施,或防止他国行为变得不可预测。由此类似的合作是在区域层次上进行的。"一些全球性问题的解决已不能满足于仅仅依靠一国之力,而越来越依赖于国家之间在各方面的合作。例如,当今世界的生存环境问题已日益成为世界各国关注的一个政治问题,它的解决也必须依靠各国的合作,改善生存环境呼唤全球合作。近年来威胁人类生命安全和生存环境的问题不断出现,如核武器扩散问题、毒品走私猖獗问题,非法移民、各种腐败、恐怖组织等跨国犯罪日益严重;环境污染、疾病蔓延、网络安全等全球性问题,呼唤全球合作,共同治理。

在国际关系发展史上,曾经出现过"霸权合作",即一个或几个国家凭借其强大的军事实力、发达的经济实力和先进的政治影响力而建立起来的由其主导的国际秩序,如古罗马建立的影响整个欧洲的帝国秩序;近代英帝国的统治下的世界秩序,美国的民主、人权外交等,这种"霸权合作"的表现就是一国有超强军事实力,凭借这种实力强迫其他国家同它进行"合作",这种合作具有明显的等级差别和不平等性。其特点是:一旦霸权国取得霸主地位,它就掌握了制定国际制度和国际规范的主导权,可以根据自己的利益制定国际制度,用自己的价值观念主导国际规则的制定。

第二次世界大战结束后,科学技术飞速发展,国家经济合作加强,全球化进程加快,逐步出现了一系列全球性问题。于是,过去那种一个国家依靠其超强实力而进行的赤裸裸的以军事力量为后盾的霸权合作得以逐步改变，要求制定一些有普遍意义、得到各国确认和认可的准则来规范国家的行为，调整国家之间的利益冲突，以避免无政府状态下的混乱，维持国际体系的稳定。随着世界各国在政治、经济、军事、文化等方面相互依赖程度的日益深化，国际机制在国际政治中发挥着越来越重要的作用，成为促进国际合作的一个重要因素，对现代意义上的国际合作的出现发挥了重要作用。基欧汉在《霸权之后——世界政治经济中的合作与纷争》一书中指出："总的来说，国际机制通过合作，降低被欺骗的可能性。无论我们通过博弈论还是通过市场失灵理论来看这个问题，我们的中心结论都是一样的；国际机制可以降低不确定性从而有助于合作。"他还认为制度可以增加国家之间的互动，使得各国容易追求"投桃报李，以牙还牙"的有条件合作战略。换句话说，国际制度使得欺诈很少获益，合作更有吸引力。因此，新自由制度主义认为，合作并不难实现，在实现合作的过程中，制度比现实主义所认为的更重要。尤其在全球相互依存程度日益加深的今天，国家之间更有寻求合作的需求。在合作的过程中，全球化促进技术、商品、资金、人才、生产、市场的全球化流动趋势。例如，世界贸易组织的成员国已经达到160多个，推动了国家间经济合作。各地经济一体化趋势进一步发展，出现了北美自由贸易区、欧洲联盟、亚太经济合作组织、亚信、金砖国家等经济合作组织。这些国家间合作组织的出现，促进了国家间合作，促成了共同关心的国家间问题的解决。

　　世界经济区域化发展的要求加强了与周边国家政府间的协调机制。我国已基本完成了同周边国家外交关系的建立或正常化，传统的睦邻友好合作关系得以恢复和发展。但是，我国是海洋和陆地边界被周边几个国家认为未完全划定的国家。以美国为盟主的周边国家可能随时以各种理由对我国进行挑衅和发动战争。

目前，我国致力于推动与周边国家经济合作关系的进一步扩大和向更深层次发展。这符合双方的共同利益，加强周边国家区域合作不仅能够进一步扩大我国的对外开放，推动经济发展，而且有利于维护双方国家安全，清除"三股势力"，维护双方边疆地区稳定和发展。

随着全球化进程的发展，区域国家的合作也形成了一个密切联动的大系统，相互依存关系的加强使各国国家利益的共性不断增长。经济全球化的趋势，使各国经济发展既相互竞争，又相互依存，经济合作也达到空前的广度与深度。在地区经济发展中，各国都在调整本国的发展战略，发挥比较优势，使其在区域经济的合作中获取所需的资源与市场。在现代化的条件下，谁也离不开世界市场和世界资源，谁也离不开与他国的交往与合作。离开国际间、地区间的合作，就意味着失去发展的机遇与空间，意味着被边缘化。在共同利益目标支持下，也出现了区域国家间的合作。中国希望，通过合作，为我国争取和平稳定的国际环境、睦邻友好的周边环境、平等互利的合作环境和客观友善的舆论环境，使我们能够一心一意谋发展，能够利用世界资源和先进科学技术，增强综合国力，早日实现小康社会的发展目标。但这只是单方面的诉求。

二、国际风云：合作与冲突

（一）国家间的角力：不可避免的摩擦

国际体系的无政府假设是现实主义的理论前提。现实主义认为国家处于无政府体系之中，即认为国际体系是一个无政府体系，国家间是一种无政府状态。国家的综合实力成为塑造其国际行为的核心变量，国家政策的基础是以权力为后盾的国家利益。谁拥有更多权力（实力）谁就会有更多的利益，因此，各国为使世界市场竞争规则向本国利益倾斜，而出现激烈的斗争，表现为国家之间的一种竞争关系，而大国之间的斗争表现得尤为激烈。

国家之间的角力，表现在许多领域。如国家交往中为维护本国的利益而进行的外交上的讨价还价，也有在经济交往中为保护本国经济发展而采用的相互制裁；大国间的斗争与妥协以及军事上的互相威胁，甚至不惜兵戎相见。现行的国际交往规则基本上都是发达国家制定的，发展中国家只是被动地适应规则的要求，基本上不占有主动权。在发达国家内部，来自于强国的规则或由强国提出的规则多一些，而其他发达国家的则少一些。面对规则制定上的不平等，近些年来发展中国家也在不断发出声音，要求建立体现平等原则的国际政治经济新秩序。

20世纪90年代以来，国际关系正经历深刻而复杂的变化，经济因素在国际关系中日益占据主导地位。为维护本国的利益，各国特别是西方大国，纷纷将发展经济、增强综合国力放在内外政策的首要位置。

国家间的相互较量和摩擦是不可避免的，因为它们之间的较量都是为了自身国家的发展。政府（或国家）之间的竞争和合作是企业（或公司）之间竞争与合作的深化和集中表现。发达国家如美国、日本或欧洲各国，通过提高本国企业和公司以及其生产的主要商品在国际上的竞争能力从而提高国家在世界市场上的竞争能力，进而提高本国在国际社会的地位和国际竞争力。冷战后，西方大国之间的角力就是通过这些方式而变得更加错综复杂。

冷战后，西方大国间的竞争进一步发展，出现了国家间的政治经济文化竞争摩擦。生产的发展导致生产社会化和资本主义私人占有之间的矛盾也越发发展，资本主义条件下生产力的发展引起的市场供求矛盾和争夺市场的矛盾激化。冷战时期，西方国家之间的经济摩擦与矛盾不断产生，大规模的贸易战时有爆发。大型企业或公司之间的竞争，使西方国家间争夺市场的竞争变得更加激烈，使政治摩擦时有升级。在经济政治摩擦激化的情况下，文化上的冲突和摩擦是不可避免的，甚至有可能更加激烈。

冷战结束后，西方国家纷纷把发展经济放到了首位，美国把经济因素提高到"经济安全"的高度来考虑，并依此而搅动世界。现在中国与日本、中国与印度，中国与法德英俄等有一定的互补性。中日关系则存在着向敌对关系发展的可能性。这都是由大国的竞争引发的结果。冷战结束后，西方大国之间的经济关系得到进一步发展，与此同时，它们之间的竞争与合作也进入了一个新的发展阶段。冷战后，西方大国的竞争因素与合作因素同样在增加。总体看，西方国家争夺新兴市场的斗争将越来越激烈，并成为国家间竞争的主要方面。

(二)三股势力：共同面临的问题

传统的国家安全观以自我安全利益为核心，随着历史的发展和时代的进步，特别是在全球经济一体化逐步加快的今天，国家之间的利益依存性不断加强，国家安全的相互关联性也在逐步增大。这种传统的国家安全观面临新的挑战和发展。一个国家的安全与稳定受多种因素制约，别国的安全与稳定也成为本国安全的重要因素。在当代现实社会中，一个国家的安全和利益越来越多地与其他国家的安全和利益，或整个地区的安全和利益存在着互动关系。从这个角度来说，一国的安全已不仅仅是一国凭借自己的军事方式所能达到的。为寻求国家安全，就不仅需要本国的军事实力，更重要的是，还必须建立在合作的基础上从国际范围来保障本国的国家安全。

1. 什么是"三股势力"

"三股势力"是指中亚地区出现的民族分裂主义、国际恐怖主义和宗教极端主义三股恶势力。民族分裂主义，亦称民族分离势力或民族分立势力，指多民族国家内要求以民族为单位与其他民族分离，要求建立本民族独立国家，希望个别民族从统一国家中脱离而出，单独建立本民族国家，或与跨居其他国家的同一民族联合建立独立的民族国家。民族分裂势力是冷战后的第三次民族主义浪潮的产物，其活动对国家主权、领土完整、地区安全和国际秩序构成强烈冲击，所以被国际社会认为是反社会发展、反人类进步的，受到国际社会的普遍反对。人们常说的宗教极端势力，多指伊斯兰教极端势力，即打着伊斯兰教的旗号从事反社会反当局并在国内外进行恐怖活动的国际恐怖势力。国际恐怖主义，指国际上信奉政治恐怖主义的极端势力，主要使用或威胁使用暴力手段或恐怖行为以表达政治意识或实现一定政治目的。

2. 以国家合作反对三股势力

为消除"三股势力"造成的影响，国际社会寻求通过国家合作的方式来共同解决此问题。2001 年 6 月 15 日，上海合作组织六国元首在上海签署了《打击恐怖主义、分裂主义和极端主义上海公约》，一致认为，恐怖主义、分裂主义和极端主义对中亚地区的和平构成了严重威胁，一致主张继续加强军事领域的合作，打击"三股势力"。以国家合作方式反对"三股势力"成为国际社会和国家之间维护地区安全与稳定的共同选择。

中亚五国是多民族国家，普遍信仰伊斯兰教，但 20 世纪 90 年代后期以来，传入中亚的泛伊斯兰主义迅速走向极端，在车臣民族分裂主义的影响下具有了分裂的倾向，并与国际恐怖势力结合，活动日益猖獗，从而威胁着在中亚有着地缘政治利益的各国。对于中国来说，由于中国西部新疆存在着"东突"分裂势力，它与中亚"三股势力"内外勾结，已经威胁到了中国西部的地缘政治环境和中国新疆的安全与稳定，我国也在积极寻求与中亚各国的反恐合作。俄罗斯在对恐怖主义和宗教极端主义方面与中亚各国有着共同的利益，合作反恐有利于俄罗斯影响力在中亚地区的保留，保留自己在中亚的战略优势。另外，美国也是积极参与反恐的大国，出于自身的国家利益，美国长期采取西化手段，使中亚各国在苏联解体中独立出来。所以，美国不允许在外部伊斯兰极端势力和国际恐怖势力支持下的"三股势力"扰乱中亚各国脆弱的秩序，不会允许伊斯兰极端力量率先抢夺中亚的"权利真空"所形成的战略空间，不会允许伊斯兰势力对中亚各国世俗政权造成威胁，从而削弱自己冷战后在中亚苦心经营的地缘政治、经济战略。欧洲国家和日本，为了自身在中亚的经济、政治战略利益，都表示坚决反对伊斯兰势力向中亚的渗透和滋长。世界对于中亚安全稳定问题的关注，为国际社会国家合作反对"三股势力"奠定了基础。面对"三股势力"所造成的安全威胁，中亚各国也普遍希望能够借助于美、俄、中以及其他国际力量来维护地区的稳定。

此外，其他国家的经济援助有助于中亚各国发展市场经济，摆脱经济困境，实现经济复苏和增长，进而有效地削弱滋生三股势力的经济和社会基础，有利于维护中亚地区的社会稳定和安全。

3. 积极应对

中国是最大的发展中国家，是联合国安理会常任理事国，在维护亚洲和世界和平与安全方面发挥着重要作用。上海合作组织前身为"上海五国机制"（成立以来一直把打击"三股势力"确定为各成员国的合作重点），1998年7月，哈、吉、塔、中、俄五国首脑在哈萨克斯坦首都阿拉木图举行第三次会晤，五国外长签署了联合声明，强调共同打击民族分裂主义、极端主义和国际恐怖主义以及走私武器、贩卖毒品等危害地区安全与稳定的活动。这是合作反恐迈出的重要一步。2000年7月，五国首脑在塔吉克斯坦首都杜尚别举行会晤，五国在维护各国统一和主权，打击"三股势力"方面，要采取联合行动，加强相互支持和合作。并上海共同签署了《打击恐怖主义、分裂主义和极端主义上海公约》，公约对"恐怖主义、分裂主义和极端主义"的概念均做了明确的法律界定。六国承诺将遵循《联合国宪章》的宗旨和原则，为打击威胁各国领土完整和安全以及政治、经济和社会稳定的恐怖主义、分裂主义和极端主义势力，将进行有效的合作。这是六国在深化安全合作道路上迈出的重要一步，为维护本地区的安全与稳定、联合打击"三股势力"奠定了法律基础。为各方开展广泛的经济合作创造良好的地区环境，并对推动亚太地区和平与安全进程具有重要意义。公约的签署有利于维护各国政局稳定、经济发展与社会安定，将改善与中亚各国关系。

2004年6月，上海合作组织六国首脑在乌兹别克斯坦首都塔什干会晤时重申，将加强在安全领域的合作，以便有效地打击三股势力，捍卫共同利益。反恐中心在塔什干正式成立，其职能为领导协调成员国打击"三股势力"。使"三股势力"更受到震慑和打击，地区和平与安全得到维护和加强。2005年11月4日，由中国公安部主办的"上海合作组织成员国防范打击恐怖主义、分裂主义和极端主义研讨会"在海南省三亚市召开，来自上海合作组织地区反恐怖机构理事会六个成员国的代表及官员50多人出席了会议。会议就各成员国进一步加强在防范打击恐怖主义、分裂主义和极端主义领域合作的相关议题进行了讨论。

三、国家重心：发展与强盛

（一）可持续发展

国际环境和发展委员会于1978年正式使用"可持续发展"的概念。

1980年联合国大会向全世界发出"确保全球持续发展战略"的呼吁,可持续发展问题开始引起世界各国的关注。1992年6月在联合国环境与发展大会上,可持续发展被确立为当代人类发展的共同主题,其内容涵盖了"子孙后代的需要、国家主权、国际公平、发展中国家经济的持续增长、自然资源基础、生态抗压力、环境保护与发展相结合"等主要方面。从20世纪80年代至90年代初,中国开始使用可持续发展概念,中国共产党第十四届五中全会通过的《关于国民经济和社会发展"九五"计划和2010年远景目标的建议》,全国人民代表大会第八届四次全体会议通过的《中华人民共和国国民经济和社会发展"九五"计划和2010年远景目标纲要》,提出实现经济体制从传统计划经济模式转向市场经济体制,将经济增长方式从粗放型转变为集约型的增长方式,同时确立了科教兴国和可持续发展战略。可持续发展这一概念所包含的主要内容才较为全面而系统地被普遍认同和接受。

1. 可持续发展的核心是经济发展

可持续发展的核心内容首先应该是以经济发展为核心的发展。经济发展为其他方面的发展提供经济基础和物质条件。没有势头强劲的经济发展,也就谈不到可持续发展。经济发展是可持续发展最基本的组成部分,它是经济与社会协调和可持续发展的基础。经济和社会的可持续发展,是建设中国特色社会主义现代化的重要战略。生产力是社会发展的决定因素,也是经济可持续发展的决定因素。只有大力发展生产力,才能保证势头强劲的经济发展,才能为社会主义的经济、政治制度及文化发展奠定坚实的物质基础,提高国家的综合国力。

2. 经济发展应协调的几对关系

从可持续发展的角度来理解,经济发展不仅仅是单纯谋求经济的增长,还对经济增长和人口、资源、环境的协调发展等方面提出了要求。

经过20多年的扩大改革开放和建设实践，我国经济实力和综合国力不断增强，经济和社会的发展取得了举世瞩目的成就。但应认识到，中国仍处在社会主义发展的初级阶段，制约可持续发展的因素尚未发生根本性转变，根据新情况、新问题、新任务对其进行及时的、适当的调整，才可能保证经济发展的正常运行。在国家的经济发展过程中，根据时代变化和基本国情的特点，为保持经济发展应努力协调好几方面关系：

第一、协调经济发展同人口发展的关系

人口的问题，是中国居于首位的国情和经济发展必须认真对待的问题。经济发展离不开这一具体国情。我国人口约近14亿，是劳动力资源非常丰富的发展中大国。同时，人口也是经济发展的巨大负担，因此，控制人口增长，提高人口素质，扩大劳动就业成为经济可持续发展的基本条件。在全面建设小康社会的进程中，一定要控制人口数量，提高人口质量，这是实现我国经济可持续发展的关键因素。

第二、协调经济发展同自然资源的关系

资源、环境状况是经济可持续发展的前提条件。我国资源的基本状况是资源短缺，人多地少，许多重要资源人均占有量远远低于世界平均水平。如，我国人均耕地0.1公顷，相当于世界水平的42%；水资源总量为28100亿立方米，人均水资源量为2257立方米，为世界人均水平的27%；现有森林面积1.59亿公顷，约占世界森林面积的4%，人均森林面积仅为0.12公顷，人均蓄积量8.9立方米，都远远低于世界人均水平；石油资源最终可采储量也低于大量需求，每年因进口石油都直接造成经济损失，很多矿产资源人均占有量不到世界平均水平的一半。在资源短缺的同时，资源破坏和浪费又非常突出。资源的产出率、回收率和综合利用率低，生产、流通和生活消费方面的浪费惊人，部分大中城市污染形势日益严峻。资源不足和生态恶化已成为制约中国经济可持续发展最大的问题。

第三、协调经济发展的地区差异

经济的可持续发展需要由各地区的发展来实现。国家的发展是由各地的发展带动的。从系统论和协调论的观点看，只有地区间的协调发展，才能有总体上的经济最优化、最大化和可持续发展。所以，协调经济发展的地区差异，对于国家的总体可持续发展具有重要意义。中国地域辽阔，各地条件差异很大，经济发展不平衡，沿海、沿边地区要充分利用自己的优势先发展起来，然后带动和帮助内地共同发展起来。协调地区之间的发展差异，是处理经济发展问题必须协调好的一对重要关系。

3. 发展的可持续

一个国家的发展是一个涉及政治、经济、文化、信仰、道德、法制、社会、生态和人的全面发展的复杂的系统工程。而在全球化的背景下，后发国家的发展本质上又是一个从传统社会到现代社会、从农业文明到工业文明，从相对封闭到扩大开放的过程，因此情况更加复杂。

扩大改革开放以来，我国经济发生深刻变化的时候，社会也正在发生着深刻的变迁，正在经历着四个相互关联、相互影响的转型过程，即经济体制转型、社会转型、政治体制转型和开放转型，而世界上没有一个大国同时经历着这四个转型。如何实现顺利转型，实现经济继续保持快速稳定的发展的同时，社会保持稳定和进步，不出现大的动荡，是摆在党和政府面前的艰巨任务。在这样的背景下，在总结扩大改革开放20多年的经验教训的基础上提出了"以人为本，全面、协调、可持续"的发展。所谓可持续发展，就是"既要考虑当前发展的需要，又要考虑未来发展的需要，不要以牺牲后代人的利益为代价来满足当代人的利益"。发展必须要有长远的眼光，要走"边发展，边治理"的道路，着眼于可持续、全面协调的发展，注重发展的多重目标。只有这样，才能保障中国的发展是健康的，稳定的以及和平安全的。

从与他国的关系来说，发展的可持续还需要与别国有效的合作来实现。合作有利于解决中国与他国的矛盾。中国经济的迅速发展，密切了中国与世界的互动关系，也引发了地区和国际格局及利益的重新分配，产生了与有些国家的政治经济纠纷。随着"中国威胁论"的出台，中国的国际形象受到损害，中国发展的国际舆论环境被恶化。这种情况下，我们举和平、发展、合作之旗，就是以极大地诚意倡导合作共赢。我国在主张促进国际关系的民主化，推动建立公正合理的国际政治经济新秩序中要有所作为，中国要成为负责任的大国，以承担道义、履行国际义务的良好形象凸现于国际舞台。合作的思维，就是善于运用软力量处理国际事务，善于运用软力量去开拓中国所需的和平有利的外部环境。在合作理念的指导下，中国积极参与国际事务，参与国际组织，参与国际准则、规则的制定。合作有利于提高中国的国际地位，以友好合作寻求共同发展基础，以合作化解矛盾，以合作改善国家关系，以合作增进睦邻友谊。我们应争取和平有利的国际环境来发展自己，又应以自己的发展来推进世界的和平与发展。

（二）和谐社会：全面协调的社会发展

1. 提出

2004年9月，中共十六届四中全会通过了关于加强党的执政能力建设的决定，首次提出建设"和谐社会"的执政理念，指出："要适应我国社会的深刻变化，把和谐社会建设摆在重要位置，注重激发社会活力，促进社会公平和正义，增强全社会的法律意识和诚信意识，维护社会安定团结。"党所要构建的社会主义和谐社会的基本特征是：民主法治、公平正义、诚信友爱、充满活力、安定有序、人与自然和谐相处。构建社会主义和谐社会，是我们党从全面建设小康社会、不断开创中国特色社会主义事业新局面的全局出发提出的重大战略思想。

2. 原因

进入新世纪，我国处于人均 GDP 从 1000 美元到 3000 美元之间的发展阶段。根据许多国家的发展经验，这一阶段往往既是一个国家经济社会发展的黄金期，也是矛盾凸显期。从国内看，本世纪头 20 年，是我们要抓住和利用的重要战略机遇期。

据报道，"十五"期间，全国已有 620 多个县建立了新型的农村医疗服务体系，覆盖了 1.63 亿农民。卫生部、财政部还连续几年组织了"万名医师支援农村卫生工程"，每年派出一批优秀的医生到县医院工作一年，为农民看病治病。我国的社区卫生事业发展迅速，北京、上海、无锡等大中城市的社区医院如雨后春笋般成长，许多城市的居民因社区医院的存在，可在不超过 20 分钟的时间内就近获得医疗服务，社区医疗机构被老百姓亲切地称为"身边的医院"。

社会主义和谐社会建设与市场经济建设、民主政治建设、先进文化建设同处于重要位置，构建和谐社会是当前最为紧迫的重要任务。社会子系统的和谐建设从当前来看主要是协调好社会不同利益群体的关系，实现社会的公平与正义。我国出现比较尖锐的社会问题是利益群体的矛盾冲突问题日益凸显，表现既得利益的权贵阶层与广大人民争夺利益，影响党中央与国务院的决策，以及层层腐败引发的人民不满情绪，违法乱纪现象到处皆是。在农村征用土地、城镇居民拆迁、企业重组改制和破产过程中损害职工利益问题、基层政府与农民之间关系紧张、反复上访和集体上访现象、群体性事件也有所增加，城乡、阶层之间的收入差距呈现出持续扩大的趋势。

这些问题都直接关系到社会的健康、党和政府的威信、经济的可持续发展和人们的切身利益问题。和谐社会建设要求更好地处理这些社会问题，要在人们的社会生活中实现公平与正义，完善我们的社会政策和措施，健全我们的社会利益协调机制，更好地统筹社会不同群体的利益关系和利益要求，从而实现矛盾的解决。

3. 作用

构建社会主义和谐社会一定要解决三个层面问题，一是要解决社会发展的和谐问题，实现经济、政治、文化、社会协调发展；二是要解决社会关系的和谐问题，正确处理人民内部矛盾和各种利益关系，坚持公平与正义；三是要解决好外部环境的和谐问题，实现人与自然的和谐。如果一味强调社会主义和谐社会是一个动态的过程，而不注意它在特定的阶段有着特定的状态、特征和目标，那就会没有目标、无所适从。因此，我们一定要从过程与状态的辩证关系中理解和把握社会主义和谐社会。

社会转型这一特殊历史时期必然要求经济社会发展，经济发展是社会发展的基础和动能，而社会发展又是经济发展的环境和目标。社会发展的各个方面与老百姓的现实生活贴得更近，关系更直接、更密切，教育、医疗、文化、就业、社会保障。在保持经济持续增长的基础上，扩大劳动就业，完善社会保障，理顺分配关系，加大对失业、贫困和环境问题的解决力度，切实保障人民群众的经济、政治和文化权益，让社会发展的成果惠及全体人民，由此在不断消除不和谐因素的动态过程中构建和谐社会。生产力、生产关系（经济基础）和上层建筑，经济、政治、文化、社会，人与人、人与社会、人与自然、人自身的身心等各个方面相互协调、相互促进的社会。历史事实表明，在人类社会发展史上曾经出现过和谐社会的状态，即社会的各种要素、各个层面相对比较协调稳定。不过，它们是建立在不同生产力基础上的和谐、不同社会制度条件下的和谐，因而在性质上有所不同，并且存在水平高低的差异。随着经济全球化、世界多极化的不断发展和国内改革发展进入关键时期，在我国社会发展具有经济社会转型双重使命的今天，实现传统农业社会向现代工业社会的变迁和由计划经济体制向社会主义市场经济体制的转换过程中，社会生活中的各种不和谐因素也日益显现和增多。构建社会主义和谐社会，在此时就更显意义重大。

第六章

大国关系：塑造中国和平发展的国际环境

　　任何一个国家在制定其发展大战略时都不能不考虑到其所处的环境。国家的发展环境可以分为内部环境和外部环境，内部环境是国家发展的决定性因素，一个政权不稳、内乱频生、官场腐败、民怨沸腾、信仰缺失、信用丧失、社会矛盾重重、财富分配极不公平、产业结构失衡的国家，无法实现可持续发展；外部环境对国家发展的影响同样举足轻重，在全球化浪潮席卷到世界的每个角落、国家之间联系紧密、经济高度相互依存的今天，受各种政治和经济利益所影响，单方面谋求可持续发展也是难以想象的。国家可以对发展的内部环境条件加以调控，但是国家的外部环境具备无政府的属性，是不受国家意志控制与左右的，国家只能顺应国际环境的大势，充分利用有利的国际环境来发展自己。同时，通过改善对外关系，塑造有利于自己发展的国际环境。从这个角度来说，判断国际环境是国家进行战略决策的一个重要依据，而构建一个良好的国际环境，对于一个国家的和平发展具有重大意义。

影响中国国家发展的诸多国际环境因素中，大国关系就一直是对中国对外政治安全与国内政策取向的支配性力量，这是因为大国是决定国际环境是否稳定的决定性因素，与大国关系的发展，不仅仅涉及双方的交往，而且涉及地区甚至国际事务，还有可能改变国际格局，因此，与大国的协商与合作对于构建和谐的周边环境有着重要的作用。中国的发展实践表明，大国关系处理得好，中国发展则相对顺利，大国关系处理不好，中国的发展环境则会受到严重的威胁。因此，中国始终把处理与大国关系作为创造稳定的、有利于建设的和平国际环境工作的重中之重。

所谓大国关系，就中国而言，指的是中美关系，中欧关系（我们习惯于将中国与欧洲国家关系称为中欧关系，这是因为欧洲国家基本上被纳入了欧盟这个超国家行为体内，有基本统一的对外政策，在国际上用一个声音说话。中欧关系既指与欧洲各个国家之间的关系总和，又指与欧盟的关系）、中俄关系和中日关系。从长远来看，中印关系也应属于构成中国外部环境的大国关系之一，我们将在下一章辟专节进行研究，故在此不再赘述。

一、中美关系

美国是一个"己所不欲，强施于人；己所欲，更施于人"的霸权国家，这决定了美国利益高于一切的中美关系。新中国成立后，美国对中国采取了长期的封锁、制裁、禁运等扼制手段，可以说亡我之心不死。同样在世界各地、各国的内、外战争与动乱中均有美国利益的影子。

中美关系是世界上最重要的双边关系之一，下这样的判断一点也不为过。这是因为美国是世界上最大的发达国家，而中国则是世界上最大的发展中国家。冷战结束后，美国成为冷战两极对抗中唯一剩下的超级大国，其实力地位不仅没有被削弱，反而有所加强。而中国经济高速发展，实力也在不断增长，国际地位不断提高，成为发展最快的国家。另外，中国与美国同样都是联合国安理会常任理事国，对维护世界和平、安全和共同发展负有重大责任。因此，中美关系不仅是中国和平发展国际环境中的最重要的影响因素，而且也是世界和平与稳定的影响因素。

（一）冷战结束以来中美关系的起起落落

冷战结束以来的中美关系，脉络分明，颇具戏剧效应，我们似乎可以用跌宕起伏来形容中美两国在冷战以来交往的历史，中美两国关系就是在这样的竞争与合作中前行。我们大致可以将冷战结束之后的时期划分为这样几个阶段：

1. 低谷

这一时期从 1989 年 6 月起一直持续到 1997 年，前后长达 8 年时间。在这段时期里，美国对中国总体上抱敌视态度，大打制裁牌、人权牌和台湾牌，使中美关系一直陷在对抗的泥潭里徘徊不前，两国关系陷入了建交以来的最坏时期。

首先，美国借北京 1989 年 6 月发生的"六四风波"，对中国横加指责，干涉中国内政，并迅速在国会通过制裁中国的决议，发起了对中国近乎全面的制裁。

其次，美国大打人权牌。1990 年，美国国务院发表人权报告，将中国列为侵犯人权的重点，并与利比亚、古巴、伊朗、伊拉克等所谓"无赖国家"相提并论。之后，在 1992 年的总统选举中，克林顿指责布什政府"娇惯中国",他在当选总统后要在民主与人权方面对中国"施加更大的压力"。到 1994 年,克林顿政府不得不宣布将人权问题与最惠国待遇脱钩。

第三,在台湾问题上做文章。台湾问题始终是影响中美关系发展的一个关键,因此,是中美关系中最核心、敏感的问题。当中美关系发展处于低谷时期,涉及台湾的问题则进一步加重两国的紧张状态。

此外,中国与美国在这一期间还围绕着知识产权、市场准入、监狱劳动产品以及纺织品贸易等问题发生过摩擦,其中最有代表性的是知识产权问题,它曾经几次将中美推到贸易战的边缘。1993 年发生的"银河号"事件,美国企图借机破坏中国良好的国际形象,其霸道的做法不仅干扰了主权国家之间正常的贸易往来,而且给中美关系投下了新的阴影。

中国政府一贯重视中美关系的发展,深知中美关系给两国经济发展、社会进步甚至世界安全带来重大影响,因此,即使在这一时期,美国掀起一次次反华逆流,中美关系多次出现波折甚至危机的情况下,中国政府仍未放弃努力。在此期间,中国领导人多次在不同场合表示,中美都是世界上有影响的大国,两国关系不仅直接关系到两国人民的切身利益,而且会对亚太地区乃至世界的和平与稳定产生重大影响;强调中国愿意同美国一道继续改善和发展两国关系,希望同美国"增加信任、减少麻烦、发展合作、不搞对抗",共同致力于建立与发展"健康、稳定的中美关系"。我国认为:"只要中美双方均严格遵守三个联合公报所确立的原则,都从战略全局和 21 世纪的高度来看待和处理两国关系,中美关系是能够走上稳定的发展轨道的。"

2. 摇摆

从 1997 年开始,两国关系开始回暖,但是直到"9·11"事件发生之前,两国关系一直处于一种摇摆的、时好时坏的阶段。1997 年两国元首发表《中美联合声明》,决定致力于建设战略性伙伴关系,全面发展双边关系。更为严重的是,1999 年 5 月 8 日,美国为首的北约悍然轰炸中国驻南斯拉夫大使馆,造成了重大的财产损失和人员伤亡,引起了中国人民对美国的愤慨,破坏了两国改善和发展关系的气氛,延缓了两国关系的进一步发展,所谓建设"战略性伙伴关系"则成了一句空话。

2001 年初小布什政府成立。布什政府在对外关系上以新保守主义为指导,坚持我行我素的单边主义做法。2001 年 4 月初,中美南海撞机事件,折射出两国矛盾达到了一个新的顶点,中美关系一度处于新的"十字路口",两国关系再次紧张。但小布什政府的一系列敌视中国、粗暴干涉中国内政的单边主义的做法,不仅引起了中国政府和人民的愤慨,而且也遭到美国许多学者、专家的批评。特别是美中两国经济有着千丝万缕的联系,使国内要求改善中美关系的呼声也日趋高涨。面对国内、国际的舆论压力,小布什政府开始反省其对华政策,两国从经贸关系开始,出现回暖的迹象。当年 7 月,美国国务卿鲍威尔访华,双方就恢复经济与商贸联合会议、人权、加强法律上军事安全机制、核不扩散等问题进行了磋商,达成了四项共识,两国关系开始向正常化轨道迈进。

3. 趋于稳定

"9·11"事件是中美关系发展史上的一个重要的转折点。一个国力空前强盛的超级大国,在全球化时代,遭遇的重创不是来自它所假想的大国,而是来自无孔不入的恐怖主义,这使得美国不得不反思其国家安全战略,作出重新调整,以应对国际恐怖主义和大规模杀伤性武器扩散给美国带来的严重威胁。反恐成为美国关注的头号战略课题,也为美国改善同包括中国在内的大国关系提供了新的机会和动力,使美国重新思考中国在其随后将展开的反恐战争中的战略地位和价值,从而推动了中国战略地位的上升。

回顾冷战结束以来中美两国关系艰难的发展历程，我们可以看出，两国关系之所以能够避免使多次出现的危机进一步升级为军事冲突，一方面是因为两国之间在经济贸易领域、地区及全球的安全领域内存在合作及相互依赖的关系，另一方面，是因为和平与发展是当今时代的主题，国际关系处在一超多元的格局之中，大国之间发生战争是不可想象的；更为重要的是，中国在处理中美两国关系时，逐步显示出更多的成熟与自信，采取了理性和节制的态度，着眼于中美关系的大局，不局限于一时一事，既坚持原则，又灵活变通，提倡通过对话沟通解决存在的分歧，这在一定程度上避免了可能出现的大起大落，为稳定中美关系发挥了积极的作用，为中国争取了一个整体上有利的国际环境。

（二）斗争与合作并存

中国国内在议论中美关系的时候，无论是在学界还是在普通的民众中都会得出一个接近于常识的判断或者共识，这就是，"中美关系好也好不到哪儿，坏也坏不到哪儿"，这个判断对于冷战结束后中美关系的总体状况来说无疑是正确的，也是这些年来中美关系发展的一个经验总结。这个经验性判断表明，中美关系是一种既对话、沟通又防范、牵制的复杂关系，里面既有竞争又有协调，既有冲突又有合作，是既斗争又妥协的关系，导致的局面是斗而不破，和而不同。

1. 战略上的竞争对手

前面我们已经提到，中美两国，一个作为世界上最大的发展中国家，一个作为世界上最发达的国家，一个是最大的社会主义国家，一个是最大的资本主义国家，一个是实力不断增强的最主要的发展中大国，一个是正在努力维护其霸权秩序的唯一超级大国，肯定会存在不少矛盾冲突。我认为，中美之间存在的矛盾冲突大致表现在五个方面：一是全球战略上的矛盾,二是地缘战略上的矛盾;三是意识形态和社会制度上的矛盾;四是不同文明体系之间的冲突;五是美国长期以来以高科技对中国禁止输出的制裁。由于中国的不断强大,前两个矛盾将越来越突出,中国奉行独立自主的外交政策,要在国际舞台上发挥自己的作用,要反对霸权主义和强权政治,势必会被美国看成是能在未来挑战其霸权地位和在东亚地区发挥主导作用的最主要国家。由此,中美之间在人权、贸易、台湾、武器扩散等问题上的冲突主要是由这些矛盾决定的。

这五类矛盾可归结为三种类型:结构层次的矛盾与观念层次的矛盾。全球战略矛盾与地缘战略矛盾均属于结构层次,意识形态与社会制度矛盾以及文明体系之间的冲突更多地反映在观念和政治需求层次上。第三种矛盾存在于中国对来自美国制裁的隐忍上。这三种类型的矛盾决定了尽管目前中美关系进入到一个"比较好的时期",但美国认为两国在一定程度上还是战略上的竞争对手。"9·11"事件之后,美国对华政策的本质没有发生变化,随着中国的不断发展,美国对中国的关注和警戒超过了对俄罗斯的戒备。美国依然将中国视为潜在的战略对手。

结构层次的矛盾首先反映在两国的全球战略上。美国凭借其强大的经济与军事实力,在国际问题上单边主义明显。冷战结束后,两极格局瓦解,新的国际秩序正在形成过程中,美国的目的是要建立由美国领导的世界新秩序,这必然要遭到大多数国家的反对。中国主张国际格局多极化,实现国际关系民主化,建立在和平共处五项原则基础上的世界秩序。

其次,结构层次的矛盾反映在地缘竞争与军事互信上。美国对华的疑虑在不断上升,美国担心中国实现国防现代化将挑战美国霸权。

再次,结构层次的矛盾反映在经济贸易领域。随着中国经济良好运行与高速发展,中美包括知识产权、市场准入、贸易平衡、最惠国待遇等问题上的贸易摩擦时有发生，美国在贸易问题上也是采取单边主义的做法，不是进行平等的协商解决问题，而是多次以制裁或威胁制裁来试图让中国服从由它主导的规则，甚至还以经济贸易为手段来干涉中国内政，这自然要引起中国的反对与斗争。

最后，结构层次上的矛盾还反映在台湾问题上。尽管美国多次强调"坚持'一个中国'原则不变"，但在这种外交辞令背后，却掩盖不了美国试图利用台湾这艘"永不沉没的航母"牵制中国的野心，在两岸之间大搞"模糊战略"，使台海形势并不是十分乐观。

观念层次上的矛盾即价值观的对立，对中美关系的发展影响巨大。正如约瑟夫·奈所说："如果你把中国视为威胁，它就会成为威胁。"基辛格认为，共同的价值观有利于减低诉诸武力的愿望，那么，我们反过来推想，不同的价值观会增强国家间冲突的愿望吗？

第一，中美两国有着不同的意识形态。长期以来，意识形态就影响着中美关系的发展。冷战开始后，中国属于社会主义阵营，自然而然就遭到美国的政治孤立、军事威胁和经济封锁。

第二，中美两国分别属于不同的文明体系。中国是东方文明的代表之一，以儒、道、法、佛家学术为基础，而美国是西方文明的代表之一，以基督教和"自我"学术为核心。中国的儒、道、法、佛文化是事前约束行为的文化。而基督教是事后赎罪的文化。文明冲突论的观点认为，不同文明之间的冲突是未来世界国家与地区之间爆发战争的主要根源，并特别强调西方基督教文明与东方儒教文明以及伊斯兰教文明之间的冲突。这种理论存在着很大的片面性和欺骗性。

中美关系中存在的结构层次与观念层次上的矛盾说明中美两国在理论上可以成为战略对手，但在实践中，中美关系的本质特征是合作而不是对抗。这是因为不管是结构层次还是观念层次的矛盾，都不是一成不变、不可消除的。在全球化进程中，国家之间的互动与沟通增加了彼此之间的了解，密切了彼此之间的经济政治与文化等各方面的联系，国家之间存在的矛盾也可能随着这种互动而减轻或消除，况且，中美之间也不存在不可调和的矛盾。更为重要的是，中国决心走一条和平发展的道路，在不挑战现存国际秩序的情况下发展自己，以平等开放的精神，促进不同文明之间的对话与交流，在竞争中取长补短，在求同存异中共同发展，努力消除相互的疑虑和隔阂，使人类更加和睦，文明更加多样，国家之间关系更加和谐。这样的国家战略决定中美之间不可能形成相互争霸的格局，中美关系的主流发展方向是合作。

2. 多领域的合作伙伴

2005年秋天，美国副国务卿佐利克在阐述对华政策时，提出了"负责任的利益攸关方"的说法，随后，这一用语成为美国政府各部门的统一用词。美国政府最终选择了用"利益攸关方"来表述中美关系，说明了美国承认中国在处理国际事务方面发挥着重大的作用，中国的发展是在现存的国际体系内的大国发展，是和平的、繁荣的，而且愿意与美国合作解决共同面临的问题和关系到双方利益的问题，成为多个领域的合作伙伴。的确，在当今世界，伴随着全球化进程，人类面临着新的共同威胁，如大规模杀伤性武器的扩散问题、国际恐怖主义、毒品走私和其他有组织的跨国犯罪问题、日益严峻的环境问题、高致病性疾病防范问题，等等。这需要世界各国合作和整个国际社会共同去应对，光凭一国力量无法对付，即使是强大的美国其力量也是有限的。中国是当今世界上发展最快的大国，又是安理会的常任理事国，在处理国际事务、对付共同威胁、维护人类和平方面起着举足轻重的作用，缺乏中国的参与是不可想象的。这为中美两国开展广泛的合作增添了动力，提供了广阔的活动空间。

首先，在应对国际恐怖主义方面，"9·11"事件之后，两国在该领域的合作变得更加重要。中美近年来在双向互利的基础上，在反恐领域取得了巨大的进展。

其次，中美两国在处理地区与国际事务方面，有着广泛的合作空间。中国与美国在亚太地区拥有共同的安全利益。两国同为亚太地区大国，在相当程度上都认识到亚太安全、稳定与和平和自身的切身利益相关。在朝鲜半岛局势上，双方都密切注意事态的进展，并积极推动各方互动。自朝鲜核危机以来，中国政府开展了积极的多边外交，与美国一道，先后促成了有关朝核问题的三方和六方会谈，为稳定半岛局势发挥了建设性的作用。在南亚局势上，1998年印巴进行核试验以后，为了制止南亚出现核竞赛，防止印巴关系进一步恶化，联合国安理会五个常任理事国协调立场，在安理会通过了1172号决议，对稳定南亚局势起了一定的作用。在东南亚，面对东南亚的金融危机，包括中美在内的亚太各主要国家积极合作，对克服危机、帮助受灾国家恢复经济发挥了重要作用。这表明，两国都高度关注亚太地区的稳定，自然更不愿意看到因两国之间发生冲突而将亚太带入动荡的深渊。

第三，从中美之间的内在联系来看，随着中国经济的迅速发展，中美经贸合作不断扩大。美国是中国在海外最大的市场之一，而中国早已经是美国重要的海外市场，并开始成为影响美元国际金融地位的越来越重要的国际支撑因素。中美经贸合作关系大大深化了两国的相互依存性，对维护中美关系稳定具有重要的作用。

此外，即使在存在矛盾与纷争的领域，两国也有着较为广泛的共同利益。如在台湾问题上，中美双方也存在着共同点，对于陈水扁的台独政策，美国也表示明确的反对，这种立场与支持、纵容台独相比较，无疑是符合中国国家利益的。

总之，中美关系尽管存在着诸多干扰因素，但在国际事务与国内发展方面，中美两国需要互相倚重，两国有着广泛的合作空间。事实证明，中国实力增长并没有引起与美国矛盾的激化，反而扩大了两国之间共同利益的基础，使两国交往越来越紧密，中国越强大，美国就越需要中国，两国关系就更加趋于稳定。但在现实交往中，面对纷繁复杂的充满机遇与挑战的世界，如何促使中美关系健康稳定地朝着对两国都更为有利的方向发展，是摆在两国领导人面前的一个重大的智慧型问题。由于两国有着各自不同的国家利益和安全利益，问题与矛盾的存在不可避免，有些问题与矛盾可以通过谈判与平等协商解决，有些问题一时难以解决，就需要求同存异，使这些问题不破坏两国关系的健康发展。美国国务卿鲍威尔就说过，中美关系中"不存在任何不可避免的事情，而是不可避免得好，还是不可避免得坏的问题"。因此，中美双方应以战略和长远眼光来看待和处理问题，努力使两国关系在建设性合作的框架下顺利发展，中美关系需要两国共同经营，和则两利，对抗则必将导致两败俱伤，甚至破坏世界的和平、稳定与发展。

二、中俄关系

中俄关系是相邻、相依、相存；互帮、互助、互补；合作共赢的关系。自20世纪90年代初苏联解体以来，中俄两国在交往中均摆脱了意识形态的束缚，朝着健康、全面和稳定的方向发展。多年来，中俄两国在政治、经济、军事和外交领域的合作不断发展，在短短10年的时间里，中俄关系从1992年12月的"互视为友好国家"到1994年9月的"新型的建设性伙伴关系"，到"平等与信任的、面向21世纪的战略协作伙伴关系"，再到2001年《中俄睦邻友好合作条约》的签署，中俄逐步确立了"世代友好,永不为敌"的交往原则,明确了两国关系的发展方向,确立了全方位的运作机制,两国合作范围不断扩大。当前,中俄关系正进入一个全面发展的新时期,双方关系甚至好于20世纪50年代的中苏关系,达到了前所未有的高度。由于两国都面临着国家发展、民族重振的历史重任,两国在全球战略协作和能源合作方面,在促进相互投资,扩大人文领域交流方面,都将有广阔的发展前景。

(一)力量对比转换下的中俄关系

俄罗斯是与中国接壤的最大的一个国家,也是世界上领土面积最大、资源最丰富的国家,它还是当今世界上拥有大量战略核武器的两大强国之一。

在领土面积方面,俄罗斯作为解体的苏联主要继承国,仍然拥有原苏联2200万平方公里面积中的1700万,还是世界上领土面积最大的国家,差不多是中国面积的两倍。它的人口只有1亿多,不到世界的1/40,但却占有世界木材储量的1/4,世界天然气的1/3,煤的1/2,石油的1/4,土地面积的1/10。就自然资源而言,和中国相比,也显得异常丰富,除了中国的水能储量可以和俄罗斯相比外,其他的自然资源远比中国丰富。辽阔的国土不仅使生活在这片土地上的俄罗斯人倍感骄傲,同时也为这个国家成为世界强国提供了发展的基础。

然而,苏联的解体不仅改变了世界的格局,同时也给俄罗斯带来了巨大的灾难。俄罗斯的大国地位出现了衰退,实力大为下降,苏联时期的大国雄风早已经成为一个遥远的回忆。在地缘上,前苏联一分为15个国家,俄罗斯虽然继承了其大部分领土和战略资源,但俄罗斯损失了近500万平方公里的土地,失去了冷战时期苦心经营多年的东欧战略屏障和大约2000公里的战略防御纵深。

在经济发展方面,俄罗斯也经历了近10年的低迷和动荡。从1990年到1998年的9年之间,俄罗斯的经济一直是负增长,直至1999年才出现了缓慢的增长趋势。在转轨过程中,俄罗斯两极分化严重,社会急剧分裂,官场腐败盛行,黑社会活动猖獗,失业人数骤增,更加剧了社会的动荡。

严重的经济萧条使得俄罗斯从一个富裕的超级大国一下子沦为中等发达国家。直到普京总统上台后,俄罗斯长期持续的国力衰弱趋势才得到遏制,走上了国家复兴之路。

中国自扩大改革开放以来,就已经走上了快速发展的轨道,经济增长率在20多年来一直处于世界前列。在这样的发展速度下,经济总量迅速提升。中国和苏联(俄罗斯)力量对比发生了惊人的变化。中国的综合国力和国际竞争力不断得到加强,如今正朝着全面建设小康社会的宏伟目标奋进。综合比较起来,中国与俄罗斯还存在一定的差距。一个中等经济实力的国家,加上世界一流的军事实力和丰沛的能源和资源,足以保障俄罗斯在未来世界格局中不可撼动的世界大国地位。

尽管中俄两国力量对比在发生着变化,但由于两国毗邻而居,均属于成长中的大国,都在致力于经济建设和社会的复兴,都面临着超级大国美国的战略遏制与围堵。增进信任、保持关系稳定的发展,符合两国根本利益,两国都有彼此借重的需要。另外,两国均为安理会常任理事国,对维护国际社会的和平与稳定负有重大的责任,两国关系稳定发展,本身就是对国际社会的繁荣与稳定做出积极的贡献。因此,自冷战结束以来,中俄两国保持了良好的发展关系,总体趋势是相当顺利的,大致可分为以下几个阶段:

第一阶段(1992—1993):以1992年叶利钦总统访华为标志,中俄关系从正常化提升为睦邻友好、互利合作的关系。叶利钦是苏联解体后首次访华的俄罗斯首脑。在访问期间,双方发表了《关于中华人民共和国和俄罗斯联邦相互关系基础的联合声明》,两国首脑确定:中俄两国关系是"友好国家"关系,是睦邻友好和互利合作的关系。叶利钦访华以及双方签署的联合声明,标志着两国关系发展到了一个新的阶段,中俄关系已经高于正常化了的中苏关系。

第二阶段(1994—1995):这一时期,两国开始着手建立新型的建设性伙伴关系。1994年1月叶利钦总统致函中国国家主席江泽民,建议将中俄两国关系发展为"建设性伙伴关系",中方积极响应。1994年9月,两国元首签署了关于两国未来关系的《中俄联合声明》,以及《关于不将本国战略核武器瞄准对方的联合声明》和《中俄国界西段协定》等文件,宣布两国将建立长期稳定的"面向21世纪的建设性伙伴关系"。这种关系既不对抗,又不结盟,也不针对第三方。两国关系提升到一个新的水平,加强了两国之间相互信任和安全协作,在国际舞台上展开了更为密切的协调与合作,共同推动着国际关系向着民主化的方向发展。

第三阶段(1996—2000):这一阶段两国主要是致力于发展"平等与信任的、面向21世纪的战略协作伙伴关系"。1996年叶利钦总统再次访华,将两国关系推向了新的高度。这一时期两国关系发展的主要成果是,两国建立了首脑定期会晤机制和电话热线,随时就重大问题进行磋商;1997年11月叶利钦再次访华时,两国国家元首共同宣布,中俄东段国界勘界工作正式结束,至此,中俄99%的边界都得到了明确的标示。另外,在经济合作方面,两国进展也非常迅速,两国政府签署了中俄关于铺设天然气输气管道、开发油气资源的谅解备忘录,中俄地方政府之间合作原则的协定,以及关于经济科技合作基本方向的备忘录。总之,这一阶段两国关系开始着手建立稳固的合作机制,并在多个领域开展了合作的尝试。

第四阶段：以普京当选为总统为标志，两国关系继续朝着更为稳固的方向发展。2001年7月，普京总统和江泽民主席在莫斯科签署了《中俄睦邻友好合作条约》，结束了十几年来两国之间没有相互关系基本法律文件的状况，将两国永做好邻居、好伙伴、好朋友的意愿和决心用法律形式固定下来，确立了两国以互信求安全、以互利求合作的新型国家关系，标志着中俄关系达到了从未有过的高度。

具体来说，在中俄两国的共同努力下，两国关系取得了巨大的进展，主要表现在以下几个方面：

第一，在这一时期，两国彻底解决了历史遗留的复杂的边界问题，为两国世代友好、永不为敌奠定了坚实基础。在2004年普京总统访华时，双方签署了《中华人民共和国和俄罗斯联邦关于中俄国界东段的补充协定》，标志着中俄边界线的走向最终得以确定。

第二，在这一时期，两国开展了广泛而深入的战略安全合作。在军事交流方面，双方军界高层频繁互动，进行互访、接触和交流，极大地推进了两国军队的了解、信任和友谊。

第三，在这一时期，两国通过建立的互访和对话机制，展开了频繁的高层接触，体现了高度的政治互信关系。2004年10月，两国领导人批准了《〈中俄睦邻友好合作条约〉实施纲要（2005—2008年）》，同时还签署了12个双边关系文件。

第四，在这一时期的人文领域，也加强了文化、教育和科技等方面的合作，加强了青年及社会其他阶层之间的交流，巩固了两国关系的社会基础。中俄文化交流的特点就是高层推动，民间参与，而且民间交往发挥着越来越大的作用，越来越有活力。为了使中俄战略伙伴关系有一个牢固的基础，两国政府特别重视人民之间尤其是青年之间的联系与友谊。例如，两国将 2004 年定为"中俄青年友谊年"，两国政府为此安排了丰富多彩的青年交流活动，极大地促进了两国青年的相互了解与友谊。两国政府还非常重视对于通晓对方国家语言的人才的培养，以便使两国人民能够更好地得到沟通。

综观中俄关系十几年特别是进入 21 世纪以来的稳定发展，我们不难看出，两国关系得以不断发展的原因是中俄自 1996 年以来就建立了不同级别的高层领导会晤机制，为两国加强全面合作确立了良好的框架，而 2001 年签署的《中俄睦邻友好合作条约》，又以法律的形式将两国关系发展的方向、原则固定下来。着眼于长远的机制和法律保障措施，使两国关系走上了良性发展的快车道。但更为重要的是，发展两国关系，符合两国国家利益，两国在全球战略协调和以能源为主的经济贸易合作方面有着巨大的动力空间。

（二）全球战略协调中的合作

中俄两国都是转型中的国家，都面临着艰巨的国内发展的历史任务，因此，两国都致力于谋求一个和平稳定的周边环境和国际环境。冷战结束以后，虽然两国面临的国际环境得到了很大的改善，但美国利用其作为唯一超级大国的地位，推行单边主义的外交政策，谋求世界霸权，使中俄两国都感受到来自美国的战略压力。首先，对于世界格局，中俄双方都表示，推动世界多极化进程将有助于推动国际关系民主化，建立一个民主、稳定、不对抗、公平合理的国际政治新秩序，这一趋势客观上符合所有国家的根本利益。

其次，对于国家间关系，两国均主张以和平共处五项原则作为处理国家间关系的基础，建立不结盟、不对抗、不针对第三国的新型国家间关系。各国应该本着求同存异、互谅互让、相互尊重和互利合作的原则,尊重各国维护国家统一和民族尊严的权利,尊重各国根据本国国情独立自主选择发展道路的权利,尊重各国平等参与国际事务和平等发展的权利,尊重世界文化和文明的多样性,寻求利益的结合点。中俄在维护国家主权、领土完整、民族尊严和两国在国际合法权益等方面,能够相互理解和支持。

第三,在国际安全方面,双方都主张确立一种以互信求安全的新安全观。在这种安全观的指导下,双方都认为,必须推动国际军控和裁军进程,主张加强全球及地区的战略稳定,维护军控和裁军领域业已形成的条约体系,加强合作,以防止大规模杀伤性武器及其运输工具的扩散威胁,支持《不扩散核武器条约》的延期,主张所有尚未加入该条约的所有国家立即无条件加入。

上海合作组织是中俄实行多边安全战略协作的重要平台。中俄两国共同倡导成立的上海合作组织已成为重要的地区性组织。

总之,中俄之间的全球战略协调与合作关系是一种充满活力的、具有强大生命力的新型国家关系,它体现了冷战后国际关系民主化的趋势。由于中俄在国家复兴进程中需要相互理解、借重以营造有利的周边与国际环境,加之中俄之间已经建立了如上海合作组织那样的合作平台,因此,中俄之间的战略协调关系不是权宜之计,而是长期的战略方针,中俄关系在可见的未来将保持稳定和发展。

(三)能源合作的发展动力

如上所述,自20世纪90年代以来,中俄关系不断提升,发展顺利。然而,两国经贸关系却跟不上政治关系发展的步伐,两国在经济贸易领域还有广泛的发展与合作空间。

随着中国经济的发展,中国对石油和天然气等能源的需求不断增长。而另一方面，俄罗斯油气资源丰富，是大国中唯一出口能源的国家，并且其经济发展和社会稳定需要出口大量的能源，俄罗斯财政预算大约有30%是依靠石油和天然气出口来支撑。俄罗斯是世界能源大国，蕴藏着丰富的石油天然气资源。拥有世界45%的天然气储量和13%的石油储量。根据初步预测，俄罗斯东西伯利亚和远东地区石油资源总储量在600亿吨以上，如果着手开发，2020至2030年间，预计年产石油3000至4000万吨，可是由于缺乏资金和技术，俄在短时期内还无法大量开采和将之运出，为此，俄罗斯近年来加强了与亚太包括中国在内的国家进行联合开发、资源共享的步伐。

基于以上原因，中俄开展能源合作，对于两国的经济发展都具特殊的意义。对于俄罗斯而言，它需要通过中国为其远东能源寻求出路，俄跻身亚太经济圈必须得到中国的支持；对于中国而言，能源合作的根本目标是从俄罗斯获得能源供应，中国需要俄罗斯西伯利亚和中亚地区丰富的资源来弥补自身的不足，实现现代化建设的宏伟目标，因此两国能源合作计划将提升两国经济贸易的水平，使两国经济合作得以深入发展。从理论上来说，中俄两国能源合作将出现双赢的局面。

在实践中，随着中俄两国政治互信的增强而增强。

总之，正如两国领导人多次指出的那样，中俄关系堪称典范。当前中俄关系密切。但中俄之间也存在着一些消极因素，如经贸合作明显滞后于政治合作；两国民间尚缺乏充分的互信，如俄罗斯国内还有着各种形式的"中国威胁论"；国际形势特别是美国对中俄关系影响巨大；等等。这些问题虽然不是影响中俄关系发展的关键，但也需要引起注意，需要两国积极主动去解决这些问题。两国决定互办"国家年"就体现了共同解决这些问题的行动和决心。只要两国能互谅互让，彼此尊重，合作互利，抱着共同成长的信念，两国关系一定能保持现有的良好的发展势头。

三、中欧关系

中国与欧洲的关系，是中国与欧盟国整体谈判、分国交往的关系，这在中国与世界其他成长中的大国的国家关系中，是一种很特殊的关系。因为中欧关系既是指中国与欧盟的关系，又是指中国与欧洲各国关系的总和，欧洲是世界上发达国家最多的地区，而中国则是最大的发展中国家，因而中欧关系在某种意义上可以说是"穷人"与"富人"的关系；但是在全球化的今天，这对"穷人"和"富人"却没有因为地理位置的遥远而关系冷淡，或者因为贫富的差距而矛盾重重，反而由于中国日渐强大，逐步摆脱贫穷落后的状况，融入国际社会而联系紧密，双方关系不断提升。自1975年5月中国与当时仅有9个成员国的欧共体建立外交关系以来，中欧关系已经经历了30多年的风风雨雨，除了受1989年政治风波影响之外，中欧关系发展一直平稳顺利，特别是从20世纪90年代起，双方关系大幅提升。1998年，双方建立了建设性伙伴关系。2001年，双方将伙伴关系提升为全面伙伴关系，到2003年，又提升为全面战略伙伴关系。中欧之间不仅从战略高度进一步规划整体关系，而且中国继同法国之后又把同德国、英国、意大利的关系提升到全面战略伙伴关系。我们有理由相信，中欧关系这种良好的局面将继续不断地增强和发展。

（一）"众人拾柴火焰高"：良性互动的中欧关系

经过30多年的发展，中欧已经制定了发展长期稳定的双边关系的政策，各级对话和磋商卓有成效，合作机制进一步完善，相互关系形成了全方位、宽领域、多层次推进的良好局面，形成了良性互动，成为能影响世界多极化发展不可或缺的力量。

在政治上，首先，双方合作框架实现了机制化。1998年3月，欧盟出台《与中国建立全面伙伴关系》报告，4月中欧首脑在伦敦举行首次会晤，双方发表联合声明，表示中欧要建立"面向21世纪的长期、稳定的建设性伙伴关系"，决定双方建立领导人年度定期会晤机制。欧洲国家对亚洲、中国的政策得到普遍提升。至此，欧洲与中国开始着手建立高层对话机制，政治合作进入实质性阶段，中欧关系取得了长足的进展。中欧每年都举行年度首脑会晤，为推动中欧政治互信起到了关键性的作用。此外，中国与欧盟成员国英、法、德等国还确立了各种类型的伙伴关系或合作机制；中国全国人大和欧洲议会至今共举行了20多次工作会晤，形成了隔年互访的定期交流制度。中国共产党也和欧洲议会绝大多数议会党团建立了不同形式的交往和联系。至此，一个涵盖中欧及欧盟主要国家各个级别、不同层次、主要政府职能部门之间的定期磋商框架初步形成，有力地促成了相互的了解、信任和友谊。

其次，中欧合作框架清晰化。从1995年欧盟发布第一份对华政策文件到2003年10月，欧盟前后共通过了9份对华政策文件，表现出欧盟对欧中关系的日益重视及其发展内容的逐步深化。2003年10月13日，中国发表了首份对欧盟政策文件，表明中国政府对欧盟的重视程度也提高到了一个新的层次。这些不仅是中欧双边关系实质性提升的标志，更为重要的是，双方的政策文件为中欧关系提供了明确的指导方针及清晰的合作框架，为双方拓宽与加深长期化合作奠定了坚实基础。中国与欧盟及英、法、德等国家在国际和地区事务中密切合作，在一些重大国际问题上也出现了相互配合、理解和支持的局面。例如在伊拉克问题上，中、法、德等国密切协商，立场坚定、挫败了英美在联合国通过对伊拉克动武的企图，使美国只能绕过安理会单方面发动战争，从而战争的合法性广遭质疑。在伊拉克战后重建问题上，中国与欧盟及法、德都强调联合国的主导地位，反对美国的单边主义做法。

另外，中欧合作务实化。当前，中欧间相互理解与尊重程度不断加深。在人权、台湾、西藏、对台军售等敏感问题上，尽管中国和欧盟国家历史、文化、价值观念、政治制度不同，经济处于不同发展阶段，中欧间仍存在相当大的分歧，但中欧通过保持定期的对话与磋商，减少了争吵与对抗，增大了相互了解和理解，更容易促使双方在出现问题时坐下来商谈而不是站起来吵嘴，求同存异，面向未来。

在经济上，中欧及中国与欧盟成员国之间几十年发展起来的传统友谊结出了累累硕果，也就是说，良好的政治关系极大地推进了中欧之间的贸易关系。反过来，经贸关系也是中欧关系的基石，也最能体现中欧的相互依赖程度。

从进出口贸易总量上看，中国与欧盟国家的进出口贸易总额在1975年时仅为24亿美元，1981年中国扩大改革开放以后特别是90年代中期以来，中欧贸易一直稳步增长，现在欧盟超过美国和日本成为中国最大的贸易伙伴，中国则是欧盟第二大贸易伙伴。

在技术引进方面，欧盟成员国是中国引进技术设备的最大供应国。经贸领域之外，中欧科技合作的层次不断提高，中国已经参与欧盟全球卫星导航系统"伽利略计划"。

在文化交流方面。中欧文化、教育交流与合作也空前活跃，这突出表现在双方互办文化年活动。2003年10月到2005年7月，中国和法国先后在各自国家分别举办了中国文化年和法国文化年，是中欧之间第一次在时间、地域和项目上都达到最大规模的一次文化交流活动。中国还将和德国、西班牙合作举办类似的文化年活动。这种文化领域的大规模、高层次交流对加深双方的相互了解、理解和促进友好合作关系有特殊意义和作用。中国还在法国和马耳他设立了中国文化中心,并将在德、英、意等国继续设立文化中心。

(二)寻求更新局面的中欧关系

我们在谈论中日关系时,常常会用"政冷经热"的说法来形容,中欧关系在30多年的发展过程中,似乎也存在着这方面的困扰,一是欧盟及其成员国的内部问题对中欧关系产生错综复杂的影响;二是外部力量对中欧关系存在着一定的影响和干扰;三是困扰双方多年的一些重大问题始终没有得到圆满的解决。

第一,欧盟及其成员国内部问题对中欧关系产生的影响。2005年是欧洲一体化进程遭遇困难的一年,目前欧盟正处于"冷静思考期",内外行动能力受到限制。欧盟于2004年扩大到25个成员国之后,在一系列问题上内部更难达成一致,不确定性增强。即使在一体化最深入的对外贸易领域,欧盟就重大问题决策时实行的一票否决制,也时而对我有利,时而对我不利:当不利于中国的议案被少数票否决时对我有利;相反,当有利于中国的议案被少数票否决时则对我不利。2005年在纺织品问题上的几经周折就清楚地表明了这一点。因此,针对欧盟的双轨制,中国不仅继续做好欧盟层面的工作,而且还必须着力办好对其各成员国的外交,包括朝野、政商学各界。同时,欧盟成员国的对华政策如能更加透明一致,这将会加强中国对欧盟的信心和可预测性,也有利于更好地实现各成员国自身的政策目标。

第二,外部力量对中欧关系的影响和干扰。这一点,2004至2006年间最突出的表现是美国一再明确反对欧盟解除对华武器禁运,日本等国也开始参与其中。欧美对华政策的差异,除利益不同的因素之外,其直接原因主要是它们对中国的判断不同。欧美的对华政策不时存在分歧。而这些分歧的助力之一来自欧盟内部。对中欧"战略伙伴关系",有的欧盟成员国并非诚心诚意。欧洲各国出于自身利益和市场考虑,仍对中国在欧盟对外政策中的地位持不同的看法。面对这种局势,中国应坚定不移地继续推行全方位的外交政策,兼顾欧美两者,不在自主权上做出让步,重点与更愿意合作者实行合作。

第三,存在着困扰中欧关系的一些主要问题。一是欧盟解除对华军售禁令问题。欧盟在"六四"事件以后对华采取的军售禁令一直没有取消,而欧盟内部分歧与美国的压力又使这一问题久拖不决。二是中国加入世界贸易组织以后,随着欧盟市场对中国的进一步开放和中国出口贸易的增加,欧盟对中国反立案已经占中国受外国反调查总数的相当比例,给中欧关系带来不小的损害。而且不时制造各种贸易摩擦,以种种理由限制中国商品进口。

总之,随着形势的变化、利益的融合和增多,在机遇和挑战面前,只要中欧双方善于利用,趋利避害,努力在新的历史条件下寻求更新局面,使中欧关系中的亮点增多,那么,中欧关系一定能在现有基础上实现新的突破,中欧合作将为双方提供美好的未来。

四、中日关系

(一)合作共赢与对抗挑衅下的中日关系

中日关系是建立在美国是否公允地维护二战后的国际秩序和成果的关系,也是日本领导人能否正视二战时侵略中国,并进行了惨无人道的烧、杀、抢、掠,犯下滔天罪行的历史而时好时坏的关系。中日关系与中欧关系相比起来要复杂得多。这是因为与中欧关系相比,中日关系不仅表现在复杂的经济联系方面,更多的在于日本是与中国隔海相望的大国,两国不仅存在着一系列如历史问题、台湾问题、领土与海洋问题、日美安全合作问题等结构性矛盾,而且,第二次世界大战之后,作为战败国的日本迅速崛起,成为仅次于美国的第二经济大国。之后,其期望成为与其经济大国地位匹配的政治大国的野心也迅速膨胀,期望有朝一日它能成为一个"正常国家",摆脱二战以后的战败体系,做其他国家能做的事情。日本在本质上也是一个崛起的国家,处于深刻的变革之中,与中国存在着全面的竞争关系。可能导致的后果是两国关系的脆弱性与易波动性,不稳定的中日关系自然对中国和平发展大战略的实施非常不利,加剧了两国对对方的疑虑与担心。

首先,是两国关系中一系列结构性矛盾的存在。在历史问题上,中日两国对第二次世界大战这段历史和与之相关的问题存在着认识上的是非与不同,甚至在日本国内还存在着小部分全面否认其侵华罪行的右翼势力。表现在历史教科书的编写、日本有些高官的否定战争罪行的言论和首相参拜供奉有甲级战犯灵位的靖国神社等问题上。

更为关键的是,从结构上看,第二次世界大战后,美国出于冷战的需要,将日本纳入了遏制社会主义国家的安全防务体系,成为美国全球战略布局上的一颗棋子,冷战结束后,日美同盟不但没有瓦解,反而得到了加强,美国出于全球战略的需要(主要是针对中国),正加紧构筑一条由其主导的"北美—亚洲条约组织"(NAATO,俗称"亚洲北约")。日美安全合作成为中国当前在地区安全领域的一个巨大的隐患,在日美同盟的框架下,美国与日本互相倚重,美国要求日本承担更大的安全责任,发挥更大的作用,以支持它在全球范围内的战略行动,如伊拉克战争等;而日本则借助这个同盟,突破其二战后的法制与政治体制的限制,依靠美国"借船出海",不断扩大其在海外的安全作用,将影响力扩大到全球层次。如何应对不断强化的日美军事安全同盟,是中国在和平发展中不得不考虑的重大课题。中日关系若处理不好，势必会阻碍发展的步伐。

其次，冷战后的日本虽然经济发展缓慢，但其谋求成为政治大国的步伐并未减慢。摆脱二战后战败体系的束缚，成为一个有世界影响的"正常国家"，在某种意义上也是一种崛起。东亚地区同时并存两个大国，正常的竞争是不可避免的，而在竞争过程中，也不可避免地会产生摩擦与纠纷，影响两国关系的发展。

中日之间存在的结构性矛盾和事实上存在的竞争关系，使得两国的政治关系表现出一定的脆弱性和易波动性，这种脆弱性与易波动性如果不采取措施加以消除，必定要影响双方的发展。中国已经意识到了如果没有中日两国之间的合作，东亚的未来将充满变数，从而中国发展的前景也将是不确定的。中国与日本经济往来密切，双方是重要的贸易伙伴之一，这是两国得以加强合作，避免恶性竞争的基础。

但仅凭中国单方面的努力，是不可能促使两国关系走上健康、稳定的发展道路的。日本所应做的是正确认识二战的侵略罪行的历史，以德国在处理战争问题上的态度来处理历史问题。事实上，在日本国力节节上升的20世纪七八十年代，日本在对华态度上表现出较好的姿态，然而进入新世纪，日本在本国经济长期萧条和中国经济快速发展的强大反差下，在对华战略上心态有所失衡，其对华行为方式缺乏远见和应有的理解和尊重，不断挑战两国正常交往的基础，使中日关系出现反复和波折。

两国应当正确面对彼此，以合作的态度处理两国关系中出现的问题与摩擦。事实上，两国在成为大国的战略目标上有一个理想的结合点，那就是中日合作，共同推动东亚一体化的进程。这一进程将有助于中日避免"两强竞争"所带来的过度相互消耗，促进日本在心理和政策上以平等一员的身份回归和融入亚洲，像德法那样在"双赢"中增进相互信任。两国应当建立政治与安全方面的信任机制，妥善处理矛盾，避免国际竞争中两败俱伤的局面出现。目前，中日正处于一个重要的发展和严峻的挑战阶段，两国亟须探索改善和深化双边关系的有效途径和措施，减少和避免两国关系出现不必要的波动。而日本一定要认识到他是美国在东亚的棋子，发动战争的主战场，这样才能使中日关系正常化，进而以适应中日关系和地区合作发展的时代到来。

（二）解冻与升温：改善中的中日关系

安倍当选日本首相之后，态度顽固、不思悔过，如历史问题、修改和平宪法、日本是否发展核武器问题、中日东海划界与油气资源开发问题、钓鱼岛问题等均未作出积极的友好的合作姿态，这无疑对改善快跌入谷底的两国关系、打破僵局起了相反的作用。

自1972年中日两国邦交正常化以来，两国关系尽管存在结构性矛盾，但在两国人民及其领导人的努力下，两国关系还是在重重困难中取得了积极的进展，总体呈上升的趋势。在小泉时期，两国关系随着小泉的表演性的参拜和日本右翼势力的不断抬头而走入谷底，但随着安倍晋三的上台，中日关系的改善又变成了幻影。两国领导人都认识到，中日关系，和则两利，斗则两伤。国家之间关系出现摩擦、波折是正常的现象，尤其是在两国存在结构性矛盾的情况下，要彻底消除误解，是不切实际的幻想。但是减少误解，逐步缓解乃至逐步解决这些矛盾，只要两国政府本着互利合作、真诚协商的精神，加强沟通与交流，是可以创造一些有利于双方经济发展、互利共赢的局面的。

那么，要创造一个互利共赢的局面，中日关系将如何发展呢？

第一，尊重历史是中日关系改善的前提。中日双方在历史问题上的认识和行动存在着原则性的不同,这对中日关系产生的负面影响是显而易见的,但由于矛盾的主要方面在日本,并不是依靠中国的主观愿望能够解决的。

第二,通过良好的官方关系挤压极端民族主义的生存空间。二战后日本军国主义势力没有得到彻底的清算,从20世纪80年代至今,这股势力由于日本成为经济强国而以极端民族主义的面目出现,他们否定侵华的历史,反对和平宪法,梦想着成为与自己经济和科技、军事实力相匹配的国际社会广泛认可的政治与军事大国。

第三,两国在处理地区与国际事务方面存在着共同利益和对话平台。中日两国都是东亚地区举足轻重的大国,发挥着重要的政治和经济作用,对亚洲和平、繁荣与稳定起着至关重要的作用。在朝核问题上,中日两国都是"六方会谈"的参加国,在解决朝核危机,保持东北亚稳定方面起着关键的作用;在东亚合作问题上,两国在东盟10+3和东盟10+1的构架内均发挥着积极的作用,共同推动东亚合作向前发展,如果没有中日两国积极共同的努力,东亚合作很难有实质性的提升;在非传统安全问题上,两国在反恐、环保、公共卫生和扶贫开发等问题上均存在着广泛的共同利益,并开展过卓有成效的合作,如在中日环境合作方面,两国就取得了很好的效果。

第四,经济关系是中日关系的基础。在全球化的背景下,中日两国经济关系有很强的互补性,而并不会像有些人所说的那样,中国的经济发展会造成日本产业的"空心化"。中国经济快速发展,是日本进行海外投资与贸易的理想场所,中国也在抓住这个战略机遇期,深挖两国经济合作的潜力,通过强化两国经济的相互依赖度,增强两国互信,扩大共同利益,从而为全面改善两国关系奠定基础。

第五,对两国存在的钓鱼岛争端与东海油气资源开发展开共同的研究，中国一直在寻求解决之道，力图通过协商谈判解决争端，但日本走向了事实的反面。

第六，民间友好往来一直是推动改善中日关系的传统优势，是中日关系得以恢复和发展的重要的动力基础。尽管两国关系变冷时期都不同程度会有极端民族主义势力的抬头，但对两国关系来说，这都不是两国关系发展的主流，两国广大的民众对彼此的态度还是很友好的，希望政府努力来改善两国关系，促进两国关系的稳定。

总之，中日两国从自身的国家发展战略出发看，没有理由不重视中日关系。"要坚持通过对话、协商，妥善处理中日之间的分歧，积极探讨解决分歧的办法，避免中日友好大局受到新的干扰和冲击"。展望未来，中日关系充满着机遇与挑战。双方外交关系的改善是共同的愿望，因为21世纪的中日关系不再是以前那种"一强一弱"的局面，而是"大国合作"的局面，任何微小的错误都有可能导致中日关系再次走向低谷。因此，双方都应当珍视几十年友好交往的历史，将中日关系引向更加光明的未来。

# 第七章

和谐周边：左邻右舍的影响

一、中国的周边环境总态势

在中国的安全环境中，周边关系居重要的地位，同时也是最直接的地缘政治影响因素。中国周边地区从地理上大致可分为东（东北亚和东南亚）、北（俄罗斯和蒙古两国）、西（中亚和南亚）三个部分。

（一）从东部来看：忧患增多、形势复杂多变

日本作为中国的近邻，又是美国的马前卒，自 20 世纪 60 年代以来，中日双方关系均在逐步改善；90 年代，中日双方又致力于建立和平与发展的友好合作伙伴关系，双方强调应在"以史为鉴、面向未来"的基础上，实现世代友好。但中、日之间的领土争端依然存在，在美国的

指使下，日本在染指中国钓鱼岛领土的同时，还争夺东海大陆架与专属经济区海洋权益。在美国破坏二战成果的基础上，日本将会变成美国威胁中国安全的直接帮凶和基地。所以，中日关系也就是中美关系的具体体现。

朝鲜半岛是东北亚的地理中心，介于中、俄、日三大国之间。从地缘战略角度看，大陆国家通常把半岛和沿海小岛当作本国领土的防御屏障；而海洋国家则把这些半岛和海岛当作入侵别国，进而向大陆纵深扩张的跳板。朝鲜半岛从陆地和海洋面对着中国的东北、华北、华东等多个战略地区。因此，中国对于朝鲜半岛局势的变化永远不可能置之不理或置身事外。所以，"抗美援朝，保家卫国"的战争具有伟大的历史和现实意义。

东南亚也是中国维护国家安全的直接外部屏障。中国与东南亚国家建立面向 21 世纪的睦邻互信伙伴关系，并着手构建中国与东盟自由贸易区。但随着中国的发展，加之美国的重返太平洋战略，使部分东南亚国家还在南中国海问题上与中国发生领土争端。20 世纪 90 年代以来，东南亚国家在南海与我争夺海洋权益，占据我南海大量岛礁，从而达到使南海问题国际化的目的，成为我国安全利益的掣肘因素。

（二）从北部来看：相对平稳，合作共赢

俄罗斯作为中国最大的睦邻国家，从周边地缘安全来看，它始终是首要考虑的地缘因素之一。冷战后，中俄关系迅速实现了正常化，彻底解决了边界划线问题，这有利于地区及世界的稳定和平，双方还确立了新型全面战略协作伙伴关系，并建立了边境地区军事信任机制，促使双方关系进入较稳定的战略合作阶段。普京上台后，两国在经济、能源、贸易、文化、教育、军事领域的合作，也都在稳步向前发展，向新的高度和深度发展。并形成了合作共赢的战略态势。

(三) 从西部来看：危机不断，乱局呈长期化趋势

中亚地区位于亚欧大陆板块的腹地，历来是各种政治力量竞相角逐的战略要地。西方著名地缘政治学家麦金德曾指出，谁控制了中亚地区，谁就能控制亚欧大陆，甚至是整个世界。

冷战结束后，中国顺利地解决了与中亚各国之间的边界问题，并通过双边和多边机制（如上海合作组织）逐渐确立了有利的地缘优势。但中亚地区的安全与稳定同新疆地区乃至整个中国都有着密切关系。一方面，这些国家有的国内政局不稳，冲突不断，对我国边境安全构成一定威胁；另一方面，伊斯兰原教旨主义势力在中亚国家有泛滥扩张趋向，对我国西北边疆少数民族聚居地区的安全构成了较大威胁。

南亚次大陆在地缘上与我国安全有密切关系。我国同印度虽已相当程度地改善了双方关系，但中印边界争端至今悬而未决。印度认为，要从根本上保证印度的安全，在对华战略上仅有防御能力是不够的，印度在军事上还应具备在必要时打进西藏的能力，以军事实力作为维护其安全、确保其在边界上既得利益的坚强后盾，而控制喜马拉雅山分水岭则是印度对华战略的核心所在。近年来，伴随着经济的快速增长，印度不仅自行研制和生产各类新型武器，还直接从国外采购大量的先进军事装备，尤其是将建立核打击能力作为实现全球政治和军事大国目标的重要手段。此外，针对中国的发展，印度还宣扬"中国威胁论"，人为制造两国和周边地区的紧张关系。这些使得中国的西部面临着潜在的安全隐患。

二、中国与东北亚

（一）冷战后的多极格局与中国的国家安全

苏联解体，冷战终结。世界格局发生重大转折，东北亚地缘政治局势也出现了一些新的变化：对立与冲突依然存在，但合作与对话已成为主流；朝鲜半岛仍然是地区安全的核心，大国因素仍发挥至关重要的作用；国家安全是相关国家制定在东北亚地区外交战略的出发点，但经济合作越来越受到重视；冷战思维依然存在，但东北亚地区国家间的新型关系已逐步确立；美国控制、主导东北亚地区的战略未变，但对朝鲜的政策已由单纯遏制转变为遏制加接触，甚至也不乏联合韩国、日本搅乱东北亚安全；东北亚地区安全机制尚未建立，但以双边新型关系为基础的多边安全合作的影响力已经显现。自冷战结束以来，东北亚地缘政治格局向多极化方向发展，且相对稳定，但其局势发展的不确定性和脆弱性依然存在。

冷战后东北亚地区相对稳定的地缘政治形势的出现，与世界和平与发展的主题相一致，与全球化条件下各国谋求经济合作的目标相一致，与大国间建立的新型关系相符合。与冷战前的国际局势相比，虽然霸权主义、强权政治依然存在，但和平与发展已经成为世界政治的主流。东北亚地区的次区域经济合作获得快速发展，成为经济增长速度最快的地区之一。中美、中日、中韩、日美、韩美、日俄等国间的贸易往来频繁。在这种形势下，稳定的东北亚局势应该是各国共同追求的目标。

与此同时，我们也应该看到东北亚地区形势发展的不确定性和脆弱性。这些不确定性和脆弱性，与美国的单边主义全球战略有关，与历史遗留问题和韩美关系有关，与日本的政治大国诉求和朝鲜的一意孤行有关。

冷战结束后，美国成为世界上唯一的超级大国，不惜逆世界潮流而动，极力推行单边主义政策。在"非对称性威胁"成为美国安全的主要威胁后，美国将朝鲜半岛与中东地区一起列入可能发生军事危机的地区，并将朝鲜称为"流氓国家"和"邪恶中心"，密切注视朝鲜的核动向。美国不允许任何地区对其国家安全和国家利益存在任何潜在威胁，美国的遏制理论和"先发制人"战略增加了东北亚地区安全形势的不确定性。

应该说，朝鲜半岛的统一问题、朝核问题和美国的单边主义政策是影响东北亚地区稳定的最主要因素。而历史遗留问题是造成东北亚地区形势发展不确定性的因素之一。历史遗留问题既包括在美国的支持下，日本对东北亚国家人民所犯罪行的反省态度、日军遗弃化学武器的处理问题，也包括日俄、日韩等之间的领土争端。日本首相参拜靖国神社问题，日本右翼势力的强大，以及日本的修宪和"有事法案"等一系列法案的通过，使日本走上"扩军"歧路，引起中、朝、韩等邻国的不安。而日本与韩国的独岛之争以及日本对我国钓鱼岛的侵犯，更增强了东北亚地区局势的不稳定性和脆弱性。

东北亚是中国周边最重要的地区之一，该地区的安全与稳定直接关系到中国的国家安全与稳定。朝鲜核危机的出现，美朝之间围绕核问题的矛盾与斗争，使中国边界的危险系数增加。美日联盟的强化以及把台湾纳入到日美新的安全防卫指针划定的周边有事范围和共同关注的"战略目标"，对中国构成潜在的威胁。美国不顾中国的反对向台湾地区出售军事武器，以台湾问题为筹码来压制中国，直接而严重地威胁了中国的国家安全与国家统一。日本不仅对历史上的侵华战争不认罪，而且蓄意挑起领土争端，妄图强占我国的钓鱼岛，是冷战后对我国安全的新威胁。

日本拥有制造大量核武器的材料、技术、野心。特别是在美国的支持下，未来将对地区安全造成毁灭性的威胁。中国和周边国家应该早日建立东北亚安全联席会议。该联席会议分为外交部长会议、国防部长会议、国家元首级会议，专门应对该地区相关国家研发和制造核武器，安装别国可以运载核武器的导弹装置的行为，确保东北亚地区的安全。

总之，冷战结束后，虽然东北亚地区局势总体呈缓和趋势，但其中夹杂的一些不和谐音符对中国国家安全产生了一定的影响，不得不引起我们的关注。

（二）东北亚地缘政治未来发展趋势及中国应采取的对策

中国的经济发展需要一个稳定的国际环境，作为东北亚地区安全的维护者，东北亚地区的安全与稳定对中国至关重要。朝鲜半岛南北双方作为东北亚地区的中心，东北亚地区国家对安全与稳定的追求，是未来该地区形势向着缓和方向发展的根本前提。

作为东北亚地区大国、最大的发展中国家，面对东北亚地区复杂多变的局势，中国应采取的对策是：坚持走和平发展合作之路，但同时要敢于直面各种挑战，并敢于有所作为。"打的一拳开，免得百拳来"。在努力发展经济、提高综合国力、确保国家领土完整的同时，继续推动朝核问题六方会谈，努力促进朝鲜核问题的和平解决；改变朝鲜半岛的事情由北南双方自己解决的想法。因为朝、韩、日本任何一国的核武器直接威胁中国和地区安全。努力营造有利于地区发展的国际环境，处理好"发展利益及需求"、"主权利益及需求"与"责任利益及需求"的关系，树立起负责任的大国形象，增进信赖，加强合作，寻找安全利益的共同点；推动东北亚多边安全机制的建立，促使东北亚地区国家间的关系向着良性循环的方向发展。

（三）中国和平发展与东北亚安全战略

21世纪初的国内外环境，为中国的发展提供了机遇和挑战。作为东北亚地区的一个大国，中国的发展引发了东北亚各国对如下问题的高度关注：一是中国是否会走和平发展道路；二是中国以怎样的方式走和平发展道路；三是中国走和平发展道路对东北亚地区安全与世界和平会产生怎样的影响。在国际社会看来，中国的迅速发展已经成为历史的必然，而中国的和平发展路径以及对东北亚地区安全与世界和平的影响则为国际社会普遍关注。

首先，西方国家从未解除对中国发展的封锁和制裁。至今仍对中国实行高技术封锁和武器禁运。这直接影响国际环境对中国的和平发展。冷战结束后，国际形势发生了深刻变化，中国继续坚持以经济建设为中心，推动社会经济实现全面、协调、可持续的发展，实现全面建设小康社会的战略目标，力争走出一条与历史上许多大国截然不同的和平发展之路。

另外，和平发展符合中国的核心利益。中国的核心利益集中体现在两个方面：一是国家安全，即维护国家主权和领土完整；二是国家的发展，即保障中国社会经济实现全面、协调和可持续的发展。这二者相辅相成。维护国家安全是实现国家发展的前提，是为了给国家现代化建设创造良好的条件；而推进国家经济建设和现代化事业，不仅有利于不断提高人民的生活水平，而且也为维护国家安全提供了不可或缺的重要保障。

再次，和平发展符合东北亚地区和世界人民的共同利益。当前，世界面临的主要问题是和平与发展，这一问题对东北亚地区更具有现实意义。中国是世界上最大的发展中国家，中国选择和平发展的道路，将主要精力放在国内现代化建设事业上,对于东北亚地区和世界的和平与发展都有重要意义,符合世界人民的利益。

作为东北亚地区的重要大国,中国在该地区的安全战略选择应以和平发展战略为指导,立足发展以增强国力,做地区安全稳定的中坚力量;提倡并实践新安全观,探索建立新的安全合作机制,维护区域的安全稳定。从今后一段时间看,这一战略选择主要体现在以下几个方面。

第一、发展睦邻友好关系,稳定周边安全环境

中国的和平发展需要良好的外部环境,特别是需要一个稳定的周边安全环境。

东北亚目前依然是紧张态势与稳定趋势并存,对抗情绪与合作意愿交织,所以发展睦邻友好的周边关系作为中国对外战略的一个基点具有极强的现实意义,可以使中国在复杂多变的区域环境中保持正确的方向。中国应进一步加强与俄罗斯的战略伙伴关系,发展与朝鲜的传统友谊,努力增进与韩国和日本的双边关系。以和平发展为目标,积极发展与周边国家的政治、经济、文化与军事合作,增进与邻国的交流与互信。同时,要实现东北亚地区的安全与稳定,中国还应主导建立良性互动的大国关系,并成为地区稳定的中坚力量。

第二、和平解决朝核危机,稳定朝鲜半岛局势

中国与朝鲜半岛接壤,半岛局势稳定与否,直接关系到中国的切身利益与周边环境安全。作为一个负责任的大国,中国一直主张和平解决朝核危机,促进南北双方和解,稳定半岛局势。在朝核问题上,中国坚持半岛无核化的原则。核武器是世界和平与安全的最大威胁。为了防止核扩散,已在全球范围内建立了核不扩散机制。中国是《不扩散核武器条约》的主要缔约国,一贯反对核扩散。一个拥有核武器的邻国和紧张的半岛局势不符合中国的长远战略利益,不利于世界的和平与发展。在

东北亚地区应该强化核不扩散机制，消除东北亚的战争危机，主张通过和平协商的方式解决利益争端。朝核危机爆发后，中国积极斡旋，先后促成了三方会谈和六方会谈。半岛形势的变化关系到东北亚各国的重要安全利益和经济利益。而尽最大努力和智慧消除武力对抗更有利于解决利益的争端，在表明立场的同时，积极采取有关国家双边和多边谈判的方式化解矛盾和争端。要坚决避免朝、日、韩进行核研发和安装别国的核设施。

第三、倡导新安全观，探索建立新的区域安全合作机制

区域合作已成为当今世界经济政治发展的一个重要趋势。营造和平与稳定的东北亚区域环境，关键在于寻求东北亚各国的共同利益，增进相互信任与交流，促进双边和多边协商与对话的安全合作机制的形成。

首先是要倡导树立以互信、互利、平等、协商为核心的新安全观。其次可以通过机制化的方式进行探索。朝核危机为建立地区安全合作机制提供了契机。围绕朝核危机，中国是否该大胆地与朝鲜建立核保护的安保条约及机制，使朝鲜走出被核打击的威胁和状态，放弃核研发。同时也确保两国人民用鲜血和生命换来的友好关系及中国东大门的安全。另外，通过发展区域经济合作的方式促进区域安全合作机制的建立。以经济合作促进安全已被当今世界证明是行之有效的一个重要途径。虽然正式的区域经济合作制度还没建立，但东北亚各国都具有很强烈的合作要求，中、日、韩三国还加入了东盟自由贸易区的 10+3 机制，对建立东北亚自由贸易区进行了多年的探索。最后，全球治理已经成为国际社会解决全球问题的有效机制，东北亚各国也可以通过合作共治的方式解决区域安全与发展的重大问题，进一步促成安全合作机制的建立。

当然，东北亚地区复杂多变的安全形势决定了安全合作机制的建立不可能一蹴而就，而需要采取循序渐进和灵活多样的方式进行。区域安

全合作的形式不但要建立正式的制度和机构，而且要在双边和多边的基础上进行广泛的对话与合作，在不断合作的过程中探索建立符合东北亚地区安全需要的合适模式，以真正实现地区的安全与稳定。

三、中国与东南亚

冷战结束后中国与东南亚国家关系进入了一个新的发展阶段，在世界格局和地区秩序重构、经济全球化和区域集团化加速发展的情况下，中国与东南亚国家关系的发展面临难得的机遇，但也随时面临美国插手和搅局的挑战。

冷战后，中国积极与周边国家发展睦邻友好合作关系，特别是将改善同东南亚国家关系作为新形势下对外关系的重点。近年来，中国与东南亚关系发展迅速并取得较大成果，表现为如下几个特点：

1. "中国机遇论"在东南亚渐趋流行。东南亚国家对待中国的发展，经历了一个由恐惧到理性的过程。

2. 双方经济合作进入新的发展期。自 2003 年中国和东盟签署《面向和平与繁荣的战略伙伴关系联合宣言》以来，双边经贸合作不断加深。2004 年双边贸易额达到 1059 亿美元，提前一年实现了突破 1000 亿美元的目标。2005 年，中国与东盟贸易额达 1304 亿美元，比 2004 年增长 23.1%。目前，东盟已成为中国第四大贸易伙伴。2005 年 7 月，中国与东盟降低关税进程启动后，双方产品进入对方市场的条件进一步放宽，标志着中国—东盟自由贸易区进入全面实质性实施阶段。此外，中国—东盟博览会作为中国与东盟经贸发展的新平台，进一步推动了双边自由贸易区建设的进展。

3. 双方政治互信不断加强。自 1997 年《中华人民共和国与东盟国家领导人会议联合声明》发表以来，中国与东南亚国家的政治关系取得了深入的发展。2003年10月，中国签署了《东南亚友好合作条约》，成为第一个签署该条约的非东盟国家。双方还同时签署了《中华人民共和国与东盟国家领导人联合宣言》，宣布中国与东盟建立"面向和平与繁荣"的战略伙伴关系。2005年底召开的首届东亚峰会，再次展现了中国与东盟的紧密关系。中国在东亚峰会中提出了"两个坚持"和"一个开放"的立场，即坚持发挥东盟在东亚峰会和地区合作中的主导作用，坚持以10＋3框架为东亚合作的主渠道；主张东亚峰会保持开放性和透明度。东盟对中国的建议给予了充分支持，并寄望中国在东亚峰会和东亚一体化建设中发挥相应的大国作用。

4. 双方安全领域的合作在逐渐改善。过去东南亚国家对中国的发展一直忐忑不安，对中国有着挥之不去的疑惧心态，因而在安全领域一直对中国持"敬而远之"的态度。近年来，中国政府主动阐明中国在安全方面的态度和立场。2002年中国与东盟国家签署了《南海各方行为宣言》，为和平解决南海问题提供了条件。

总体而言，尽管东盟个别国家与中国还存在着相关问题上的矛盾，有时甚至出现摩擦，但双方的共同利益仍大于分歧与争端，双方关系的基础不会轻易动摇。在中国—东盟对话伙伴关系近15年的发展历程中，双方的政治互信日益加深，对话交流更加深入，互利合作不断丰富和深化。目前，中国与东盟对话合作已进入第二个15年，这是中国全面建设小康社会的15年，也是东盟加速建设东盟共同体的15年，双方在政治、经济、军事及非传统安全领域的合作层次与范围将更加深广。

发展与东南亚国家的友好合作是中国长期的战略选择，中国将继续奉行"与邻为善、以邻为伴"的方针，推进中国与东盟战略伙伴关系向更高层次发展。

四、中国与中亚：全方位发展的国家关系

追求一个稳定、发展、繁荣的中亚是中国与中亚国家的共同目标。近年来随着国际形势的变化，中国与中亚各国的共同利益和合作的切合点逐渐凸现，双方睦邻友好关系正面临着全面升级的重要发展机遇。

中国和中亚国家关系发展势头加快的趋势表明，在中亚地区新的地缘政治环境中，双方共同利益和合作的切合点在逐渐凸现，一系列有利于双方发展关系的积极因素正在产生重要的拉动作用。

（一）双方在维护地区安全与稳定方面加强合作的紧迫感增加

中国与中亚国家都属社会转型国家。中国改革开放深入进行，正在积极实施西部开发战略；中亚国家处在经济走出低谷，由恢复到发展的重要转折时期。双方都将发展经济视为兴国之本，都需要一个稳定和谐的外部发展环境。作为近邻，中国和中亚国家都视对方为睦邻友好的国家，出自发展关系的良好愿望，在各自的外交政策中都置对方为优先发展方向。"9·11"事件后，中亚地区发生深刻变化，已形成多极制衡的力量格局。目前，该地区在多极制衡基础上形成的相对稳定局面，正面临着日益上扬的单边主义的挑战。中国奉行的独立自主的和平外交政策同中亚国家推行的多元外交在此找到了利益的衔接点。因此，防范单边主义，维护地区的安全与稳定，也就成为中国、中亚国家对外政策的共同目标。

（二）中国与中亚国家的地缘优势及其经济互补性的潜力开始逐渐展现

中国与中亚国家依山傍水，毗邻而居，这是双方发展关系的最大优势。在中国与哈、吉、塔三国成功的解决边界问题后，横亘在中国与中亚国家之间3300公里的边界线已成为拉动双方经贸合作的重要因素。与10年前相比，随着经济的持续发展，口岸功能和通讯条件的改善，中国与中亚国家间物流、人流、信息流日渐扩大，极大地便利了边民往来和邻边地区的合作。值得一提的是2004年5月中国与塔吉克斯坦在相邻的帕米尔高原开通了卡拉苏口岸，结束了中国与中亚南部地区多年封闭的状况，为强化与该地区合作与交流打开了又一扇重要窗口。目前连接中国与中亚国家的交通状况也已明显改善。就空中航线而言，中国已与中亚五个国家的首都开通直达航班，哈、吉、乌每周都有数次往返于两国之间的航班，结束了双方人员往来必须要中转第三国的历史。连接中哈的铁路以及连接中吉、中塔的公路过货量逐年增加，路况也在更新。

（三）上海合作组织在推动中国与俄罗斯及中亚国家的合作方面显示出强大的生命力

目前，上海合作组织已进入全面发展的新阶段。置身其内的中国同其他成员国坚持以安全和经济合作为重点，在打击"三股势力"，开展地区经贸合作方面已取得重要进展，为推动地区和平、稳定与繁荣，做出了积极贡献。尤其是2004年9月，成员国总理举行比什凯克峰会时，各方一致通过了《关于（经贸合作发展纲要）落实措施计划》，决定在包括交通、能源、通讯、农业等11个领域的127个项目上发展合作。

目前各方正在为细化和早日启动这一合作计划积极准备。实践证明，上海合作组织符合包括中国在内的所有成员国的利益，各成员国紧密和有效的合作，已经开创了地区合作的新局面，中国与中亚国家的关系也迈上了新台阶。

当前，中国与中亚国家关系正面临着难得的发展机遇，双方的政治诉求相同，具有广泛的共同利益，双方都有发展彼此关系的强烈愿望。有理由相信：中国与中亚国家的关系将会继续沿着健康向上的轨道发展。中亚的繁荣需要中国，中国的持续发展也需要中亚。中国与中亚国家一定能够抓住机遇，排除干扰，深化合作，展现共同发展、共同繁荣的美好未来。

五、中国与南亚

中国与南亚各国的关系最重要的是中巴关系和中印关系。

印度与美国等西方大国建立战略伙伴关系，一方面有利于促进世界朝多极化方向发展，维持世界与地区的稳定，另一方面也不能排除印度利用发展与大国关系实现牵制中国的战略目的。尤其是印度与美国等西方国家进行的军事安全合作，给中国的安全带来双重影响。因此，中国进一步发展与巴基斯坦的友好合作关系对维护南亚地区局势的稳定与改善具有十分重要的意义。

（一）中印战略合作伙伴关系

2005年4月11日，中印两国政府联合声明，宣布建立"面向和平与繁荣的战略合作伙伴关系"，标志着两国关系提升至战略层次。

1. 中印战略合作伙伴关系的特点

根据战略合作伙伴关系的判定标准，即根据由现实重大共同利益、对共同利益的政治认同和制度化的利益协调机制组成的理论框架，可以对中印战略合作伙伴关系的特点归纳如下：

（1）在重大共同利益方面。首先，双方共同战略利益日益突出。其次，双方存在共同的经济利益需求。中印两国是世界上最大的发展中国家，也是近年来经济发展最迅速的两个国家。双方经济互利需求不断增加，两国间的经贸互动已经成为不可阻遏的大潮流。经贸合作乃至中印自由贸易区的建立是中印经济利益的根本体现。

（2）在重大共同利益的政治认同方面。共同利益的存在是前提，但只有得到认同，才有意义。中印双方对事实上存在的重大共同利益给予了高度重视，这主要体现在双方签署的《中印联合声明》以及《解决中印边界问题政治指导原则的协定》、《中印全面经贸合作五年规划》、《在中印边境实际控制线地区军事领域建立信任措施的实施办法的议定书》等文件。这些文件的签署，表明中印两国的重大现实共同利益得到政治认同。

（3）在利益协调机制建设方面。在《中印联合声明》中，"双方一致认为，两国政府、议会、政党间的高层交往，在扩大两国全面合作方面发挥了重要作用。双方表示，决心保持和加强这种交往势头，并同意两国领导人举行经常性会晤。双方重申，愿促进两国政府各部委间定期交流，充分利用中印战略对话和两国间其他对话机制"。这表明了双方推进战略合作伙伴关系制度化进程的决心。

中印关系中大致均衡的国家实力和经济的互补性，成为推动中印战略合作伙伴关系发展的重要驱动力。就双边而言，"和则两利、斗则两害"；在国际舞台上，中印就许多国际问题，如反对单边主义、主张世界多极化、要求建立公平合理的国际政治经济新秩序以及在世贸组织中维护发展中国家的权益等,都有着共同或相似的看法与主张,在地区和国际事务中具有共同的战略需求。因此,从理论上说,中印战略合作伙伴关系有着非常广阔的发展空间和潜力。

2. 中印战略合作伙伴关系的发展前景

中印两国的共同利益是全局性、战略性、长远性的,而当前的问题则是局部、次要、暂时的。两国之间的问题并不是很大,既不存在中国对印度的威胁,也不存在印度对中国的威胁,无非就是一个边界问题,即使一时解决不了,在贸易、经济、文化等各个领域还可以做很多事情,发展往来,增进了解和友谊,双方合作仍有广阔的前景。因此,中印关系的第三种发展方向在现实中是最具可能性的。

为确保中印战略合作伙伴关系朝健康方向发展,双方必须:

(1)树立国家共同安全理念。中印关系的发展走过曲折的道路,无论是历史还是现实都已证明,中印追求绝对安全不仅是不可能的,而且是有害的,盲目追求绝对安全的后果只能是军备竞赛甚至军事冲突。因此,中印两国需要从更广泛、更合理的角度思考安全问题,不仅要考虑自身的安全,也要充分注重别国的安全考虑;必须以平等理念为基础,通过预防性外交并辅之以其他手段,寻求共同安全之路。

(2)积极增进信任与共识,培育促进合作的内生性因素。中印之间因历史原因及现实政治的影响所造成的信任问题与隔阂,仍是中印关系发展面临的主要问题之一。确保中印战略合作伙伴关系目标的实现,需要以积极合作的姿态与举措增进彼此的了解。以增进了解促进广泛的共识,以广泛的共识培养积极的认同,以积极的认同催生合作的动力,在两国之间进一步增信释疑,为中印战略伙伴关系的未来发展奠定坚实的信任基础。

（3）深化全方位合作，丰富战略伙伴关系内涵。目前中印战略合作伙伴关系只是确立了两国政治、经济、文化、军事、安全各领域关系未来发展的大框架，更具体的需要双方共同去充实和完善，更迫切地需要结合实践加以创新。总之，要从战略和全局的高度，确保全方位的合作付诸实施，在实施过程中推进创造与创新，使中印两个发展中大国的友好关系更加紧密，使中印战略合作伙伴关系朝实效化方向更好地发展。

（4）加强制度化建设，启动战略对话与各类协调机制。多领域的制度建设可以增进双方互信，促进共同利益目标的实现。因此，在中印战略合作伙伴关系大框架建立之后，迫切需要推进制度建设作为保障，如启动两国战略对话机制、创建两国首脑定期会晤机制、建立中印军事联络机制和加强安全与合作的多边协调机制、建立双边经贸协商机制等等，为中印战略合作伙伴关系目标的实现提供完善的制度保证。

总之，对中印战略合作伙伴关系的健康良性发展应持积极的乐观态度，中印战略合作伙伴关系应朝着实效化、制度化、规范化的方向发展。这需要双方采取更加理性而务实的态度，增进彼此信任，加强相互沟通，开展务实合作，在双方的共同努力下，达到在国家安全上"共活"，在经济交流上"共赢"，在双边相关资源上"共享"，促进中印战略合作伙伴关系朝着良好健康的方向发展。

（二）中国和巴基斯坦的关系：全天候朋友

巴基斯坦是我们的重要邻国，在穆斯林世界中有着特殊的地位，而且巴基斯坦地理位置极具战略价值；进一步巩固和发展中巴关系既是中国稳定周边地区、为改革开放和现代化建设塑造良好外部环境的需要，也是中国致力于推进世界多极化，实现和平发展的需要；中巴关系仍然是中国对南亚政策的重要基石。

中巴两国自1951年建交以来，双方在政治上相互支持，战略上互相配合，两国安全合作的领域逐步扩展，呈现出多层次、全方位发展的态势。特别是近年来，两国高层交往频繁，双方在地区安全问题上加强磋商，在军事安全领域加强协调，合作的领域不断扩展。双方通过一系列协调行动共同打击民族分裂主义、宗教极端主义和国际恐怖主义三股恶势力，取得了较好的实效。两国在各领域的密切合作进一步加强了中巴战略互信，有利于两国在新的形势下进一步开展深层次、全方位合作，共同维护地区和世界和平，共同构建和谐世界。

保持高层互访和接触，加强磋商与协调。近年来两国高层频繁互访，在重大国际问题上密切磋商，为两国的安全合作创造了良好的政治基础。在2003年11月中国提出的关于进一步发展中巴关系的四点建议中，特别强调双方深化两国在非传统安全领域的合作，共同打击毒品走私、跨国犯罪和威胁地区和平与安宁的"三股恶势力"。两国元首签署的中巴联合宣言中强调，"重视防务与安全磋商机制对促进两国军事交流与合作的重要作用"。2005年进一步明确了双方在安全领域合作的范围，进一步加强政治磋商与行动协调。双方签署的多项协定除拓展两国间的经贸合作关系外，还着重加强两国在防务领域的战略关系。2006年2月，两国元首在共同发表的联合声明中同意，"保持高层互访和接触，就重大国际和地区问题以及双边关系举行经常性的磋商与协调，为促进两国以及本地区的稳定与繁荣做出不懈努力"。

协调反恐机制，加强非传统安全领域的合作。2001年"9·11"恐怖袭击事件发生后，中国和巴基斯坦开始加强反恐合作，并建立了反恐磋商机制。进一步加强军事和国防领域的合作；共同打击边境贩毒及走私活动；采取有效措施，确保中方人员安全。

进入21世纪以来，中巴全面战略合作伙伴关系得到全面、深入的发展，即使是足以导致南亚政治格局变化的重大国际事件，也未动摇中巴相互依赖的战略关系。虽然"9·11"事件后，巴美关系全面改善，但巴基斯坦仍然没有改变对华政策。

随着国际和地区形势的变化，中巴战略合作的平台正在逐渐增多。2005年7月，巴基斯坦成为上海合作组织的观察员国，中国也以观察员身份加入南亚区域合作联盟。上海合作组织和南亚区域合作联盟等地区性合作机制，将为中巴进一步密切战略合作提供广阔的平台，并且会反过来推动地区组织的成熟和发展。

中巴关系是十分特殊的战略合作关系，是一种全天候的关系，经历了时间和各种风雨的考验。两国的密切合作符合两国的战略利益，是基于两国的共同需要和相互间无私的真诚承诺。在全球化形势下，两国在各个领域，特别是安全领域的合作无疑将进一步密切两国的战略伙伴关系，为两国的经济建设服务，为两国人民造福，从而为地区、世界的和平与发展做出应有的贡献。

第八章

携手共进：结识新朋友 不忘老朋友

一、中非关系："全天候"朋友

今天的中非战略伙伴关系，建立在日益扩大的共同利益之上，其核心内容就是：政治上互信、经济上互利、国际上互助、文化上互鉴。

（一）中非关系的历史回顾

以毛泽东为代表的中华人民共和国第一代领导人以其超前的战略思想奠定了中非关系，把发展同包括非洲国家在内的发展中国家的团结与合作作为中国外交政策的基本立足点，使中非关系始终成为中国对外关系的亮点。中非友好关系经历了基础期、调整发展期和深化期三个阶段。

1. 毛泽东时代的中非关系

20世纪50年代至70年代中期是中非友好关系的基础期。以毛泽东为首的新中国第一代领导人同非洲国家独立初期领导人密切合作,共同开拓了中非关系的新纪元,打下了中非传统友谊的坚实基础。

新中国成立以后,中国第一代领导人就把支持非洲人民争取和维护民族独立、发展民族经济的正义事业当作中国人民应尽的国际主义义务和自己的事业,为非洲大陆的发展做出了独特的贡献,奠定了中非世代友好的根基。

中国第一代领导人对非援助的核心主张,是认为这种援助不是单方面的赐予,其性质是相互援助,即中国援助非洲国家也是援助自己。因为援助非洲国家获得解放与发展,就是壮大世界反殖、反帝力量,也使自己获得肝胆相照的朋友。事实也是这样。非洲国家把中国当成坚强可靠的"全天候"朋友。它们在独立后往往首先同中国建交并发展亲密无间的友好关系。从1956年埃及同中国建交起,到1976年6月,共有42个非洲国家同中国建交,占当时非洲独立国家的近90%。

2. 邓小平时代的中非关系

从20世纪70年代后期到90年代初,世界两极格局终结,是中非友好关系的调整发展期。在这一时期,中国根据国际形势的发展变化,在对国际理念和中国对外政策做出重大调整的同时,相应地调整了对非外交思想和政策,将中国与非洲国家的关系建立在更加稳健与务实的基础上,拓展了中非合作的领域。中国政府对非思想和政策调整主要包括以下几点:

第一,鼓励非洲国家以经济建设为中心,利用和平的国际环境发展自己,实行改革开放政策。

第二,重视与非洲国家开展南南合作。第三世界国家要解决发展问题，从外部条件来讲，仅仅依靠南北对话和合作不够，还必须开展南南合作；第三世界国家尤其是非洲国家资源丰富，能互通有无，开展合作可以解决许多问题；第三世界国家根本利益一致，穷帮穷，南南合作有坚实的基础，潜力很大，前景很好。中国和非洲国家采取新途径加强相互之间合作，为南南合作做实事。中国和非洲国家重视南南合作这一新的合作形式，双方在非洲大陆和中国成功启动和开展了不少南南合作性质的项目。同时，非洲国家之间也强化了地区和次地区合作意识与行动。

第三，改变"以美划线"和"以苏划线"的做法，实行全方位对非外交。20世纪80年代初以后，中国调整外交政策，既不搞"以美划线"，也不搞"以苏划线"，而是根据事物本身的是非曲直决定自己对国际问题的态度，根据联合国宪章精神与和平共处五项原则同一切国家建立和发展正常国家关系。这就消除了中国开展正常外交的一些不必要的障碍，拓展了中国对外关系包括对非洲国家关系的新局面。

3. 江泽民时代的中非关系

20世纪90年代初至本世纪初，是中非友好关系的深化期。在世界多极化、经济全球化趋势深入演进，南北差距拉大、南北矛盾凸显的形势下，中非加大了合作的力度，推动相互关系向纵深发展。

（1）高层对话更加频繁，特别是中国元首四次访问非洲，把中非关系推进到一个深入发展的新阶段。

（2）在国际舞台上进一步密切合作，凸显"患难之交"的真挚友谊。这一时期，中国继续在国际上坚定地支持非洲国家维护本国独立和主权以及争取建立公平、合理的国际政治、经济新秩序的正义斗争，在联合国坚决维护非洲国家的正当要求与权利。

（3）中非合作论坛是中非关系史上一大创举，是中非友好合作关系深入发展而诞生的新事物。中非合作论坛的成立和成功启动为中非友好关系机制化和永久化开辟了道路，是中非友谊和友好关系向更高和更深层次发展的标志和象征。

4. 胡锦涛时代的中非关系

2002年以来，随着中国领导人多次访问非洲国家，把中非关系提高到一个新的水平。

中国为了全面深化与扩大中非关系，开拓性地提出了一系列新的重大对非政策主张和举措。主要有四点：其一是倡议建立中非新型战略伙伴关系。其二是提出中国帮助包括非洲国家在内的发展中国家加快发展的三年规划。其三是出台对非政策文件。为了促进中非关系长期稳定、健康发展，中国政府首次发表了《中国对非洲政策文件》。其四是倡议召开中非峰会。为了从高层推动落实"中非合作论坛"达成的共识，中国政府倡议召开中国和非洲国家首脑会议，得到非洲国家的热烈赞同。2006年11月1日至6日在北京举行中非峰会暨"中非合作论坛"第三届部长级会议。几十个非洲国家的元首或政府首脑与会。这是新中国成立以来第一次大规模的中非领导人聚会，也是在北京召开的中外关系史上前所未有的国际盛会。这次峰会通过了北京宣言，集中反映中非对重大国际问题、非洲问题以及中非关系问题的看法和共同立场；还通过"北京行动计划"，对中非未来3年的合作进行全面规划。中非双方领导人在这次历史性峰会上共商长期合作大计，必将推动中非关系全面迈上新台阶。中非合作论坛已成为中国和非洲国家开展集体对话的重要平台和进行务实合作的有效机制。

（二）相互依存的中非新型战略伙伴关系

《中国对非洲政策文件》是指导我国开展新时期对非洲工作的纲领

性文件，具有极其重要的历史意义和现实意义。文件中提出的中非新型战略伙伴关系，主要包括政治、经济和文化交流三个方面的内涵。从政治上看，双方是平等互信、相互信赖和相互支持的战略伙伴。从经济上看，中国与非洲是优势互补、互利共赢的合作伙伴。从文化交流上看，中国与非洲应当成为共同推动人类文明繁荣与进步的平等伙伴。这种中非新型战略伙伴关系主要体现在目前中非关系的形式和特点上。

中非关系的形式可概括为多元化、多层次、多渠道。多元化表现为各个领域，如政党、外交、经济、社会、文教、医疗、军事等。以经济合作为例，有贸易、投资、合资、承包、咨询、援助、技术合作等形式，形成了"大经贸"的格局。多层次指双方交往既有中央高层，也有省市地方，既有国企，也有民营，既有政界，也有商界。以中国对外援助的重要形式——人才开发为例，既有部长级官员培训，也有技术人才培训等。多渠道的交往表现为官与民并重，既有首脑和高官的会晤，也有民间的交流；既有国企项目投资，也有小商贸互通有无。中非关系主要表现为首脑外交、平等观念、互利双赢和规范机制等四个特点。

1. 首脑外交

"首脑外交"指国家元首和政府首脑直接参与对外政策的制定和实施。在外交活动中首脑接触对直接交流、协商问题、建立互信起到关键作用。中非之间如此频繁的首脑外交不仅在其他国家与非洲国家关系中绝无仅有，在中国与其他大陆的关系中也十分罕见。首脑外交对中非关系产生了重要意义：这一方式本身即体现了建立多极化国际秩序的努力；直接会谈可增进友谊、排忧解难并促进共识。更重要的是，首脑外交体现了平等观念。

2. 平等观念

中非关系的平等可谓国际关系的楷模。首脑外交传递的信息之一是中国领导人愿与非洲领导人保持平等关系。平等意味着尊重主权、互利合作、磋商协调。中国对外政策最具特色的不干涉别国内政的原则、中非合作提出的互利双赢及加强磋商机制都是平等观的表现。

3. 互利双赢

在国际舞台上，中非互相支持。中国在联合国秘书长人选和安理会改革问题上支持非洲，非洲在人权和台湾地区等问题上支持中国。经济合作的互利表现在经贸交往、技术援助、人才培训、减免债务方面。2004年，中国驻非的非金融类企业达715家，投资项目分布在4个国家；新签承包劳务合同额67亿美元，完成营业额4亿美元；当年向43个非洲国家提供了各类援助12笔。中国对外援助的理念是：援助是相互的，不附带任何条件，并从20世纪80年代起一直为非洲培养人才。2005年，中国为非洲培训各类人员3868名，培训内容涉及贸易投资、经济管理、网络通信、农业新技术等，培训对象包括政府官员和技术人员。尽管中国对非洲的援助属于"穷朋友之间"的相互帮助，中国还是按照国际惯例实行了债务减免行动。商品免税，给予16个非洲国家公民自费旅游目的地国地位，对出口纺织品限额问题进行磋商都是力争互利双赢的表现。温家宝总理在访非时提出的对非经贸关系三个着力点也表现了互利双赢哲学。

4. 规范机制

1999年10月，中国和南非正式提出中非合作论坛的设想。2000年4月，签署了《比勒陀利亚宣言》，强调要实现世界政治多极化，加强两国关系和中非合作。在各方努力下，中非合作论坛第一届部长级会议于2000年召开；2002年4月，《中非合作论坛后续机制程序》正式生效，保证了论坛机制规范化。在2003年中国提出发展中非关系的四点建议：相互支持、加强磋商、协调立场、深化合作；发表了《中非合作论坛——亚的斯亚贝巴行动计划（2004—2006）》，对双方未来三年合作进行了规划。中国对外援助工作已逐步规范化、科学化和制度化。

中国制定各种法令或办法，以促进对外经贸活动的规范化。

可以说，国家领导人之间的外交奠定了中非关系的基础，平等观念是中非关系的灵魂，互利双赢是中非关系的实质，规范机制是中非关系持续发展的保证。

二、中国与中东国家的关系

冷战结束后，中国的国家利益在安全、政治、经济、文化等方面有了新的变化，而其反映到中东地区，就是地缘战略利益、能源安全利益、国际政治利益和经贸利益四个方面的变化。地缘战略利益是指因苏联解体导致中东、中亚地区的政治格局发生重大变化，从而使中国在消除了前苏联的军事压力后又不得不面对美国独霸中东，插手中亚所造成的在中国西部与中国东部（韩国、日本、台湾）相夹之势；同时中国更要严加防范中东与中亚地区的三股势力（伊斯兰极端主义、恐怖主义和民族分裂主义）对中国新疆稳定造成的危害。能源安全利益是指因中国经济的高速、持续增长，在石油资源短缺的情况下不得不大量进口石油所导致的能源安全隐患。国际政治利益是指中国与中东国家在国际舞台上为相互利益所采取的良性互动与合作。经贸利益是因双方经济发展而加强经济合作和互利贸易。

上述四大利益不可能把中国与中东国家的所有利益关系全部概括进去，一定还有许多其他利益的存在。例如文化利益一向被视为国家利益的重要组成部分。

中国在中东的四大利益并非一成不变。随着中国社会经济的不断发展及地区和世界大环境的变化,中国在中东的四大主体利益的重要性排序不断发生变化。这种国家利益的客观变化主要受内外两个因素的影响,即国家外部环境的变化和国家内部的变化。

(一)中东在中国对外战略中的重要地位

中东国家与中国同属第三世界,同时又是其中非常特殊的一个群体。中东具有重要战略位置、丰富的石油资源和独特的历史文化,这三大因素注定中东在现代国际体系中占有非常重要的地位。中国同中东国家一直保持着良好的关系。近年来,随着中国综合国力和国际地位的不断提升,以及中东国家对中国的兴趣的日益增强,同时中东地区作为我国周边战略的重要组成部分和主要的能源供应地,对我国国际战略和能源安全的重要意义日渐凸显,我国与中东国家的相互依存度增加。中东国家在地理位置上虽不直接与我国接壤,但鉴于它们对我国有特殊重要性,其在我国对外战略中应享有与我国周边国家同等重要的地位。中东地区对我国外交战略的特殊意义在于:

中东是我国周边的战略延伸。作为我国西部周边的战略延伸地区,中东地区形势的走向以及该地区一些"泛"民族主义和极端宗教思潮对我国的安全和稳定有直接的影响。

中东石油关乎我国的能源安全。能源安全是国家安全的基础之一,是影响国家可持续发展及和平稳定的战略性问题,具有牵一发而动全身的意义。目前,我国石油生产增长速度远不及经济发展对石油需求的增长。有关资料显示,未来20年中国石油产量只能满足国内需求的50%,其余将不得不依赖进口。而进口石油中至少有一半来自中东。中国实行扩大改革开放以来,经济连年保持高速增长。未来20年对中国来说是一个"必须紧紧抓住并且可以大有作为的重要战略机遇期",中国要保持高速发展势头，必须解决经济发展中的资源短缺和商品积压的问题。中东作为世界上资源最丰富且市场潜力巨大的地区，无疑是我国实施这一政策和战略的最佳区域。近年来，中东形势总体趋向稳定，各国经济调整初见成效，正在或即将迎来一个新的发展时期。中国加入世贸组织后，企业走出国门势在必行，中东应是可供选择的地区，具有良好的开发前景。

中东国家是我国和平发展所必须借重的政治资源。中国近年来经济快速增长，综合国力增强，对地区事务的影响力明显增大。中国在发展已是不争的事实，中国外交也相应地呈现出由地区性向全球性转变的趋势，特别是"9·11"事件后，中国外交实行"走出去"战略更是形势所迫。中国将继续积极参与多边外交活动，在联合国和其他国际及区域性组织中发挥作用，支持发展中国家维护自身的正当权益。

可以预见，未来中国将在国际事务中发挥越来越重要的作用，而中东国家将成为中国在世界舞台上的重要的政治依托：一方面，中国的和平发展需要包括中东国家在内的广大发展中国家的支持；另一方面，中国要在国际事务中发挥作用，中东本身就是一个很好的舞台。此外，中东国家对中国的发展普遍投以赞赏和期待的眼光，为中国喝彩。同样，所有的阿拉伯人都认为，与中国在各个领域的协商、对话与合作将给双方乃至世界带来巨大益处。

（二）从战略上重视发展与中东国家的关系

鉴于中东在我国对外战略中具有特殊重要性，我们有必要从战略上重视发展与中东国家的关系，适当提升中东在我国对外战略中的地位，为现有关系注入新的内涵和活力：

第一，准确判断中东形势走向，积极开展与中东的外交，增强我国对中东的政治影响力。"9·11"事件后中东形势出现的一个新现象是，美国日益陷入与伊斯兰世界的对抗。因此，在中东始终会有我国积极开展外交活动的余地。

近年来我国高层领导多次访问中东国家，引起了热烈反响，取得了积极成果，极大地推动了我国和这些国家的关系。有关部门应开展相应的后续行动，以推动中国与中东国家关系取得新进展。当前应将同阿盟的对话与合作作为我国多边外交的重要组成部分，积极深化和充实"中阿合作论坛"的实质性内涵，不断为其注入新的活力。

中东国家深受恐怖主义之害，是我国开展国际反恐合作的关键所在和重要力量。因此，在反恐方面，既要同美国等大国合作，也要与中东国家合作。当前尤其要多倾听来自伊斯兰世界的声音，加强同伊斯兰世界的沟通，反对在国际反恐斗争中搞双重标准，或借反恐谋取霸权。

第二，将能源战略融入我国对外战略总框架，对中东地区展开能源外交，确保我国能源供应安全。我国具有利用中东石油资源的政治优势，我国和中东国家都保持着良好的政治关系。考虑到能源问题关乎我国未来几十年的发展大计，且今后我国在利用中东能源资源方面不仅要面对西方国家的压力，更要面临亚洲国家的激烈竞争，因此，我国急需建立起自身的能源外交战略和政策，要树立"双赢"和"多赢"理念，在与西方和亚洲国家共同利用中东能源资源方面，既要竞争，更要合作。

第三，要以发展和动态的眼光来重新认识与看待中东国家，并以国家利益作为我国推进与中东国家关系的根本出发点。21世纪，国际形势发生了深刻的变化，经济因素在国际关系中的作用凸显。中东地区虽然仍有诸多不稳定因素，且各国政治制度迥异、在民主化发展进程以及经济发展水平方面存在明显差异，追求的利益也不尽相同，但维护正当权利，发展民族经济的根本目标是一致的。

中东局势总体复杂，局部动荡，但发展是中东大多数国家当务之急。未来几年，中东国家要求保障自身经济利益和经济安全、改变旧的经济秩序将成为主流呼声。在这方面，我国与其他发展中国家有广阔的合作前景。因此，我国应一如既往地支持中东国家振兴民族经济、增强综合国力、改善人民生活的努力；以发展互利的经济合作为重点，加大同中东国家的经贸合作力度，全面提升中国与中东国家的贸易水平。鼓励有能力的企业增加对阿拉伯国家的投资，通过增加投资、尤其是加大对能源领域的投资，改善与中东国家的贸易状况，确保我国与中东国家经贸合作的持续平衡发展。

总之，在中东问题上应根据事态本身的是非曲直来做评判，采取相应立场，但在具体问题上则应根据自身的能力，做到有所为有所不为。只有这样，才能使中国和中东国家的关系维持一种良好健康的状态，才能使中国的和平发展得到持续有力的供应。

三、中阿关系

中国与阿拉伯国家文明交流源远流长。中华人民共和国成立后，以毛泽东为代表的党和国家领导人高瞻远瞩，双方在国际政治舞台上广泛合作。万隆会议的成功召开带来了中阿三次建交高潮。新时期中阿双方的战略合作具有坚实的政治基础：双方都强调开展文明对话，反对对抗，反对霸权主义和强权政治，主张建立公正民主的国际新秩序。未来双方经贸关系的发展将促进政治合作领域不断扩大。

（一）中阿关系的历史回顾

中阿关系源远流长，早在 2000 多年前双方就有了友好往来。陆上丝绸之路从中国的长安出发，经中亚，到达两河流域的名城泰西封，即今日伊拉克的麦达因，从泰西封再延至叙利亚、埃及。以后开辟的海上香料之路，是中阿间联系的又一条通道。这条路从中国的广州、泉州、扬州、杭州、明州（今宁波）出发，经马六甲海峡，至霍尔木兹海峡，然后溯幼发拉底河北上，至巴士拉、巴格达。另由霍尔木兹向西至阿曼的苏哈尔，再至亚丁，沿红海北上至叙利亚、埃及。这是中阿间最早交往的历史。

在 2000 多年的交往中双方互通有无，学术共长，是真正的文明对话。即使在双方鼎盛时期，一方从未对对方造成伤害，在对方没有一块殖民地。2005 年，中国在纪念明朝航海家郑和下西洋 600 周年时，专家学者的纪念文章中都突出了郑和"和平之旅"的特点。

（二）中阿三次建交高潮

中国同 22 个阿拉伯国家均早已建立了外交关系，经过双方的不断努力，双边的友好关系不断深入发展。中国同各阿拉伯国家外交关系的建立不是在同一时期，大体可分为三次建交高潮期：

1. 万隆会议开启了中阿建交的大门。

1955 年 4 月 18 日在印度尼西亚名城万隆举办了划时代的亚非会议，体现了他们对联合自强的追求，激励着亚非人民在反帝、反殖、争取民族独立和解放的斗争中携手并肩，共同战斗。根据毛泽东的指示和安排，周恩来总理率领中国代表团出席会议，并为会议的成功做出了重要贡献。

可以说，万隆会议为中阿双方提供了一个相互了解的机会，中国也曾深受帝国主义和殖民主义的伤害，所以支持阿拉伯国家维护主权、争取独立是一种自然的立场。而彼此间的相互了解又为建立正式的外交关系打下了良好的基础。

埃及是同新中国建交的第一个阿拉伯国家。两国建交的政治基础是反帝、反殖、支持民族独立的共同立场，经历了相互了解，先民间，后官方，文化、经贸开路，最终达到政治上建交的目的。

2. 中国恢复在联合国的合法席位带动了中阿建交的第二次高潮。

1971年第26届联大再次讨论中国问题时，于10月25日先是以多数票否决了美、日关于中国问题是"重要问题"，需以三分之二的多数通过提案后，接着以76票赞成、35票反对、17票弃权的结果，通过了恢复中国在联合国合法席位的2758号决议。

恢复新中国在联合国的合法席位，打消了一些国家同中国建交的一个重要障碍。从1971年到1978年，中国同阿拉伯国家兴起了第二次建交高潮，这一时期同中国建交的阿拉伯国家有6个，它们分别是：科威特、黎巴嫩、科摩罗、约旦、阿曼、利比亚。

3. 中国实行扩大改革开放政策，推动中阿实现了第三次建交高潮。

1981年底，中国进入了扩大改革开放的年代。对内，集中一切能力发展自己，实行有中国特色的社会主义市场经济，至今，经济已实现了连续28年的高速增长。这一快速增长已给世界经济带来重大影响，其经济发展对能源需求的不断增长更引起阿拉伯国家的关注。对外，政策上做了调整，主要是理顺了和不同类型国家的关系。

从1979年至1990年，中国同吉布提、阿拉伯联合酋长国、卡塔尔、巴勒斯坦、巴林、沙特阿拉伯王国等6个国家建交。至此，中国同所有的阿拉伯国家建立了外交关系。在这一批阿拉伯国家中，主要是海湾国家。这些国家都是政教合一国家，伊斯兰教处于权威地位，沙特更是这一宗教发源地，它们同中国在意识形态上自然存在差异，这可能就是双方建交推迟的原因之一。当中国以联合国常任理事国的形象、开放的思维出现在国际舞台，当国内各种宗教都受到尊重，教众信仰、履行宗教功课享有充分自由被外界所了解后，中国和上述国家在宗教问题上的障碍自然得以消除。

（三）新世纪的中阿关系

在新的世纪，顺应要和平、谋发展、促合作的世界潮流，中阿双方在新世纪一开始就采取了一系列加强双方合作的步骤，体现了进一步合作的良好愿望。这种愿望基于彼此的相互尊重以及双方对国际事务所持的相同和相似的立场。阿方赞赏中国一贯支持阿拉伯人民正义事业和合法权益的坚定原则立场；中方赞赏阿拉伯国家应对挑战、加强团结协作、促进经济社会发展的积极努力。在此基础上，双方于2004年1月30日成立了"中国—阿拉伯国家合作论坛"，成为双方进行交流与合作以密切双边关系的一个新的平台。此外，中方还采取了两个重要举措，一是于2001年12月21日成立了"中国阿拉伯友好协会"；二是于2004年提出了发展中阿新型伙伴关系的四项原则：以相互尊重为基础，增进政治关系；以共同发展为目标，密切经贸往来；以相互借鉴为内容，扩大文化交流；以维护世界和平、促进共同发展为宗旨，加强在国际事务中的合作。这四项原则既符合中阿关系的现状，又为这一良好关系的发展提供了强大动力，也完全符合成立中阿合作论坛的宗旨。

（四）中阿须建立新型战略伙伴关系

中阿双方在资源和市场的互补性方面，实际已奠定了互惠、互助、互利和多赢的"战略伙伴关系"的物质基础。

"9·11"事件后，受美国不断扩大化的国际反恐的影响，以美国为首的西方世界与中东阿拉伯国家的关系日益紧张，加之美国在中东和平进程、反恐、民主、人权和核技术开发等方面长期坚持双重甚至多重标准，使得当前中东地区的局势动荡不安。

在强权政治、恐怖主义和一系列非传统安全领域问题的挑战中，继续推进经济全球化、世界多极化及国际关系民主化的进程，是包括中国和阿拉伯国家在内的世界人民的强烈愿望。

在这样的国际大背景下，中国新一代领导集体审时度势，提出了构建"和谐世界"的新理念，主张世界应"和而不同"，呼吁地球村的村民学会彼此尊重，学会"各美其美，美人之美"，从而实现各个国家、各个民族、各个文明、各个宗教之间的"美美与共，天下大同"的和谐目标。"和谐世界"理念的提出顺应了四大时代潮流："第一，经济全球化的迅速发展和世界各国相互依存度的加深；第二，高科技的发展和跳跃式的影响使得国际力量对比不断变化，速度惊人；第三，非传统安全、特别是恐怖主义威胁的国际化趋势；第四，世界多极化的发展趋势及其全球性的影响。"

"和谐世界"是对中国儒家"合和"思想和价值取向在当代国际关系中的延伸和运用，它与中国古代"和为贵"外交传统中的"王道"思想一脉相承，而与美国的"霸道"外交思想针锋相对。"和谐世界"把中华传统哲学的精髓凝聚其中，彰显了中国文化的力量，提升了中国的软实力。"和谐世界"是中国对人类未来理想世界的独特诠释，扩大了中国在全球话语体系中的影响，彰显了大国风范。

中国提出构建和谐世界的主张已受到爱好和平、盼望和平的世界各国政府和人民的好评。中阿之间已建有"中阿合作论坛"，但从构建和谐世界的目标与拓展中国外交的"大周边"角度来看，我们应进一步提升未来的中阿关系，使之达到政治、经济、金融、文化、安全等所有领域的战略高度。

近年来中国和阿拉伯国家间频繁开展的元首外交与高层外交，已经清晰地表达了双方提升战略合作关系的迫切愿望。2006年中国提出了进一步推动新世纪中阿友好合作关系更快更好地向前发展新主张：（1）加强政治合作，巩固和充实中阿关系政治基础；（2）加强经济合作，努力开拓创新，实现互利共赢；（3）加强文化合作，扩大对话交流，弘扬传统友谊；（4）加强国际合作，密切协调配合，促进和平稳定。同时，双方要通过双边和多边合作，共同应对全球性挑战，倡导以协商对话方式和平解决地区争端，推动多边主义和国际关系民主化、法治化，共同建设和谐世界。

当前和今后的世界局势将长期处于"总体和平、局部战乱，总体缓和、局部紧张，总体稳定、局部动荡"之中。"9·11"事件以来，霸权主义与国际恐怖主义日益成为威胁当今人类和平发展事业的两大公敌，中东地区正是这两大威胁集聚的主战场。伊拉克战争后的地区局势、国际能源供应等非传统领域的安全形势均十分严峻，需要通过中国当前和今后的全球外交战略进行适时的调整，既要审时度势，又要有所作为，中国在当今全球性重大事务中要进一步发挥负责任大国的作用，在"公平、正义、合作、共赢"的原则下，维护我国"大周边"良好的外交关系，争取和平稳定的国际环境、睦邻友好的周边环境、平等互利的合作环境和客观友善的舆论环境，为全面建设小康社会服务。

中国建国以来，一直在努力探索和推动实施"大周边"战略的物质基础。就中国与中东阿拉伯世界的未来关系模式而言，如双方都能立足于"大周边"的战略高度，顺应人类和平与发展的时代需要、携手共建和谐世界，那就有助于深化双方各领域的合作，实现互利共赢，真正构建起一种卓有成效的中阿新型战略合作伙伴关系来。

第九章

综合国力：中国和平发展的现实基础

恰当地估量中国的综合国力，准确地定位中国于世界之地位，是制定中国对外战略和发展战略的前提。第二次世界大战后，美苏冷战40多年，美国不但给苏联制造了许多假象，极尽全力吹捧戈式的改革和形象，并培养了许多忠实的内奸，同时编造了许多谎言，歪曲了历史，而且摧毁了苏联的文化、英雄、领袖和信仰。没有文化，就没有国家。所以，苏联最终被美国和平演变，解体成碎片。

另外，美苏两个超级大国的常规军备竞赛和核军备竞争越演越烈，军事力量特别是核力量似乎成了国家实力的标志。美苏军备竞赛的结果是使苏联在美国的谎言之下背上了沉重的包袱，最后造成苏联崩溃灭亡、美国不战而胜。

冷战结束后，各国吸取了苏联的教训，把注意力集中到发展经济为重心、以军事实力为后盾的综合国力竞争上来。"所谓综合国力是指一个主权国家赖以生存、发展所拥有的全部实力。它包含文化、历史、领袖、英雄、精神、信仰、自然、社会、物质、法治以及潜力和由潜力转化为实力的机制、资源、经济、军事、政治、科技、教育、外交和民族意志力、凝聚力等各种要素相互作用的综合体。"可以预言，21世纪的国际竞争主要将是综合国力的竞争，尤其是文化、教育、宣传、信仰、精神、领袖、英雄等软实力和高科技硬实力的竞争。经过扩大改革开放，中国的综合国力有失有得。在未来20至50年，如果中国能认真总结经验和教训，正视现实，补失扬得，必将成为世界级的综合性强国。有人认为世界强国有四个标准：即经济发展不但民富国强而且处于世界前列；军事战略和装备处于领先地位；文化、宣传、信仰、精神、民族团结性能影响全球；政治的清正廉洁和影响力世界最大。目前符合这些标准的只有唯一的超级大国美国，美国在综合国力的竞赛中依然保持着"全能冠军"的荣耀。

评估中国的综合国力，是一项复杂而庞大的工程，往往是"横看成岭侧成峰，东西南北各不同"，按照综合国力的基本要素对世纪之交的中国的综合国力以及中国对世界经济、政治、文化、军事等的影响做出粗浅的分析。

一、硬实力：综合国力的基础

（一）基础不牢、地动山摇。中国地缘辽阔，人口近十四亿，拥有成为世界大国的基础

国土、人口、资源是构成国家实力的自然物质基础，是世界大国的必备条件之一。中国是世界上陆地面积最大的国家之一，而且还拥有绵

长的海岸线和众多的岛屿。地域广大，山川纵横，为中国的发展提供了广阔的战略空间，拥有巨大的回旋余地。在扩大改革开放的今天，中国辽阔广大的地理优势，为沿海、沿江、沿边的对外开放战略提供了便利。

中国虽然国土广大，但人均自然资源较少。耕地面积人均不足一亩。而扩大改革开放以来，许多草原面积被沙化，矿产资源无序开采，土地、水、空气、整个生态被污染，森林被砍伐。

而中国水能蕴藏量有近 618 亿千瓦，居世界第一。新中国成立以来，星罗棋布的水电站为中国的经济发展提供着源源不断的电力，对中国的经济发展起到不可估量的作用。中国的矿产资源较为丰富，跻身世界六大资源国之列。全国已发现矿产种类 168 种，矿产地近 20 万处，探明储量的矿种有 152 种，其中有 20 多种矿产储量位居世界前列。

国土、资源是世界大国的必备条件之一。新加坡资政李光耀把世界各国比作一个大森林，形象地说："现在有大树，有小树，还有藤蔓。大树是俄国、中国、西欧、美国和日本。其他国家中，有些是小树，可能会变成大树；但绝大多数是藤蔓，它们由于缺乏资源或领导，将永远成不了大树。"李光耀所列举的"大树"中，除日本外，都是国土广阔、资源丰富的国家和地区。日本是世界公认的经济大国，但由于日本是地处东北亚一隅的岛国，狭小的国土和贫乏的资源，使日本成为世界大国显得底气不足。

人口是综合国力的重要因素，没有一定的人口基数是难以成为具有全球影响力的大国的。现代国力研究的集大成者美国学者汉斯·摩根索认为人口数量是国家权力所依赖的因素之一。他宣称，在其他因素大致相同的条件下，与其竞争者相比，一国人力的急剧减少标志着国家权力的下降，而人力的急剧增加则意味着国家权力的增长。

当然，人口的多寡必须有一个限度，当该国的人口超过生产力所能承担的界线时，国家将会因负荷沉重而使国力变弱。在现实的中国，再大的数字除以 14 亿，将会变成小数；再小的问题乘以 14 亿，将会变为大数。另外，支持一国实力的人口因素不仅要看数量，更重要的是要看人口质量。

国民教育程度、健康状况、寿命长短、生活方式、价值观念、民族性格、国民士气、基本技能状况、社会年龄结构等都对国家实力产生重要影响。其中，作为现代国家衡量标尺之一的教育水平越来越引人注目。从长远的角度分析，教育水平与国家实力指数成正比例关系。教育水平既与该国国民的基本技能相联系，又影响着国民对政府政策的理解水平和认同程度。从人口因素的数量和质量两个角度分析，中国"既强又弱"。中国人力资源的富有举世皆知。中国还是一个统一的由 56 个民族组成的内部凝聚力很强的多民族大家庭。丰富的物力、人力资源，构成了中国经济发展的有力要素，蕴含着中国国家实力的较大潜能。

（二）中国经济繁荣、增长迅速，是一个发展中的经济大国

中国人民在中国共产党的领导下，经过半个多世纪的发展，经济建设取得了伟大的成就，经济实力显著增强。中国已建立了一套比较独立、完整的工业体系和国民经济体系。2005 年，全年国内生产总值 182321 亿元，按可比价格计算，比上年增长 9.9%，略低于上年 10.1% 的增长速度。来自国家统计局的最新统计数据表明，2006 年中国国内生产总值（GDP）为 209407 亿元，按可比价格计算，同比增长 10.7%，比 2005 年的增速高 0.3 个百分点。自 2003 年至 2006 年，中国 GDP 增长速度分别为 10.0%、10.1%、10.4%、10.7%，增速连续四年达到或超过 10%。

以上统计和排名是按美元汇率计算的，并不反映中国的经济实力和人民生活水平。

中国经济迅速发展的同时，中国主要工业产品的产量在世界上的名次不断上升。早在1996年，我国钢产量首次突破1亿吨，跃居世界首位。原煤产量达1318亿吨，保持世界第一。发电量超过1万亿千瓦小时，世界排名第二。原油产量达1158亿吨，居世界第五位。化肥产量居世界第三位，水泥产量居世界第一位。中国的粮食产量1998年达419亿吨，较1949年增长3倍。中国解决了近14亿人的温饱问题，被称之为"世界的奇迹"。

扩大改革开放以来，中国经济增长速度大大高于世界经济平均增长速度，也高于发达国家的增长速度。中国经济总量的快速增长，决定了中国经济的世界排名前移、中国经济占世界经济总量的比例提高。1999年中国经济的世界排名为第七位，2000年前移至第六位；2000年，中国经济占世界经济的份额为3.4%，2001年提高到3.7%。2005年中国经济的世界排名为第四位。

科学技术是第一生产力。在党的工作重心转移到经济建设上来之后，科技发展战略也相应得到调整，新型的科技研究体制和科技成果转化机制已基本形成。中国目前已拥有一支数量可观、实力雄厚的科技队伍，但与发达国家相比，科技实力的差距还相当大。时不我待，中国应该在世界高科技领域占有一席之地。

中国的对外贸易自扩大改革开放以来有了迅速的扩大和增长，1979至1993年，中国进出口总额年均增长16.2%，其中出口增长16.1%，进口增长16.2%。1994年全年进出口总额首次突破2000亿美元大关，达到了2367亿美元的水平，比上年增长20.9%，居世界第十一位，中国已是一个新兴的贸易大国。2003年中国进出口总额达8512亿美元，2004

年中国进出口总额达 11547 亿美元，2005 年中国进出口总额达 14221 亿美元，2006 年中国进出口总额达到创纪录的 1.76 万亿美元，增长 24%；其中出口 9691 亿美元，增长 27%；进口 7916 亿美元，增长 20%。

1998 年中国外汇储备达 1450 亿美元，外贸顺差 436 亿美元，实际利用外资 589 亿美元。到 2006 年底中国外汇储备余额突破万亿美元大关，达到 10663 亿美元，全年外汇储备增加 2473 亿美元。从外汇储备数额增长看，1981 年底首次达到 27 亿美元；1990 年底首次突破 100 亿美元，达到 110.9 亿美元；1996 年底首次突破 1000 亿美元大关；2001 年底跨过 2000 亿美元的门槛；2004 年底达到 6099 亿美元；2005 年底达到 8189 亿美元。2006 年 2 月底，我国外汇储备增长到 8536 亿美元，已超过日本成为全球外汇储备最多的国家。

而这些惊人的数字背后是畸形的产业结构和混乱的社会秩序，其必将使中国付出沉重的代价，也潜伏了极大的危机。我们必须清醒地看到，尽管中国的经济总量可观，但毕竟人均占有量很小。另外，按联合国人均每天消费 1 美元衡量，中国还有 1 亿多人处于贫穷状态，其中全国尚有三千多万人温饱问题还未解决。

总之，从综合国力的实际情况看，中国既有总量可观的实力，在世界上的地位呈上升趋势，又毕竟是一个尚未根本改变贫穷面貌的低收入国家。中国既大又小，既是名副其实的大国，又是名副其实的小国。所谓小国，就是中国还是发展中国家，还比较穷。中国只有长期奋斗，才能赶上发达国家的水平。

（三）中国拥有核威慑能力和强大的常规军事力量

军事力量是构成国家实力诸要素中的一个重要因素。军事手段是各国推行国际战略和对外政策的传统手段。20 世纪 90 年代中期以后，随着国际形势的缓和及各国战略的调整,军备竞赛的水平开始下降,国际竞争的重点开始转向综合国力的较量,但是,军事力量仍然是综合国力的一个重要构成因素。在国际社会中,国家之间的矛盾与斗争是长期存在的,军事手段作为解决这种矛盾与斗争的一种手段,也必然会长期存在,而且它作为国际竞争的"杀手锏",可以成为综合实力竞争的"后盾"。

尤其值得注意的是,在现代科技迅猛发展的今天,高科技已经广泛运用到军事领域中,它将对和平时期军事威慑的有效性和战争时期的胜负起到至关重要的作用。海湾战争是一场以电子战为核心的现代高技术常规战。在战争中,以美国为首的多国部队,运用高科技实行"空地海天一体作战",取得了惊人的战果。海湾战争是一场现代条件下典型的高技术局部战争,它表明,高科技在现代战争中的地位和作用日益突出,现代化的军事力量在国际斗争中仍然起着不可替代的作用。

中国是一个军事大国。中国人民解放军历来有以劣势装备战胜优势敌人的光荣传统。在新的历史时期,中国人民解放军根据新时期军队建设思想和"政治合格,军事过硬,作风优良,纪律严明,保障有力"的总要求,不断加强革命化、现代化、正规化建设。现在我军已发展成为包括陆军、海军、空军、战略导弹部队和其他技术兵种在内的诸兵种合成军队,现代条件下的防卫作战能力大大增强,并建立起完整的国防科技和国防工业体系。中国不仅能独立研制各种型号的坦克、大炮、飞机、舰艇以及科学试验卫星、通讯卫星、侦察卫星等各类人造卫星,还能制造原子弹、氢弹,并具有中远程运载能力。迈向现代化的人民军队不仅能反击外来侵略、保卫我国的安全和社会主义建设事业的顺利进行,而且具有稳定国际局势的重要作用。

中国的军事力量从总体上看位居世界前列,但中国军费很有限。

1997年中国军费开支为805亿人民币，按美元汇率计算，不到100亿美元。斯德哥尔摩国际和平研究所发布的世界军费开支情况报告显示，美国2005年的军费占全球军费总开支的47%，而同年中国国防费用仅为255.79亿美元。2006年中国军费开支达到351亿美元。2007年的中国军费开支达到450亿美元，比上年增长17.8%。作为世界人口最多的国家，中国国防费的绝对值不足美国的十分之一，人均国防费更是不到美国的二百分之一。除此之外，中国国防费在国家财政支出中所占的比例、与国民生产总值的比值，人均国防费与人均国民收入的比值，也均低于发达国家。

与世界主要国家相比，军费仍然是很低的，在今后相当长一段时间里，中国也不会与其他大国攀比军费的高低。中国军队现代化的道路在于走有中国特色的精兵之路，从数量规模型向质量效益型转化，从常规武器向高、精、尖武器提升。

二、软实力：综合国力基础的保障

保障一乱，国家完蛋。中国民族较多，信仰各异，但中华民族的总体信仰、价值观念、文化、教育、道德、精神、历史、领袖、英雄、卫生、宣传等这些软实力的要素决定人民和国家梦想的实现。谈论一个国家的实力，必须要讨论其软实力，因为它是国家综合实力基础的保障。在对苏联的解体和伊拉克战争中，美国自己的软实力和硬实力得到了充分的展示和验证：对伊拉克仅用20多天的时间就推翻了一个主权国家的政权。对苏联的解体，美国主要是利用自己的软实力摧毁了苏联的软实力，使苏联失去了综合国力的保障，从而不打自亡。

那么，什么是软实力？它包含哪些要素，又能起到什么作用呢？美国外交政策理论家约瑟夫·奈最早明确提出了"软实力"的概念，其代表作是一部名为《美国实力的悖论——世界唯一超级大国为何不能单干》的专著。他认为，所谓硬实力是通过军事大棒和经济胡萝卜使得别人屈从于自己的意志，而"软实力"则是通过文化意识形态感召而加以吸引的能力并挫败对方，"我们的价值观是软实力的重要源泉。硬实力和软实力皆至关重要，但在信息时代，软实力正变得比以往任何时候都更有影响力"。约瑟夫·奈认为，文化扩张和文化权力构成了当今国际关系上主权斗争的新领域，文化冲突和价值观念等"软实力"问题，恰好是今天把文明和文化引入国际关系中并成为巩固自身国际地位和维护自身国家利益而争夺"文化霸权"的新战略。

"软实力"是综合国力基础的保障，表现为一个国家在制度与文化层面的"魅力"和"民心"。软实力不但会增加一个国家的军事、经济等方面的硬实力，而且能使一个国家的硬实力更加易于被别国接受，减少国家使用硬实力时付出的代价，增强别国的认同感和向心力。集聚国家的凝聚力和战斗力，从而升华为一种伟大的信仰和精神。可见无论是在理论高度还是在国际政治的实践中，"软实力"都是极其重要的，尤其是在国际格局转换过程中，"软实力"的地位日益凸显。

关于"软实力"包含哪些要素，不同的学者提出了不同的内容和参数。有的认为包括国家的制度创新和规则制定能力、文化和意识形态的影响力、民族凝聚力、国家发展战略及决策机制等；还有的把国际形象、国际地位、国际影响力作为软实力的指标。概括起来，"软实力"是一个国家除了物质力量之外精神、行为等力量的总和。

中国的"软实力"如何，她的国际地位和国际影响力如何？这里主要从社会制度、文化、外交等方面探讨和阐述中国软实力在国际政治中的地位和作用。

（一）中国特色社会主义制度的生命力

制度是一种重要的软实力。制度的创新使一个国家居于国际关系的领导者地位并成为其他国家仿效的对象，从而在经济、政治方面获得极大的益处。从国际关系史上来看，居于国际格局主导地位的国家往往是制度创新者，早期的海上霸权国家西班牙、葡萄牙、荷兰以及后来的老牌资本主义国家英国，当时他们在经济、社会、文化等各方面都有制度创新的一面。

社会主义制度是人类崭新的制度，它反映了社会生产力的发展要求，具有历史先进性。帝国主义国家和现在以美国为首的西方世界对社会主义的封锁、扼杀、遏制，并不是因为社会主义是什么"妖魔"、"极权政体"，而是因为他们无法容忍你的存在和竞争。

我国的社会主义制度是我国的根本制度，包括一整套政治、经济、法律、文化制度，它铸造了自成一体的社会体系，在世界尤其是在发展中国家产生了极大的影响力。

毛泽东说："只有社会主义才能救中国。"邓小平说："只要中国社会主义不倒，社会主义在世界将始终站得住。"中国特色社会主义的强大生命力的影响力源于它对自身体制的不断创新和与时俱进的品质。苏联在社会主义建设过程中忽视制度创新，对改革重视不够，一句话，不重视软实力竞争，结果导致国家分崩离析。列宁曾说："劳动生产率，归根到底是使新社会制度取得胜利的最重要最主要的东西。"无产阶级在取得政权之后必须以经济建设为中心，尽最大努力把经济建设搞上去，才能体现社会主义制度的优越性。在这一过程中，必须坚持社会主义改革，保持社会主义制度创新的动力，从而使生产力获得极大的解放和发展。但在经济发展的同时，决不能弱化软实力的建设保障。

中国共产党是中国特色社会主义制度的缔造者，并带领中国人民进行着波澜壮阔的伟大实践。在当今世界上，许多国家和政党表达了对中国社会主义制度的认同，对中国扩大改革开放所取得的成绩的肯定，对中国共产党执政能力的理解。古巴共产党认为："中国人民取得了经济、政治、社会的重大进步，积累了在中国的特殊条件下建设社会主义的丰富经验。其成就成为一个令人瞩目的壮举。"

（二）中华文化的感召力和吸引力

中华文化是世界主流文化之一，在世界文明史中，中国文明是独具一格的文明。中国人曾在历史上创造过辉煌的时代，长期处于世界领先地位。中华文化的辐射圈除了本土还远及东北亚、东南亚、西亚，郑和下西洋的壮举及著名的丝绸之路把中华文化远播非洲及西欧大陆。中国创造的"四大发明"等技术文化对世界产生了深远的影响。可以说，没有指南针的发明就没有新航路的开辟，没有火药的发明就没有西方的殖民史。

世界上没有一种文化是封闭、隔离、不相往来的。每一种民族文化在长久的历史进程中，一方面要通过自身的创新变革文化，另一方面还要不断地引进吸收外来的文化。在这一过程中，中华文化不仅要保留自己的民族特色，而且要维护中华文化作为世界主流文化之一的地位。要达此目的，应在"保留"、"创新"和"引进"的同时，主动向外输出，尤其应注重输出民族性较强的优秀文化，为世界文明做出应有的贡献。

在古代，我国文化的输出、传播有两大特点。一是无意识的传播，是周边国家自愿前来学习或自愿接受所造成的，并不是中国人主动向外输出的结果；二是传播到世界各国的主要是技术文化，如古代的四大发明。日本在我国唐朝时期先后派出十三批遣唐使来学习中国文化，可见那时中华文化的实力地位。

在当今全球化浪潮下,中华文化向外输出具备前所未有的历史机遇。中华文化只有主动地向外输出,塑造和传播其优秀理念和价值观,扩大自己的影响力和辐射范围,才能使中华文化被世界所吸收,进而对当今世界政治产生深远影响。

中国主动向外输出自己的文化,不但应该,而且必要,理由有二:其一,中西两种文化虽然类型不同,但可以互补。中华文化重视人与人之间的关系,西方文化重视人与自然之间的关系。中西文化各有长短,"惟有合并二者,方为完全"。其二,在当代世界西方文化主导下,以个人主义为取向的价值观,刺激了"自我中心主义"的膨胀,误导了现代人的基本行为方式和道德心态,不仅导致了西方现代社会和现代文化的内在分化与冲突,而且导致了国与国之间、地区与地区之间的冲突日益复杂化和多样化。而中华文化的核心是"和","和"乃和平、和解、和睦、和谐、和美、和合之谓。求稳定,求和谐,求平安,相互忍让,相互理解,相互包容,相互不扰,互助互爱,以"和为贵",均是中华文化"和"的思想的体现。这一"和"的思想对于竞争激烈、矛盾重重、冲突频繁的当代世界来说是十分需要的。化解世界各种危机,缔造国际政治经济新秩序,十分需要中华的"和"文化。

中华文化的感召力就在于此,源于它与其他文化相比较之特殊性。英国学者罗素作为有先见之明的西方学者早就指出:"中国人统治别人的欲望明显要比白人弱得多,如果世界上有骄傲到不肯打仗的民族,那么这个民族就是中国。中国人天生的态度就是宽容和友好,以礼待人并希望得到回报。尽管中国发生过很多次战争,中国人天生的面貌仍是非常平和的。"当然西方世界确实也有极个别人一直在竭力鼓吹"中国威胁论",有些即使不持"中国威胁论"的西方人,对中国发展起来之后究竟将在世界上扮演什么样的角色也心存疑虑。事实上，从中华文化的核心考察中国的对外行为方式，这种忧虑是毫无根据的。

二战之后，文化已经成为影响冷战后国际政治的重要因素。这主要表现在：第一，文化已成为国家主权斗争的重要手段。一方面西方国家利用自己文化的所谓"民主"、"自由"等观念及宣传优势，规范和主宰国际秩序。美国的克林顿政府提出"政治和经济联系由于美国文化对世界的吸引力而得到补充，这是一种新的我们可以利用的'软力量'，在国外促进民主和人权不仅是一种道义上迫切履行的义务，而且是一种支持美国国家安全战略的可靠战略方式"，要不惜一切代价，"使走向民主的国家得到鼓励，使拒绝民主的国家付出代价"。另一方面，西方大国的文化扩张行为促成了广大发展中国家文化主权意识的觉醒。第二，文化要素不仅成为构成国家利益的要素之一，而且已经成为谋求其他国家利益的重要手段。首先，在冷战后国家政治利益的实现越来越需要文化这种"软实力"的支撑。托夫勒指出，在支撑实力的支柱——暴力、财富、知识——之中，知识产生高质量的实力，掌握知识经济的核心——信息的生产和传播——的国家对于国际社会的局势已经产生越来越大的影响。其次，冷战后军事安全的科技含量也愈发提高，军事力量的对比其实就是科技力量的竞争，"软力量"已经切实地融入"硬力量"的内在结构之中，难以分离。

有鉴于此，中国如何积极采取应对措施，抵制西方大国的文化扩张和浸透行为，也是中国每一代领导人智慧和能力的体现。对内我国要大力发展社会主义先进文化，建设社会主义精神文明，培养社会主义"四有"新人，抵制西方腐朽思想和文化的侵蚀，巩固了社会主义制度，粉碎了西方对我"和平演变"的图谋；同时在保持和传承前辈优良传统的基础上，深入发掘本土文化精华，激发国民的积极性和爱国热情，并在以现代高新技术为基础的新文化领域积极展开与发达国家的竞争。宣传和弘扬中华优秀传统文化和和平思想,在世界扮演和平推动者和维护者的角色。继承和发扬毛泽东带领中国共产党在艰苦卓绝的斗争中建立了新中国的伟大精神和思想,以及以身作则、为民服务的高尚品德。

江泽民 1991 年 5 月在莫斯科访问时,曾引用了墨子的名言"强不执弱,富不侮贫",在世界范围内宣扬中国的和平文化。随后的上海五国会晤形成的"上海精神"宣扬尊重多样文明,促进共同发展的理念,认同和理解各民族的文化差异,维护地区和世界的和平与稳定。胡锦涛主席又主张中国的和平发展,建设一个"和谐世界"。我们相信中华文化一定能在世界上创造新的辉煌。

(三)独立自主的和平外交的国际影响力

常言道:"弱国无外交",它道出国家实力的强弱对外交的制约和影响;反过来,一国正确的外交路线和成功的外交运作却能提升国家的国际地位,增强国际影响力。因此,外交又成为一种重要的软实力,是硬实力的补充和支撑。历史上这方面的例子比比皆是。

中国独立自主的外交从新中国诞生结束了屈辱的历史之后就开始了。独立自主的和平外交路线的制定和运用是毛泽东主席在正确分析了时代主题的基础上实行的,它蕴含着深厚的中华和平文化的精髓。这一外交路线包括两方面的内容:一是处理国际事务坚持独立自主的原则,就是说对于一切国际事务,都从中国人民和世界人民的根本利益出发,根据事情本身的是非曲直,决定自己的立场和政策,不屈从于任何外来压力。在世界上表现出中国是一个真正独立的国家。中国不同任何大国或国家集团结盟,不搞军事集团,不参加军事集团,不参加军备竞赛,不进行军事扩张。二是解决国际争端争取用和平的方式,在国际事务中不搞强权政治。中国一贯主张用政治手段（外交谈判和中立调解等）和法律手段来解决国际纠纷和争端，反对诉诸武力或以武力相威胁。反对以任何借口干涉他国内政，更不能恃强凌弱，侵略、欺负和颠覆别的国家。中国从不把自己的社会制度和意识形态强加于人，也决不允许别国把他们的社会制度和意识形态强加于我们。

在外交实践中，我国始终将和平共处五项原则作为处理同一切国家关系的基本准则，不仅增强了同社会制度相同国家间的了解和密切合作，而且发展了同社会制度不同国家间的关系，使我们在国际社会，特别是第三世界国家中赢得了声望。几十年来，和平共处五项原则为世界大多数国家所接受，成为指导国与国之间关系的普遍原则。

中国历代领导人奉行独立自主的和平外交原则取得了显著的成就，不但提高了中国的国际地位和威望，而且尽可能促使中国周边安全环境得到改善。但未来的竞争将更加残酷，而中国唯有建立在儒、释、道、法四教基础上的中华文化，并牢记毛泽东"人不犯我，我不犯人，人若犯我，我必犯人"的千古绝句，才能傲然屹立于世界大国之位。

中华文化传统塑造了民族性格，影响着国家的对外行为模式。以儒家思想为主体的博大精深的传统文化体系培养了我国人民在对外交往中注重信义、讲究礼仪、厚往薄来、礼尚往来、爱好和平的美德。在当前围绕建立一个什么样的国际秩序而进行的国际政治斗争日益激烈的情况下，相信中国外交一定能在总结经验和教训的基础上做好大国外交。

制度、文化、外交（行为）三位一体，紧密联系。社会制度是核心，文化是支撑，外交是手段，构成了我国对外增强和维护国家利益的强大力量。三者都是国家的软力量，与硬实力互相补充。硬实力不能包打天下，软实力能够以柔克刚。我们的国际战略就是，坚持我国的社会主义制度，推动中华文化走向世界，充分施展外交手段，更大限度地在国际上维护我国的国家权益。正是中国在硬力量和软力量方面的快速成长,中国的和平发展才具有了现实基础,而中国的和平发展有赖于中国的综合国力的提升。

第十章

观念诉求：中国和平发展的理念基础

一、新安全观：中国安全战略理念的转变

（一）传统安全与非传统安全的比较

冷战结束后，随着国际关系和国际安全形势的发展，安全越来越超越单纯军事领域向其他广泛的领域扩展，非传统安全问题日益突出，以军事安全为主要内涵的传统国家安全观念与安全战略开始受到冲击。传统安全与非传统安全问题的相互交织与作用昭示我们，在认识现实安全问题、谋划国家安全战略时，必须兼顾传统与非传统安全的客观需要，在两者之间寻求有机的结合与平衡。

传统安全研究范畴，表现出以下五个鲜明特点：

首先，以理性主义为出发点。在对安全的理解上只注重客观现实的

威胁,即国家军事力量稳定与否,忽视对安全的主观认知,没有把心理因素引入安全政策的考量中。

其次,安全主体和重心是国家,强调国家是国际关系的核心角色和决定国际体系的核心单位,国家安全是在任何时候、任何场合下都应不惜一切代价加以维护的绝对价值。

另外,国家谋求安全的手段主要是国家权力或国家实力,特别是军事实力,依靠维持足够的军事防御力量以威慑或者在必要时防御外国的胁迫、袭击和侵略,但这并不意味着暴力是唯一手段。

最后,安全具有可分割性,强调其绝对性的一面。安全是否可分,是新旧安全观的重要分水岭,也是贯穿安全主体、安全要素、安全手段的中轴。传统安全理论坚持认为,由于国家间脆弱性和敏感性依赖程度较低,危害影响有限,"内传"、"外溢"或"扩散"现象不明显,不同国家、部门和领域之间能够独善其身。

(二)非传统安全问题的出现与特点

非传统安全问题自古就有,但20世纪70年代,"罗马俱乐部"发表的两份报告《增长的极限》和《人类处于转折点》是人类第一次"自觉"意识到非传统安全问题的存在,只是限于当时的发展水平,人们无法对它形成一个感性的认识。随着国际局势的缓和,越来越多的非军事性灾难和全球性问题成为国际社会实现和平与可持续发展的严重障碍,非传统安全问题日益引起人们的广泛关注,对它的研究也日趋深入。

第一,冷战结束使国际格局发生了质的变化。世界主要核大国之间的全面军事对抗和整体毁灭的可能性大大降低,被两极对抗所掩盖的地区性矛盾与冲突在冷战后纷纷爆发,如宗教极端主义、恐怖主义、民族分裂主义、难民潮已成为国际社会越来越突出的新的安全威胁。

第二，世界经济全球化、区域集团化所导致的全球相互依存关系日益加深。由于各国的国家利益在更大程度上扩散到全球，各国的命运也更多地与外部的稳定和发展紧密相联，利用外部环境发展经济的同时也面临着诸多挑战。如金融危机、跨国犯罪、高危传染性疾病、电脑黑客的袭击等网络安全都会在全球范围内引起共振。

第三，在工业文明时代人类过度崇尚经济主义。经济高速发展的代价是牺牲人类自身的生存家园，正如布朗在研究环境安全的潜在性与深远性时发出的感慨："遗憾的是，对国家安全的非军事威胁远没有像军事威胁那样明显。"因为最终导致生态系统崩溃的过程是逐步的和累积的，在它们进入困境或发生灾难之前，很少为人们所考虑到。如今，当人类品尝到自己所酝酿的恶果时，才把环境保护、能源的合理利用等问题提到了亟待解决的日程之中。

与传统安全不同，已经显现的非传统安全问题表现出了自身的特点：安全内涵和主体的多元化；爆发方式复杂；影响范围广泛；非传统安全的最可怕之处就在于会出现气象学中的"蝴蝶效应"，即事件相互激发并造成大范围连锁性的影响，任其恶化则将外溢，会对不同部门、地区甚至国家的安全与稳定造成重大损失；治理难度增大；国际合作尤显必要；应对心态更需开放；国际组织的作用突出。"9·11"事件发生以来，主要由非国家行为体参与实施，旨在解决低级政治领域非传统安全问题的国际协调和跨国参与活动在国际安全秩序的发展中发挥着越来越大的作用。

（三）新安全观：超越传统安全观

随着非传统安全问题的凸显，新的安全理念和安全观逐渐形成。一方面体现在对安全的重新定义上，普遍的共识是对安全的定义应该有一个扩大和比较宽泛的解释；另一方面，抛弃了传统的理性主义思维模式，用一种全新的反思视角看待安全问题，提出了新的安全理论。

所以，并非"安全越多越好"，而应朝着"非安全化"方向努力。哥本哈根学派的新安全理论并非尽善尽美，很多方面有失偏颇，但是无法否认他们在安全研究领域创新中的重大贡献和独树一帜。

综观各种传统安全理论流派和非传统安全的客观现实，我们可以获得许多思考与启示：

1. 安全是社会历史发展的产物，不同国家在安全观念和认知上既有共性也存在差异。在不同的社会历史条件下，不同国家有不同的安全认知和感受，即使是同一国家，在不同的历史时期或不同的发展阶段，它所面临的安全威胁也有所不同。

2. 人的安全与国家安全本质上都是国家利益的客观要求，不可将两者对立起来。全球化导致安全观念的外溢，它上溢到国际体系全球层面，下溢至团体、个人，横溢至政治、经济、文化、信仰、信用、责任、历史、精神、价值观、道德观、社会、环境、人类领域等，这种外溢使得个人成为安全关注的焦点之一，也成为国家安全的基础和保障。

3. 新的安全现实状况要求超越传统的安全观念与思维，但这并不意味着要以放弃主权为代价。全球化的发展、全球性问题的出现，使各国相互依赖不断加深，国家安全的内在特性发生了变化。

4. 加强安全领域国际合作的重要性日益凸显，唯此才能实现国家间的安全共赢。由于非传统安全问题构成的威胁是国际性的，解决和应对此类威胁就要求各国必须进一步拓宽思路，进行有效的广泛国际合作，积极参加各项地区多边安全机制和国际安全论坛，妥善处理国家间、文化间、民族间的分歧和矛盾，在互信与合作中实现国家间的安全共赢。

5. 作为发展中大国，中国在安全观念和安全战略的选择上尤其需要科学把握和应对全球安全形势的变化。

经过科学地判断和分析全球安全形势的变化，符合中国国家利益的安全观念和安全战略应该体现平等、普遍、和平、综合和制度化的特点，其主要内容包括：以和平共处五项原则为维护国际安全的基本准则，反对霸权主义、强权政治，建立和平稳定、公正合理的国际新秩序；反对使用武力和军事手段实现和平，积极推进世界多极化和国际关系民主化，维持全球战略的平衡与稳定，营造长期稳定的国际和平环境；无论大小、强弱、贫富，各国享有平等的安全权利，通过加强国际合作，有效地应对全球安全的挑战；充分发挥联合国的作用，建立和健全维护国际安全秩序的制度和机制；在认识现实安全问题、谋划国家安全战略时，必须兼顾传统与非传统安全的客观需要，在两者之间寻求有机的结合与平衡；坚定地在"软"、"硬"实力兼顾并科学发展的前提下，以经济建设为中心，增强国家的综合实力，巩固国家安全的经济、军事基础，建立稳定防范各种全风险的社会运行体制；构建体现中国现实影响的周边安全机制，创造睦邻友好的地区安全环境；积极参与改造国际体系与国际规则，努力拓展中国的安全利益。

（四）中国的新安全观：互信、互利、平等、合作

冷战结束后，国际安全环境发生了巨大变化，针对国际安全环境的变化及由此产生的新的安全问题，中国认为冷战时期的思维模式已经不适于维护冷战后的世界和平与地区安全的新形势，为了更有效持久地维护世界的和平与安全、促进共同发展，中国政府提出并积极倡导了新型的安全观念。

中国政府已经完整推出一个顺应历史潮流，符合人类共同利益的新安全观。"互信、互利、平等、合作"是其内涵的高度概括。互信，是

指超越意识形态和社会制度异同，摒弃冷战思维和强权政治心态，互不猜疑与敌视。各国应经常就各自安全防务政策以及重大行动展开对话与相互通报。互利，是指顺应全球化时代社会发展的客观要求，互相尊重对方的安全利益和重大关切，在实现自身安全利益的同时，为对方安全创造条件，实现共同安全。平等，是指国家无论大小强弱，都是国际社会的一员，应相互尊重，平等相待，不干涉别国内政，推动国际关系的民主化。合作，是指以和平谈判的方式解决争端，并就共同关心的安全问题进行深入的合作，消除隐患，防止战争和冲突的发生。

此后，中国领导人多次在双边和多边场合呼吁各国建立新安全观的同时，紧随时代的发展进一步拓展、提升新安全观的内涵。2005年4月22日，胡锦涛在雅加达举行的亚非峰会上发表的讲话中指出，在安全上"要树立互利、互信、平等、合作的新安全观，以对话增进互信，以协商化解矛盾，以合作谋求稳定，共同应对各种传统安全威胁和非传统安全威胁，维护世界和平"，同时他也第一次向世界正式提出了建设和谐世界的主张。在同年的9月15日召开的联合国成立六十周年首脑会议上，胡锦涛发表了题为《努力建设持久和平、共同繁荣的和谐世界》的重要讲话。在讲话中他对构建和谐世界的深刻内涵进行了全面系统的阐释，指出构建和谐世界的目标就是要实现持久和平与共同繁荣，为此呼吁各国要摒弃冷战思维，树立新型安全观；坚持多边主义，实现共同安全；坚持互利合作，实现共同繁荣；坚持包容开放，实现文明的兼容并蓄。和谐世界理念的提出，是对新安全观的继承、丰富与发展，也是新安全观在新时期与时俱进的体现。

中国的新型安全观是从维护国际安全、构建和谐世界的高度来阐述的，它否定了以冷战思维为代表的传统安全观念，它认为传统安全观不但无益于维护国际安全与实现世界和谐，而且还是造成当今国际社会不安全、世界不和谐状态的重要因素。

中国的"新安全观"将国家安全与国际安全结合起来，从维护国际安全和构建和谐世界的高度将构建和谐中国与建设和谐世界相统一，以实现人类的持久和平与共同繁荣为其最高目标。

（五）以维护国际安全、构建和谐世界的高度责任感积极践行新型安全观

中国是新安全观的积极倡导者，也是新安全观的积极实践者。中国政府从维护国际安全、构建和谐世界的高度责任感出发，以建设一个持久和平与共同繁荣的和谐世界为己任，积极践行新安全观。在当前，中国政府所倡导的新型安全观已成为我国对外政策的重要组成部分，成为新时期中国开展对外工作和处理国际关系的新方针。

第一，把积极调整与改善大国关系放在维护国际安全、构建和谐世界的首要地位，努力实现大国关系的伙伴化，成功构筑稳定和富有成效的战略伙伴关系网。为此，中国先后与各主要国家建立了各种层次的伙伴关系。同俄罗斯建立了战略协作伙伴关系，同美国建立了建设性伙伴关系，同日本建立了致力于和平与发展的友好合作伙伴关系，同法国、意大利、英国、西班牙等国建立了全面战略伙伴关系，等等。

第二，把睦邻、安邻作为维护国家安全和国际安全，构建和谐世界的关键，积极寻求通过和平谈判的方式解决与邻国的争议问题。目前，中国已与绝大多数周边国家通过互谅互让、平等协商解决了边界争端问题。在未决争议问题上，中国与有关各方就在争议地区保持和平稳定、通过和平手段解决问题也希望达成共识。2002年11月，与东盟就敏感的南沙群岛问题签署了《南海各方行为宣言》，确认通过友好协商和谈判，以和平方式解决南海有关争议。次年6月，与印度签署了《中华人

民共和国和印度共和国关系原则和全面合作的宣言》的纲领性文件，在解决两国由于历史原因造成的边界划界争端方面，中国重申了愿通过平等协商、寻求公正合理以及双方都能接受的解决问题的方案。在当前，领土争议已不再是中国与周边国家开展正常合作、发展睦邻友好关系的大的障碍，但领海争议还会有不同的变数。

第三，把加强经济交流与合作、实现互利与共赢，作为维护国际持久安全、构建和谐社会的根本措施，积极参与各种形式的包括区域内、区域外、多边、双边的经济合作，与有关各国共同努力，形成多渠道、多层次、多种形式的经济合作新局面。如通过积极参与亚太经济合作组织、亚欧会议的活动，积极推动东盟 10+10、东盟 10+3 等地区经济合作机制的发展，增进与各参与方的相互交流、信任与合作，从而有效地维护了本地区乃至国际社会的安全与稳定，为推动各国的共同发展做出了积极贡献。

第四，把坚持包容精神、尊重文明的多样性、致力于实现不同文明的和谐进步作为维护国际持久安全、构建和谐世界的思想基础。多年来，中国政府积极倡导维护世界多样性和发展模式多样化，倡导开放和兼容并蓄的文明观，尊重各国文化传统、社会制度、价值观念和发展道路的差异，使不同文明在竞争比较中取长补短，在求同存异中共同发展。中国政府积极推动国际文化间的多边对话与合作，多次举办以不同文明对话为主题的国际会议。2001 年，中国成立了博鳌亚洲论坛，2003 年举办了首届"亚欧文化与文明会议"，2004 年，推动亚欧首脑会议通过了《亚欧会议文化与文明对话宣言》；中国还向联合国递交了落实《不同文明对话全球议程》的报告，积极与多个国家签订文化交流合作议定书，与法国、俄罗斯等大国互办"文化年"等。以消除彼此的隔阂与疑虑，增强相互理解、相互宽容、相互信任，合作构建各种文明兼容并蓄的和谐世界。

跨国公司是世界经济发展的引擎，是人类文明与进步的引领者，也是世界和平发展的压舱石。一个国家、外国跨国公司和本国跨国公司的拥有数不但是经济发展的动力，也是多元文化融合、和平发展的助推器。

2003年，中国非政府组织——中国国际跨国公司促进会在中国国家领导人胡锦涛、温家宝、吴邦国和联合国与世界各国驻华机构的支持下，在跨国公司领袖积极参与下，发表了以"平等、诚信、合作、共赢"为主旨的《世界经济发展宣言》。其《宣言》发表28天，联合国以58届联大文件的形式将《宣言》发到了所有成员国，在国际社会产生了深远的影响。诺贝尔经济学家和中国经济学家联名在《人民日报》、《经济日报》上分别发表了"十论《世界经济发展宣言》"。时任联合国秘书长的安南先生在贺词中说：由中国倡导的《世界经济发展宣言》是对联合国工作和全球发展事业的支持。

2005年中国国际跨国公司促进会与联合国开发计划署、联合国贸易和发展会议、联合国环境规划署、联合国工业发展组织、联合国全球契约组织5个机构共同举办"国际跨国公司领袖圆桌会议"至今已成功举办了8届。联合国秘书长每年为大会发来贺信，并高度重视评价会议以跨国公司为主体，推动各国经济"平等、诚信、合作、共赢"的积极作用。

第五，把努力推动全球和地区安全合作机制的建设作为维护国际安全、构建和谐世界的重要途径。在全球安全机制方面，中国向来重视发挥联合国这一集体安全机制的核心在保障全球安全的国际合作中发挥的首要作用，积极参与联合国的维和活动；中国还积极支持在普遍参与和非歧视性的基础上，推进国际军控、裁军与防扩散进程，以维护全球的战略稳定。在地区安全机制方面,中国积极参与上海合作组织、东盟地区论坛、亚信会议、亚太地区安全合作理事会以及东北亚合作对话等地区性官方、半官方的多边安全合作。同美国、俄罗斯、日本、新西兰等国通过建立定期和不定期的双边安全磋商机制开展安全领域的对话与交流。

中国新型安全观的提出及其在外交上的成功实践,不仅为中国营造了睦邻友好的周边安全环境,而且也为维护世界和平与国际安全、构建和谐世界的努力做出了积极的贡献。实践已经证明,中国政府所积极倡导和践行的以"互信、互利、平等、合作"为核心的新安全观是符合和平、发展、合作的历史潮流的,有利于维护世界各国的共同安全和根本利益,有利于世界的和平稳定、共同繁荣,也越来越得到国际社会的认同,为新世纪维护世界和平与安全以及构建和谐世界做出了重要贡献。

当然,一个国家的外部安全不是一厢情愿的。中国对国际安全、国家主权安全不但有美好的愿望,也有积极的行动,但绝不接受他国的欺辱、威胁、侵略。要敢于"打得一拳开,免得百拳来",坚定地维护全球、地区、自身的安全。

二、从"革命者"到建设者与参与者:中国的国际身份转变

(一)中国的国际身份转变:对国家身份的再定义

一个大国的成长势必影响整个世界。自扩大改革开放以来,中国以经济建设为中心迅速发展,超乎世人想象的速度不断崛起。中国的国际地位不断提升,国际影响力不断扩大,国际角色发生转换,进而使国际社会对中国国际角色有了新的认知。中国的身份认同的转变主要表现为

三个认识方面：对国家身份的再定义、战略文化的再建构和安全利益的再思考。

中国国家身份经历着再定义的过程，从被西方社会认为一个革命性国家向现状性国家转化。这一转化过程从20世纪70年代初中国加入联合国这一国际地位的改变开始到扩大改革开放初期，这一转化过程明显加快并持续获得动力。

具体地说，中国的国际角色的转换主要表现为：

首先，中国从国际社会的"斗士"转换成现存国际体系的适应者。在新中国建立后的相当长时期内，因为西方国家对中国的长期封锁和挑起周边战争所迫，中国为了生存和发展，本着"人不犯我，我不犯人，人若犯我，我必犯人"的原则，进行战斗和斗争。并以"自力更生、发奋图强"，不屈不挠的斗争精神扩大自己的外交领域。从1949—1976年，中国已和世界160多个国家建立了外交关系。这种在封锁和打压中捍卫国家主权、领土完整、维护世界和平与稳定，同时在国内风清气正的内政外交战略及大无畏精神被称为"斗士"。20世纪90年代以后，随着国际环境的改变，西方国家进入中国市场需求和中国自身扩大对外开放度的不断提高和经济增长，中国参与国际体系的广度和深度都大大提高。

西方国家随着对中国市场的需要，中国对其要求的满足，甚至是"最惠国"待遇，中国从被国际体系的"革命者"转换成现存国际体系的参与者。

随着中国在联合国席位的恢复，现行国际体系对维护世界稳定逐步发挥了经济领域的重要性，而稳定的国际环境恰恰是中国现代化建设必不可少的。维护现存国际体系符合中国的发展利益，更重要的是，全球化本身的副作用越来越凸显，现存国际体系的局限性也越来越大，因此，中国关于建立世界新秩序的主张既没有必要改变也没有过时，但建立世界新秩序的前提不是彻底摧毁现存国际体系，而是在现有基础上进行必要的改革、补充、完善。实际上，中国与国际体系的融合程度越高，参与国际体系和改革现存世界秩序的能力就越强。

此外，中国也是文化多样性的推动者。

中国悠久的历史文明和近代中国所遭受的屈辱有关。灿烂的文明使中国拥有很强的历史优越感，而近代史上所遭受的屈辱则使中国人对自己一味讲"和"的文化产生了反思，同时对外来文化产生了吸纳。在全球化的巨大力量推动下，中国成为了文化多样性的积极推动者。

（二）中国的国际身份转变：战略文化的再建构

战略文化可以划为两类：刚性战略文化和柔性战略文化。中国随着在国际舞台上角色转换和影响，其战略文化也经历着再建构的过程，从一种较多地属于刚性的战略文化向较多地属于刚柔并济的战略文化的方向转化。

在中华人民共和国建国后的32年里，由于西方国家对中国的扼杀和封锁，并不停地挑起战争和冲突，中国对于战争和冲突的基本看法是：战争是不可避免的，冲突是人类事务中的普遍现象。对于对手的性质，强调对手本质的不可改变和战略意图的不可改变。对于与敌人之间的冲突的性质，则强调斗争、斗争的严酷性、将斗争进行到底和将敌人完全消灭的必要性。无论是国内的阶级斗争还是国际上对于中国形成的各种威胁都具有"零和"性质。二战以后中国所处的国际安全环境，尤其是美苏两个超级大国对于中国形成的威胁，使得这些战略文化的核心因素在与环境的相互作用中得到了进一步的加强，所以中国准备打仗、准备打大仗的意识在二战后的40多年里始终没有减弱，未来也不应该减弱。中国战略文化的实质和主导方面是刚性的斗争。同时也争取到了和平发展的机会。

随着中国在联合国地位的确定，并确定了以经济发展为中心任务的基本路线，决定把全党全国的工作重心转移到实现四个现代化方面来。与此同时逐渐弱化了斗争（国内和国际）的突出地位。随着中国领导人邓小平初步提出战争可以延缓的想法。1981年指出阶级斗争已经不是主要矛盾。1982年，中国共产党第十二次全国代表大会明确指出世界和平是可能的。1985年，中国提出和平与发展是当代的两大问题，认为战争至少十年打不起来。这表明，中国的战争观念发生了重大的变化，也说明中国对于战争在人类事务中的作用、对国际冲突的性质和暴力的功效等战略文化的重要因素，做出了不同于以往的定义。

中国第三代和第四代领导人表现出更加明显的柔性意识。以"要和平、求合作、促发展已经成为时代的主流。维护世界和平的因素正在不断增长。在相当长的时期内，避免世界大战是可能的"为指导并提出互信、互利、平等、合作是安全的核心，同时认为"世界各种文明和社会制度，应长期共存，在竞争比较中取长补短，在求同存异中共同发展"。

所以，20世纪80年代初中国新的战略文化开始显现；至80年代中期，这一战略文化的一些基本因素已经逐步形成；在80年代末至90年代初期的十几年的时间，尤其是90年代中后期至今，这些战略文化的重要观念有的仍处于形成阶段，有的已经在一定程度上得以内化，并在变化的国际环境中得到了加强。如果说中国战略文化最根本的变化，那就是从以强调斗争为核心的战略观念转变为以趋于合作为核心的战略观念。

（三）中国的国际身份转变：对安全利益的再思考

中国正在经历着对安全利益再思考的过程，从高度关注政治安全和军事安全到同时加强对经济安全的重视；从高度关注核心安全利益到同时加强对非核心、非传统安全的重视。所以，通过对中国国家安全利益的认知，大致可以把1949年至今中国安全观念的演化分为四个大的阶段。第一阶段：1949—1969；第二阶段：1969—1982；第三阶段：1982—1996；第四阶段：1996年至今。

从1949年新中国成立到1969年苏联入侵珍宝岛和尼克松出任美国总统为止。在这一阶段中，中国的安全考虑集中在核心安全范畴内的高位政治领域：政治、军事安全并重，经济安全处于十分次要的位置。

第二阶段从1969年中苏珍宝岛战役开始至1982年中共十二大宣告不与任何大国结盟的独立自主的外交政策为止。在这个阶段，对安全的认知虽然仍集中在核心安全范畴，但军事安全成为中国国家安全的中心，政治安全威胁感减弱。

第三阶段从1982年的中共十二大开始至1996年。在这个阶段，中国的安全观念仍然集中在核心安全领域，但开始从核心安全范畴中高位政治方面向低位政治方面转移，国家经济安全的重要性开始明显上升，政治安全和军事安全的地位相对下降。这是第二代领导人在安全领域表现出来的新的观念。中国安全观念开始从以政治军事为核心转向重视经济安全，首先表现在中国对于世界局势的判断。

第四阶段从1996年中国初步提出新安全观到现在。在这一阶段，在经济安全继续受到重视的同时，非传统安全开始受到关注。以合作安全和相互安全为核心的新安全观是第三代和第四代领导人的新的安全思维。

20世纪90年代以来,中国继续强调经济安全的重要性,在1997年,维护经济安全的明确说法第一次出现在中国共产党的最重要文件之中。但在强调经济安全的同时,安全观念开始向核心安全领域之外发展,这是第三代和第四代领导人的新的安全思维的突出表现,其核心是合作安全和共同安全。

(四)负责任大国的身份和实践建构:走向"世界之中国"

与国际体系的关系是一个国家对外关系的重要组成部分。新中国成立以来,与国际体系的关系经历了从国家根本利益出发,反对西方体系和两个超级大国控制,团结亚、非、拉人民的冷战体系,到积极参与现行国际体系并在其中发挥更加负责任大国作用的历史性变化。

对待国际体系的态度,历来是中国对外政策的根本问题。新中国成立以来,中国与国际体系关系和国际定位经历了历史性的变化。这里所说的国际定位,是指国家对现行的国际体系的态度和对自己在这个国际体系中扮演的角色的选择与确定。但这种体系的定位绝不仅仅是本国意识的单一因素,而是由各种国际因素共同作用的总和。

中华人民共和国成立后,中国与国际体系的关系及国际定位经历了四个阶段的变化:

第一阶段,从1949年10月到1971年11月。新中国支持和积极参与以前苏联为首的社会主义国际体系,反对以美国为首的西方帝国主义体系。20世纪60年代以后,反对美苏两极体系。

第二阶段,从1971年11月到1978年末。以进入联合国为标志,中国开始融入一般意义上的国际体系,在国际体制内坚持反霸立场和反霸斗争。

1971年11月中国恢复了在联合国的合法权利,作为安全理事五常之一参加联合国的各项活动。这是新中国进入现行国际体系的开端。中国参加联合国,由于从本国国情出发,中国坚决站在第三世界这一边,也就是站在国际社会中的"弱势群体"这一边,为维护它们的利益奋斗,同时利用矛盾,争取第二世界,反对两个霸权主义组成的第一世界。因此当时中国的国际定位是国际体系内的反霸派。

第三阶段,从 1979 年到 20 世纪 90 年代中叶。这是中国从现行国际体系内的一般参与者向积极参与者转变的转型期。随后党和国家的工作重点转向以经济建设为中心,并实行扩大改革开放政策。中国对国际体系的立场也随之发生积极的变化,成为国际体系的积极参与者。

第四阶段,从 20 世纪 90 年代中期迄今。中国不但成为国际体系的积极参与者,而且是负责任的建设者。这一时期中国的外交非常活跃,多边外交尤为突出。中国积极参加了各种军控协议,积极参加了联合国的维护和平活动,"9·11"事件后积极参加反对国际恐怖主义的斗争。

尽管目前中国就国际责任问题还与国际社会中的一些国家存在认知上的差异,但是,总的来说,这些新理念的提出增进了国际社会其他国家对中国的理解,提升了中国的国际形象,也促进了中国软实力的增加;而中国凸显和平与合作性质的外交实践行为也赢得了国际社会的称赞。

国际格局的现实,中国的国家实力,中国以经济建设为中心、争取和平的国际环境的外交战略目标都决定了中国不想成为国际社会的挑战国。同样,对中国这样的大国来说,搭便车战略也不可行:中国的现实和未来目标都决定了中国绝对不会选择让渡国家主权的战略,也没有任何国家能够为中国这样的大国提供"便车"。此外,中国选择消极参与的方式也是困难的,积极融入国际社会,参与国际机制的建设和改造是中国唯一可行的国际战略。

第十一章

国际格局：制约与决定中国发展的和平性

一、美国的"霸权护持"

（一）美国霸权力量的现状

冷战结束后，美国成为全球唯一的超级大国。冷战的终结带给美国两大战果：主要敌手苏联分崩离析，而美国自身的联盟体系不但没有随之消散，反而有所扩展。

在历史跨入 21 世纪的今天，美国的霸权力量仍在不断增强。军事上，美国国防部 2007 财年国防预算为 5656 亿美元（其中包括 1300 亿美元追加拨款），占全球军费总支出的近 40%，超过了位于其后的 15 至 20 个最大的国防支出国的军费总和。美国拥有"占绝对优势的核力量，全球主宰性的空军，唯一的、真正的远洋海军，以及在全球投放打击力量的独一无二的能力"；美国与其他国家在军事能力上的差距，也正在迅速拉大。

经济上，美国经济10年来持续增长，目前其GDP规模和经济实力仍然领先于全球各国；美国在全球经济的三大领导组织——世界贸易组织、国际货币基金组织、世界银行中都拥有最大的发言权。目前，美国的"新经济"仍有很强的生命力，其资源禀赋充足，科研条件得天独厚，全球高科技人才被源源不断地吸引到美国。美国也是最受外国公司欢迎的目的地，在1999年，美国吸引了全球外国直接投资总量的1/3以上。

在科技领域，美国在信息、通信、生物工程、新材料、新能源等高科技领域，都拥有明显的优势，在世界上遥遥领先；在最关键的信息和通信技术领域，美国至少领先欧洲5年，领先日本10年。美国2001年在研发（R&D）方面的支出为265亿美元，占全球研发总额的40.6%，几乎与紧随其后的7个最富裕国家的研发支出总额一样多。

文化上，从可口可乐、麦当劳到迪斯尼，从好莱坞到CNN、NBA，美国文化已经成为不折不扣的"强势文化"。由于地方性的语言、风俗习惯和社会生活方式，正在被全球范围的对美国文化和生活方式的效仿和跟进之风所吞噬，许多人担心美国文化"正在把所有的其他类型的文化推向一边，从而实现由它来单独统治全球的野心"；2001年的诺贝尔文学奖得主V.S.奈保尔认为，"美国文化对外部世界有极为强大的吸引力。它倡导个性、责任、自由选择权、智慧、完美和成就感"。

基于上述原因，我们可以预测，在未来几十年里，美国在军事、经济、技术和文化方面仍将在世界上独占鳌头。

在当前的国际政治中，美国与西方其他大国是领导与被领导的关系，美国可以按照自己的理念塑造国际秩序，根据其假定的威胁源，敦促所有的大小盟国配合它的经济制裁、军事打击、维和或人道主义干预行动。

(二)美国霸权力量的"软肋"

"9·11"事件使恐怖主义在美国傲视全球的时候以一种有效的方式彻底暴露了美国不堪一击的脆弱性,"9·11"事件也暴露出美国霸权力量的分布是极度不均衡的:其全球第一的军事力量,却无法阻止恐怖分子用民航班机对其发动的"非对称性攻击",甚至其军事中枢五角大楼也惨遭袭击。这印证了美国前助理国防部长、哈佛大学肯尼迪政治学院院长约瑟夫·奈的观点:"单极的概念是误导性的,因为它过分夸大了美国在世界政治中的某些领域能够为所欲为的程度,美国的力量不过是貌似强大。"

具体而言,美国霸权的"软肋",即其面临的挑战,包括以下四方面的内容:

1. 恐怖主义使美国面临空前挑战。美国目前虽然把反对恐怖主义作为其外交政策的一个重点,但美军仅仅摧毁了阿富汗境内的塔利班政权,未能彻底铲除"基地"组织,美国民众仍然生活在恐怖主义袭击的威胁与恐惧之中,没有太多的安全感。美国联邦调查局和中央情报局承认,"在阿富汗的战争未能减少对美国的威胁。相反,这场战争由于把潜在的袭击者驱散到了一个范围更加广泛的地理区域内,因此可能已经使反恐努力变得更加困难"。

2. 美国无力阻止大规模杀伤性武器(WMD:核武器、生物和化学武器)和弹道导弹的扩散。根据美国卡内基国际和平基金会的统计,目前已有 15 个国家拥有或正在研发 WMD,而在受到美国"关注"的国家(即美国以前所称的"无赖国家")中,大多数已拥有或正在研究开发 WMD。在弹道导弹的扩散方面，根据卡内基国际和平基金会的统计，全球目前已有 32 个国家拥有短程弹道导弹，7 个国家拥有中程弹道导弹，5 个国家拥有洲际弹道导弹。

3. 美国无力解决与其利益攸关的地区热点问题。在中东地区，由于美国一向采取偏袒以色列的中东政策，致使巴勒斯坦人民流离失所，整个穆斯林世界的 13 亿民众对此极度不满。伊拉克问题远未解决。对于叙利亚、伊朗、利比亚和苏丹等国家，美国也一直采取军事打击或经济制裁的强硬政策。许多穆斯林人士都怀疑美国的战略目标"就是要永远压制伊斯兰世界的兴起"。另外，亚洲也存在许多可能导致美国不得不进行军事干预的热点问题，如台湾问题、朝鲜半岛问题、印巴冲突和南中国海问题等。所有这些都是美国无力解决的难题。

4. 美国对诸多的全球性难题束手无策。在经济与信息高度全球化及全球相互依存度不断深化的当今世界，诸多全球性难题，如 4P 问题（污染、人口爆炸性增长、贫困和武器扩散）、资源短缺、毒品走私、难民潮、艾滋病蔓延、网络犯罪等等，都使美国极为头痛却无力解决。

（三）美国当前的霸权护持战略

针对美国霸权所面临的诸多挑战，约瑟夫·奈警告说，如果美国"以欺压性的、单边主义的方式来运用其力量"，那么，别的国家将被迫联合起来，组建制衡美国的联盟；非国家行为体也会找美国的麻烦。为弥补自身霸权结构中的薄弱环节，美国目前实施了新的霸权战略，其具体内容至少包括以下四项：

1. 追求军事上的绝对安全。这主要体现在：一直拒绝批准《全面禁止核试验条约》，并着手准备研制小型核武器。

2. 借"反恐"强化和改善与盟国的关系，扩大自己的"势力范围"。

"9·11"事件之后，美国利用北约的共同防御条款及其欧洲盟国的同情心，把其欧洲盟国拉上反恐的战车。布什政府的官员遍访全球寻求反恐支持，向相关国家通报美国在国家导弹防御系统上的立场等举措，减少了盟国对美国的"单边主义"的指责，改善了与盟国的关系。在中亚，美军把"势力范围"扩张到中亚和高加索地区。在东亚，美国推动日本通过《反恐怖主义法案》，向菲律宾和印尼等国提供反恐的军事和经济援助。在南亚，美国取消了对印、巴的经济制裁，恢复了对它们的军售和经济援助。这样一来，美国就首次有可能构建一个以美国为轴心，以美洲大陆为中心，以北约和美日同盟为支柱，以中亚、高加索、南亚、东南亚等"弧形地带"为舞台，东西纵横、南北连贯的全球战略安全网。

3. 推行新的中东政策。2002年6月24日，布什宣布了新的中东和平计划，明确提出支持巴勒斯坦建立自己的国家，并要求以色列"结束对巴勒斯坦领土的占领，停止在约旦河西岸和巴控区建立犹太人定居点。最后，以色列应该同意把军队撤回到1967年中东战争前的控制线"。美国虽然对巴勒斯坦建国设立了诸多限制条件，如更换巴最高领导人、实行财政改革、严厉打击"哈马斯"等恐怖组织等，但这与布什政府上台伊始的亲以压巴的政策相比，在形式上已发生有利于巴勒斯坦的大幅度的变化。

4. 从多个方面维护和强化国际机制的有效性与权威性。国际机制（International Regimes）是指在有关国际关系特定问题领域的、政府同意建立的有明确规则的制度。霸权国建立霸权的手段或方式就是建立管理和控制国际事务、国际体系的各种国际机制，并胁诱其他国家参加，从而建立起自己的霸权体系。美国是当今的国际机制的主导者和主要制定者，它一直致力于操纵现存的国际组织，按照美国的意愿和利益建立或抛弃相关的国际机制，以巩固和维持美国的霸权。

（四）机制霸权：美国"霸权护持"的隐形外衣

当今的国际制度主体基本从二战后美国的霸权体系中演化发展而来。美国霸权体系的性质、特征和形态及其变化都对当今国际制度的发展变化产生了至关重要的影响。

战后美国首先在西方世界建立起反映其自身实力和价值观念、实现其自身利益取向的一整套国际制度，并在整个冷战期间不遗余力地向世界其他地区扩展。冷战后，美国更是凭借其在国际权力体系中唯一的超级大国的实力地位，希图进一步稳固其主导的霸权体系，实现所谓"美国治下的和平"。

美国的霸权战略包括美国领导的在欧洲和亚洲的安全联盟、开放的多边经济关系、全球和区域的多层次多边国际制度以及对民主和开放的资本主义世界的共同承诺。美国的霸权体系，本质上反映的是一种"制度性的霸权"特征，即它不同于历史上的"权力霸权"那样，以压服为手段、以武力为先驱、以主宰世界为目的，而是通过制定、维持和实施国际制度来巩固霸权体系。美国的这种制度霸权体系具有以下一些特征：

首先，以实力维持制度。二战后的国际制度，尤其是经济领域的国际制度，主要依赖美国实力的支撑而发展起来。美国霸权首先体现在经济领域，其标志是布雷顿森林体系的建立，被认为是美国按照自身的实力、利益和价值塑造经济霸权的结果。由此，国际货币基金组织、世界银行、关贸总协定等一系列国际经济机制成为美国赖以控制和管理世界经济的主要工具；在安全领域内，美国主导促成了联合国的建立，并确立了联合国安理会的权威和大国决定的原则，从而确保美国在安全领域的至上地位；在军事领域，美国通过与其盟国在欧洲和亚洲建立广泛的军事同盟，在全球范围内建立军事基地，驻扎军队，建立了保障自己利益和权力的军事安全网络。

其次，通过向其他国家提供公共物品以维护霸权制度的运作。战后直至冷战结束前的两极霸权体制下，美国通过自身的实力和一整套国际制度的创设，向西方盟国以及愿意跟随的国家提供必要的安全和经济保障。其中，美国承担了维护各种安全、政治和经济秩序成本的主要部分，并在与其盟国的经贸关系中对自我利益表现出某种程度的"忽略"。冷战后，美国力图强化单极霸权体系，通过强化建立在自由主义思想基础上的国际制度的功能，增加国际制度的开放性以及新兴民主国家的参与度，最终配合实现其霸权国的利益和维护全球秩序。

其三，霸权国在一定程度上主动实施了所谓"自我战略约束"，以维护霸权制度的长久性和合法性。美国霸权与历史上的权力霸权的不同，是其在战后首先与欧洲等西方国家达成制度性的"相互确保战略"，主要通过一整套国际制度，保证美国不会对其伙伴国（或承认美国霸权的国家）滥用其权力（包括压榨伙伴国或在危急时弃伙伴国于不顾），从而换取西方盟国对其霸权战略的支持。美国学者认为，"战略性自我约束"是美国霸权的创举，是美国得以维持战后美国霸权体制的法宝，也是后冷战时期美国巩固其单极霸权体制的关键。

可见，国际机制和国际制度成为美国维持霸权的重要手段，是美国霸权护持的隐形外衣，在这件外衣之下，美国可以相对容易的推行自己的主张和意图，使自己的霸权利益得到维护。但是，由于美国霸权与国际机制之间存在不一致性，美国就不可能使国际机制和国际制度完全按照它的意志行事，美国的霸权在国际机制和国际制度框架中也受到一定的限制。因此，中国可以利用国际机制和国际制度有所作为，化解来自美国的霸权压力。

二、"韬光养晦、有所作为"：
战略机遇期的中国的必然选择

当前的国际环境要求中国"韬光养晦"，但同时，又为中国"有所作为"提供了一定的条件。

首先，从大环境来说，目前的国际格局对中国是有利的。"9·11"事件后的大国合作为中国提供了前所未有的机遇，它对中国至少有两个好处。一是反恐合作，缓解了由于意识形态和社会制度不同而导致的中西矛盾及对中国的压力，尤其是在反恐问题上，美国有求于中国，不会在与中国对立的路上走得太远，从而为中美关系的改善，为中国的发展营造了一个较为宽松的环境。第二，为中国潜心现代化建设赢得了时间。尽管"9·11"后，美国的对外战略只是短期重心的改变，美国的长期战略并未改变，中国仍是美国眼中最大的对手和潜在威胁。但由于恐怖主义不会在短期内消失，只要恐怖主义存在，反恐合作也就不会结束，美国争取中国这个联合国常任理事国对它支持的政策就不会改变，这无疑为中国的潜心发展赢得了时间。抓住"9·11"事件给我们提供的历史机遇，改善中美关系，对中国十分有利，因为现实环境是中国的现代化须在以美国为主导的国际体系中进行。但也应该看到，随着大规模反恐任务的结束，美国对华接触中防范与遏制中国的力度有可能加大，美国将利用亚太地区尚未建立起有效安全构架的时机，大力实施亚太战略，因而在国家安全问题上，我们不能有丝毫的放松。

其次，欧美矛盾的加大，无疑分散了美国的注意力，使美国把精力的相当一部分放在了欧洲对它的牵制上。近来关于欧洲将成为美国帝国的终结者的说法在美国已经出现，这使中国不至于总是处在风口浪尖上。只要处理得当，中国有相当大的回旋余地。在对伊拉克战争问题上，中国的处理就极为得当，使中国避开了美国的锋芒。

但"9·11"后国际形势的变化也有对我们不利的一面，如，中国似乎是世界多种矛盾的交汇点：单、多极矛盾，南北矛盾，民族矛盾，新东西矛盾，两制矛盾都涉及中国；美国在中亚的驻军，美日、美韩、美澳军事同盟的加强，上述种种似乎均表明中国正在陷入某种包围之中。另外，旧冷战思维在美国至今尚未消除，而以文明冲突为背景的新冷战思维又起，这不能不引起我们的重视。

总之，接触、合作、减少对抗、潜心发展、强化意识形态的管控，弱化社会制度的分歧，是我们的上策，既要韬光养晦，更要有所作为，因而这应成为我们应对国际关系变幻的战略选择。

"韬光养晦"与"有所作为"是一个有机的整体，其实，"韬光养晦"与"有所作为"两者之间并不矛盾。它们是中国外交战略相辅相成的两个方面，二者是辩证的统一，不可偏废。

"韬光养晦"并不意味着消极退缩，"有所作为"也不意味着无所不为。"韬光养晦"不等于中国在国际事务中不能"有所作为"；"有所作为"也不等于要去直接挑战美国。"有所作为"指的是更好地维护我国的周边安全，化解国际社会中的不利因素，趋利避害，加强与各国的交流与合作，遏制霸权主义，维护世界和平，在建立全球政治经济新秩序中发挥与中国国力相匹配的作用。

在国际事务中，首先，应坚决维护中国的国家主权，反对任何损害中国主权和中国国家安全的行为与企图。尤其要确保中国周边安全缓冲地带的和平与稳定，防止在中国周边地区爆发战争。其次，应参与各种国际法规、条约的修改和制定，在国际活动的场合发出中国的声音。实践证明，中国如不参与国际政治经济新秩序"游戏规则"的制定，中国的国家利益势必受损。

在外交战略上，我们既要适时坚持"韬光养晦"的方针，抓住机遇首先把自己的事情办好；同时又需要审时度势，量力而行，该作为、能作为的事情一定要"有所作为"。对于一个负责任的大国来说，只做好自己的事是远远不够的，中国还应该积极地参与国际事务，承担力所能及的国际义务，为维护世界和平和促进共同发展发挥积极和建设性的作用。而在其中应正确处理好"韬光养晦"与"有所作为"的关系，尤其是"有所作为"与"有所不为"的关系。"有所作为"不是"全面出击"，参与所有的国际事务，而是应当"有所为，有所不为"。具体地说，我国对于与自己利益密切相关的国际事务，应当采取更主动的方式积极介入，以使局势的发展对我国有利。

在国际问题上，中国既有雄心壮志，又善于藏拙，避免把目标引向自己，避免引火烧身。在中国力量有所发展时，尤其要注意避免的是不切实际的头脑发热。在伊拉克问题上，中国主张在联合国框架内通过法律和外交的手段解决问题。在这里，反对动武的立场是鲜明的，但中国外交的运作又是有度的。中国不在漩涡的中心，没有必要把自己卷进漩涡的中心；中国不是矛盾的焦点，也没有必要使自己成为矛盾的焦点。中国没有在战前使用过激的语言，也用不着战后去刻意修补与什么人的关系，更用不着向什么人表示歉意。这一立场，很好地体现了"韬光养晦"与"有所作为"的结合，使中国在伊拉克问题上与有关各方都保持了良好的工作关系，也在伊拉克战后重建问题上处于相对主动的地位。在朝鲜核问题上朝鲜与中国山水相连、唇齿相依，朝鲜半岛的和平稳定与中国安全利益攸关。中国采取了积极介入的方针，创造条件使美朝"在多边框架内进行双边谈判"，但中国并不越俎代庖地代表任何一方进行谈判，也不代替任何一方做任何承诺。朝核问题虽然尚未得到解决，但矛盾的双方和国际社会都对中国的作用表示了高度评价。

"和平发展"就是争取和平的国际环境来发展自己，又以自身的发展来维护世界和平。也就是说，在不扩张、不侵略、不搞强权、不谋霸权的前提下，通过和平的方式和途径实现中华民族的历史性复兴，为推动世界和平，实现共同发展做出自己应有的贡献。"和平发展"既旗帜鲜明地向世界宣告了我们的目标，又强调了我们实现目标的方式和行为原则。我们的目标是发展，是要全面建设小康社会，提高我国的综合国力和人民生活水平，但我们的发展不以改变世界秩序的基本格局为目标，而是以和平作为基本国策处理国际问题，尤其是周边关系问题，主要采用和平、对话和谈判的方式营造和平的环境来促进中国的发展。正如小平同志所说的："如果十亿人的中国不坚持和平政策，不反对霸权主义，或者是随着经济的发展自己搞霸权主义，那对世界也是一个灾难，是把历史拉向后退，要倒退好多年。"中国在反对霸权主义、维护世界和平中要摆脱制约中国发展壮大的内外因素，要成为国际社会非常重要的大国，而不是挑战"世界领导地位"，也永远不称霸，永远不扩张。

因此，"和平发展"的提出，是中国现代化建设发展到今天的一个必然选择，也是在新形势、新特征下战略的一种新的补充和发展。

第十二章

内外兼修：中国和平发展的战略对策

一、做负责任的大国，积极参与国际社会

（一）立足亚洲，维护亚洲的稳定与繁荣

中国的大国责任的重点在亚洲地区，明确这一重点之后，下一步的目标就是确立实现这种责任的方法与战略。在地区主义成为各国、特别是大国重要战略选择的今天，地区主义的战略理应成为中国实现本土责任和地区责任、发挥全球责任的重要选择。

由于亚太地区社会制度形态多样、国家民族构成复杂、哲学文化丰富多彩、历史积怨根深蒂固、安全形势扑朔迷离，中国不能照抄照搬欧洲等地区的危机处理样式，而必须依据本地区特点，创造性地提出自己的地区主义战略，使自己的大国责任能够得以成功实现。具体地说，中

国要实现大国身份的战略目标,首先要做的工作就是成为负责任的亚洲国家,使自己有较稳定的战略边疆或安全圈,立足亚洲,走向世界。地区主义正好可以提供实现这种目标的平台。

把促进中国与亚洲互动当作处理中亚关系的依据。中国要影响亚洲,而同时我们也要面对亚洲影响中国的现实。在相互依存的基础上,中国和亚洲为本地区的和平与发展共同努力,形成中国与亚洲在全球化时代的新型关系。中国与亚洲国家一起,为作为非西方世界最重要组成部分的亚洲在世界体系中的利益和价值而努力,在集体与西方的互动中强化亚洲认同,在多样性中求亚洲的统一。中国要促进亚洲内部形成一种新型的、平衡的国际关系类型,根本化解西方国家利用亚洲国家之间的分裂、多样性而实行"分而治之"、"抑强扶弱"、"牵制中国"的亚洲政策,争取在相互依存的基础上达成新的亚洲团结。

中国应该努力促使现有的10+3、上海合作组织、东盟地区论坛、亚太经济合作组织等各自为政的地区机制相互协调。

中国要提出自己的"亚洲政策",这种政策的核心有两点:第一,中国是亚洲的一个普通而正常的民族国家;第二,中国是着眼于整个亚洲的和平与发展而制定对外政策的。

(二)积极参与并支持联合国改革

联合国在新世纪与时俱进的改革,旨在有效提高其公正性和高效性,引起国际社会的高度重视。中国作为联合国安理会常任理事国,主张联合国应按照《联合国宪章》原则进行必要的改革,在多极化的国际格局中更有效地发挥维护世界和平、促进共同发展的主导作用。中国在和平发展合作的理念下,将通过多边外交途径与联合国互相促进,创造和谐世界。

中国作为联合国安理会常任理事国，始终认为联合国设定了和平共处的国际关系框架，提供了人类社会应遵守的国际关系基本规则，具有其他国际组织无可比拟的地位。把联合国及安理会作为不可替代的多边合作平台，在承担大国责任的同时，与联合国实现和平、合作、共同发展，是中国在国际关系领域重要的价值取向。

中国在联合国中享有的大国地位和权力，对中国在国际事务中维护自身权利、发挥更大的影响力具有重大现实意义。但中国认为，任何国家，包括大国和强国在谋求自身利益的同时必须承担国际义务，必须考虑别国乃至区域的利益，必须尊重和正视其他国家也享有获取正当利益的权利。

积极稳妥地推进联合国改革是中国的责任和义务。联合国在新世纪的改革，核心是国家间合作在什么条件下可以获得成功的问题。联合国各项工作都需要主权国家的积极配合，安理会大国更有责任推动联合国改革朝着健康的方向发展。中国一贯认为，总体看来，联合国存在弊病和缺陷，但现行的结构、规章、框架基本合理。改革目的主要是提高联合国的效率，使之更好地运转，以适应新的国际环境；改革的主要方面应是对组织结构进行部分调整，改进组织程序，精简行政机构，提高管理效率；改革程序应采取"自上而下"、有计划的渐进方式，尤其要避免由于程序变动而造成联合国的不稳定。

毫无疑问，联合国作为当今最重要的国际政治环境的一部分，对中国的发展是起了促进作用的，中国也从参与联合国活动的过程中得到了不少的国家利益，为此，中国首先要适应联合国这个政治环境的游戏规则。但中国作为一个大国，绝不仅仅是适应这种国际政治环境，也要在一定程度和一定空间改善、优化这个环境。促进联合国的改革，从而使得联合国作为一个最权威的国际组织，能在维护世界和平与稳定方面为所有国家创造更好、更宽松、更自由的活动空间,这就是中国作为一个大国可以而且应该有所作为的一个任务。

中国在维护联合国的权威上面临两个重要的任务,一是反对任何国家绕开联合国安理会采取任何破坏世界和平与稳定的行动,坚持只有联合国安理会才有权在维护和平和稳定的条件下针对一个主权国家采取军事行动;二是要维护联合国的权威,就必须提高联合国的工作效率,合理利用联合国的各种资源,解决联合国所面临的各种问题。

第二个任务主要表现为联合国的改革问题,只要看看联合国改革喊了多少年都没有取得实质性的进展,就知道这是一个相当艰巨、复杂和困难的任务。

一个改革后的高效运转且更有威信的联合国,将为中国的和平发展提供更多的机会;而中国作为世界上的一个大国,它的发展,它的影响力的增强,反过来也将对联合国的发展产生影响,中国的发展本身就是国际政治环境的一种变化。

(三)承担国际责任:推动朝鲜和平弃核

朝核问题爆发后,中国从维护国家利益和地区稳定的角度出发,确立了在朝核问题上的原则立场——支持朝鲜半岛无核化;致力于维护半岛的和平与稳定;主张通过外交方式协商解决危机。并通过不同的场合和形式多次重申这一基本原则立场。

在第一次朝核危机爆发后,中国驻联合国大使李肇星就发表声明:"中国作为核不扩散条约的成员国一直反对核扩散并支持半岛的非核化,中国不希望在朝鲜半岛无论是南方还是北方看到核武器,或通过第三方引入核武器。"中国又参加了旨在实现朝鲜半岛永久和平的四方会谈,并在朝美之间积极协调。2002年10月朝核危机再度爆发后,面对不断升级的局势，包括中国在内的周边国家普遍感到忧虑，都殷切希望危机得到和平解决。鉴此，中国政府主动表示愿意在北京主持朝核问题的国际对话，并对朝美双方展开了大量的说服、劝和工作。在中国的努力下，中、朝、美三方会谈于 2003 年 4 月在北京举行，标志着朝核危机由僵局步入对话，开启了通过多边会谈和平解决朝核问题的大门。

第四轮六方会谈后，中国国家主席胡锦涛、国务院副总理吴仪分别对朝鲜进行了正式友好访问，就朝核问题与朝鲜领导人深入交换了意见。在胡锦涛访朝期间，朝方表示将如期参加第五轮六方会谈。第五轮六方会谈于 2005 年 11 月在北京举行。但是由于美国认为朝鲜存在制造假币等经济犯罪行为对朝鲜实施了金融制裁，并拒绝朝鲜提出的就金融问题举行朝美谈判的要求，激怒了朝鲜，促使朝鲜再次指责美国蓄意阻挠朝鲜参加会谈。金融问题的纷争使第五轮六方会谈第二阶段会议未能在预计的时间举行。经过中方的斡旋，中、美、朝三国于 2006 年 1 月在北京进行了接触，并就有关问题进行了磋商，但仍未对复会时间达成一致意见。为此，外交部发言人表示，为了推动六方会谈进程，中方一直并将继续积极地与有关各方保持联系、沟通，以推动六方会谈尽早复会。

对于中国在六方会谈中的作用，中国外交部指出，迄今中国主要发挥了三个方面的作用："一是提出了和平解决核问题的总体目标、方向和途径，得到了其他五方以及国际社会的广泛认同；二是推动形成了三方及六方会谈的框架，现在已成为一个持续的进程；三是发挥了东道主的斡旋和调停作用，得到各方的肯定。"同时指出，中国作为东道主，一直注意妥善把握好自己的位置和作用，主要做了三件事：一是积极推动各方尤其是朝美双方拿出具体的解决方案，将会谈引向深入；二是反复劝说各方相互尊重，认真对待和研究有关各方所提出的方案；三是在出现僵局的时候,及时提出折中方案,积极从中斡旋。

从目前的形势来看,在较短的时间内和平解决朝核问题还有一定难度,在未来的几年里中国可以在以下几个方面有所作为,尽可能地引导朝核问题朝着有利于中国的方向发展。

第一,继续推动包括六方会谈在内的多边或双边会谈,争取通过外交途径早日和平解决朝核问题。总之,"确保朝鲜半岛无核化,同时也应解决朝鲜提出的安全关切,途径只有对话与谈判,唯此才能维护半岛的和平与稳定"。

第二,进一步加强中朝合作,改善朝鲜的弱势地位,避免朝鲜走极端化道路。朝鲜打出"核牌",目的是为了获得国家安全的保证。只有很少的人相信,朝鲜的目标是为了把自己变成一个核大国。中国应保持和加强中朝传统的友好合作关系,在经济、政治、军事等方面加大对朝鲜的"战略合作",甚至可以探讨对朝鲜进行"核保护",以达到逐步取消朝鲜研制核武器和制止他国对朝鲜的任何侵犯的可能。

第三,支持朝鲜加入地区合作组织。解决朝核问题的长久之计是美国正视朝鲜的主权和利益,改变现行的敌视朝鲜政策。因此,中国继续做好朝美双方的工作,积极推动和参与各种形式的多边协商和合作安排。在朝核问题没有解决前,也可以考虑让朝鲜参与东亚地区合作组织。通过国与国之间的交流与合作来扩大共识、减少分歧,同时还可以通过这种多边合作机制来保证朝鲜的安全,使朝鲜放弃核武器计划。

第四,重新激活由朝、韩、中、美参加的四方会谈,努力将《停战协定》转换为和平协议,以确立朝鲜半岛永久和平体制。朝鲜战争结束时交战双方签署的《停战协定》及其催生的朝鲜半岛安全机制,使朝鲜半岛保持着脆弱的和平。朝核问题的出现与久拖不决,表明重新构建新形势下的朝鲜半岛安全机制成为一个亟待解决的问题。

同时，务必避免美国利用朝核问题搅乱亚洲，危害中国，从中渔利。

（四）倡导世界和谐文化

回顾近代国际关系的历史，西方大国提出的秩序理想更多的是以权力制衡权力。这几乎成为国际秩序的主导思维模式。相对而言，以和平共处、正义公道、化解矛盾为基本秩序原则的和谐世界观念无疑是一种全新的国际秩序视角和世界治理理念。

和谐世界理念的核心是世界和平的思想。胡锦涛主席在联合国成立60周年首脑会议上的讲话中指出"和谐世界"的理念体现了联合国谋求世界各国人民"欲免后世再遭今代人类两度身历惨不堪言之战祸"、"彼此以善邻之道，和睦相处"的崇高精神，承载了国际社会共同促进经济社会发展的美好理想，其基本目标是持久和平。因此"和谐世界"最根本的一点就是维护世界和平与稳定。在当今世界，和平和稳定是压倒一切的重中之重。没有基本的和平，一切发展和进步都只能是海市蜃楼。

和谐世界既是我们追求的长远目标，又是我们当前外交实践的指导思想。在外交实践中，和谐世界的理念要求我们做到：政治上坚持和平共处五项原则、和平解决国际争端；安全上提倡"互信互利、平等合作"的新安全观；经济上主张互利共赢；文化上倡导"文明对话，互相学习"，用建立"和谐世界"的理念来指导我们的外交活动，开创我国外交事业的新局面。这尤其需要我们在以下几个方面付出努力：

第一，提高国际关系的民主化程度。世界不和谐的一个根本原因是国际社会中的民主不足。国际关系民主化的原则要求大小国家一律平等。国家无论强弱贫富，都有平等参与国际事务、发表自己意见、维护自己正当利益的权利。

促进国际关系民主化的重要途径是提倡多边主义，维护联合国的权威性和推进联合国内部的民主化。以联合国为代表的多边国际组织不仅仅是各国外交活动的舞台，而且也是制定国际制度、管理国际秩序的场所。

第二，推动世界经济的共同发展。

第三，加强国际社会的法理基础。维护国际社会的和平与稳定，对构建和谐世界有着重要的意义。维护国际社会稳定最重要的途径是依照国际法和国际机制实施全球治理，对国际社会的各种关系和秩序进行调节，最大可能地实现和谐秩序。

第四，推进和谐地区的共同体建设。

中国周边地区是我们构建和谐世界的首要关注点。上海合作组织作为中国倡导和积极参与的第一个多边地区性合作组织，为稳定我国北部毗邻地区提供了基本的保证。在东南部，自1991年以来，中国和东盟关系得到了改善，从敌对发展到目前的战略伙伴关系，10+1和10+3的进程发展动力强劲，建立和平、繁荣、进步的东亚共同体已经成为东亚地区各国的共识。在南亚，中国与正在快速发展的印度积极发展关系，与巴基斯坦、孟加拉等国家也保持了良好的关系。

我们说和谐世界是我们的奋斗目标，最根本的一个原因是在依法治国的基础上建立和谐社会，平等合作，互利共赢，同和谐世界是一个相互关联的整体思想体系。和谐社会是新时期国内战略的大思路，和谐世界则是新时期国际战略的大思路。和谐世界既是和谐社会的延伸，也会为和谐社会提供有利的环境。所以，内建和谐社会，外求和谐世界，这是中国作为一个负责任的国家在新时期应有的内外战略思想和指导方针。

二、力求共同发展：缔结良好的合作伙伴

（一）伙伴关系：大国关系的新模式

冷战结束后，国际关系出现的最明显特征，就是世界各大国在国际格局多极化的进程中，均不同程度地调整对外政策，确定外交活动的主要任务是在维护和追求国家利益的前提下，营造相互信任的气氛，寻求互利合作，探索彼此利益的共同点，促进国际政治关系与经济关系的良性互动。基于此，大国之间、地区组织之间展开建立名称各异的伙伴关系并成为一种跨世纪的外交潮流，从而大大丰富了国际关系的健康内容。

冷战后建立的伙伴关系是一种新型的国际关系。它的普遍宗旨是：不互相敌对与互相对抗，代之以互相协调与友好合作；无论是双边还是多边都是平等互利，相互尊重，求同存异；不针对、不损害第三国，不具排他性。

中国和平发展是伙伴关系发展的重要驱动力。中国扩大改革开放，综合国力大大提高。美国等西方国家已确认中国为世界经济大国之一。中国和平发展的现实，在美国公众中引发了一场对华政策的大辩论。要求同中国对话与合作的主张略胜过对中国遏制与对抗的主张。美国政府决定同中国发展"建设性关系"，途径是"全面接触"直到建立"伙伴关系"。中美关系的积极变化，使欧洲不甘寂寞，德国政界人士呼吁，欧洲不仅要与中国建立"经济伙伴关系"，而且应当建立"政治战略伙伴关系"，因为21世纪必须有中国参加的世界新秩序，才能确立在平等而不是强权，合作而不是冲突的基础之上。这必将有利于欧洲在21世纪的多极世界中占有自己的地位。显而易见，中美关系的改善，对大国关系的调整和各种伙伴关系内容的充实发生着重大影响。

中国政府的国际战略思想的指导，理性地做出了跨世纪的外交与国际战略选择：实行伙伴战略，营造伙伴关系。概括地讲，这一选择是在坚持奉行独立自主、和平共处五项原则的前提下，服务于集中力量搞社会主义市场经济建设这一最根本的国家利益，结合国际体系朝着和平、合作方向的积极变化而做出的。

中国参与营造的伙伴关系，是一种新型的国际关系。中国参与营造的伙伴关系可以划分成四个类型：第一，战略伙伴关系。这是指中美1997年10月决定建立的"面向21世纪的建设性的战略伙伴关系"。中美关系在当代国际关系中是极为重要又非常复杂的双边关系。它既有意识形态上的对抗性、地缘政治上的竞争性，又有经济上的互补性、安全上的合作性。中美关系历经艰难曲折，终于建立了战略伙伴关系。这种关系大致包括三层意思：其一，两国应该是伙伴，而不是对手；其二，这种伙伴关系是建立在战略全局上的，而不是局部的，是长期的，而不是权宜之计；其三，这种战略伙伴关系是建设性的，而不是排他性的，更不是为了谋求霸权。这是一种既非结盟又非敌对的合作关系。中国的"伙伴战略"的首要环节，须建立在中国与美国日益扩大的坚实的共同利益的基础上。

第二，战略协作伙伴关系。1996年4月中俄决定建立这种伙伴关系。1997年5月中法宣布建立"全面伙伴关系"。1998年10月中英开始了两国"面向未来的全面伙伴关系"。同年11月中日决定建立"面向21世纪致力于和平与发展的友好伙伴关系"。同年4月中国与欧盟领导人决定建立"长期稳定的建设性伙伴关系"。中国与这些大国建立的伙伴关系，虽然使用了不同的修饰语，强调的重点各有不同，但在基本层面上是共同的，即中国与它们分别结成某种程度的战略平衡协作关系，旨在推动世界多极化的发展，抵消与牵制中美关系中的不和谐音。

第三，睦邻伙伴关系。1997年12月中国与东盟国家宣布建立面向21世纪的"睦邻互信伙伴关系"。这种伙伴关系旨在促进中国与其邻国之间的互相信任和共同发展，加强地区经济和安全问题的沟通与协调，因而具有坚实的基础和强大的生命力。

第四，基础性伙伴关系。这是指中国与广大发展中国家建立的伙伴关系。例如中国在1997年底与墨西哥决定建立的"跨世纪的全面合作伙伴关系"，就属于这个类型。

伙伴战略的实行，伙伴关系的营造，将推动中国更加全面和深入，进一步树立起"和平、友好、合作、负责任的大国形象"，也更加有利于中国的和平发展战略的实现。

（二）日益彰显的多边外交

多边外交是指三个以上的国际关系行为体在常设的或特别的全球性或地区性的国际组织、国际会议中的互动。与多边外交相对立的概念是"双边外交"。多边外交上升为指导国家对外政策的思想和理论，则是多边主义。与多边主义相提并论的常有"单边主义"、"孤立主义"。

新中国成立之初就开始涉足多边外交舞台，例如，1949年11月，即新中国成立之后仅一个月，我国就主持召开了亚澳工会代表会议；1954年4月我国参加了为解决印度支那战争和朝鲜战争而召开的日内瓦会议；1955年参加了著名的亚非会议。

冷战结束后，强调"合作、对话、避免对抗"已构成中国外交的基本原则，中国更加全面地融入国际社会，多边外交更加活跃。特别引人注目的是，中国不仅积极参与多边外交，还成为了多边外交的积极倡议国和主持国。例如，在中国和俄罗斯的积极倡议下，成立了上海合作组织；中国还积极倡议建立中国—东盟自由贸易区，积极推动朝鲜核问题的多边会谈，等等。中国共产党的第十五次和第十六次代表大会报告都强调要积极参与多边外交活动，充分发挥我国在联合国以及其他国际组织中的作用。

中国多边外交的成就主要体现在以下几个方面：

首先，中国积极参加各类全球性政府间国际组织、各种全球性国际会议及国际机制。作为联合国安理会常任理事国，中国自扩大改革开放以来积极参加以联合国为中心的多边外交活动，高度重视联合国在国际事务中的作用，认真履行有关职责，为维护国际和平与安全，为推动重大地区冲突的公正、合理的解决，促进联合国在经济和社会发展方面作用的发挥，作出了贡献。

其次，中国还积极参加区域和跨区域性的政府间组织、有关国家参加的国际会议及区域性机制。中国非常重视与周边和近邻国家的区域性组织以及同周边和近邻国家建立良好的协调合作机制。中国与东盟在安全和经济领域的合作就是中国多边外交的成功范例。中国与东盟建立自由贸易区协议的签署，特别是2003年10月中国签署加入《东南亚友好合作条约》，标志着中国与东盟关系的一个新的里程碑。在新安全观的指导下，中国与俄罗斯、塔吉克斯坦、哈萨克斯坦和吉尔吉斯斯坦共同创立了上海五国合作机制，并使之发展成为一个以安全合作为主导的区域性多边合作组织，成为多边安全合作的一个突出成就。中国还积极促进朝鲜核问题的和平解决，在有关朝鲜核问题的六方会谈中起着关键性的作用，为朝鲜半岛的稳定和东北亚的和平做出了贡献。中国还参与了APEC组织、亚欧会议及其他跨区域的多边合作与对话。

第三，积极参加非政府组织及各类国际论坛。多边外交是随着国际组织的发展而发展的，而国际组织则分为政府间国际组织和非政府组织两大类。国际非政府组织在多边外交中的作用越来越重要。随着全球化趋势的增强，各种非政府国际组织以前所未有的速度增加，成为各国政府不得不重视的重要的多边外交场所。由于非政府组织的性质复杂、目标各异、活动方式多种多样，因此中国对参与其活动采取了较为谨慎的态度。尽管如此，中国加入的国际非政府组织数目也从1977年的71个猛增到1996年的1079个，成为我国展开人民外交促进各国人民相互理解的多边外交舞台。

多边外交活动使中国在国际事务中发挥的作用越来越大，并逐步树立起了一个负责任的大国形象；多边外交活动使中国的经济与世界经济融为一体，促进了国民经济的发展；多边外交活动还使中国打破了冷战结束前后西方孤立、颠覆中国的企图，恢复并稳定了与西方国家的关系，使中国成功地适应了冷战后国际格局的变动；多边外交活动使中国改善了与周边国家的关系，稳定了周边环境，达到了增信释疑、促进合作的目的，有效地消除了"中国威胁论"所带来的不良影响，提高了国家形象，为中国的和平发展拓展了良好的外部环境。

三、国际关系民主化：建立国际政治经济新秩序

国际关系民主化是不可逆转的历史潮流。经济全球化、政治多极化对国际关系民主化客观上存在着深远的影响。中国应该在国际关系民主化进程中担负起与自己地位相当的角色，推进国际政治、经济新秩序的建立，维护世界文明的多样性，推动国际关系的民主化。

国际关系民主化，就是"不允许几个大国垄断世界事务"，实现"世界所有国家取得平等地位，大家都有权过问世界事务"，实现各国无论大小、强弱、贫富都有平等的权利参与国际事务，在和平共处五项原则的基础上发展和处理相互之间的关系与矛盾。从根本上说，它意味着

在国际事务中各国平等地"参与研究问题"、"参与作出决定"、"参与检查决定的执行"。

(一)国际关系民主化:客观趋势与中国的战略

冷战结束后,国际力量对比虽然在一定程度上向有利于唯一超级大国的方向倾斜,但它受到了来自中、俄、欧、日等力量中心的制约,使其把持世界事务的能力相对下降,铺垫了国际关系民主化进程顺利发展必不可少的政治基础。

此外,国际政治力量多元化发展及其所带来的稳定性,相当程度削弱了"霸权稳定论"的蛊惑力,使国际关系民主化愈益深入人心。

在推动国际关系民主化的进程中,作为联合国安理会常任理事国中唯一的发展中大国,中国的角色是重要而不可替代的。鉴于此,中国在致力于国际关系民主化时,以下几个战略问题是必须注意的。

首先,在政治和安全领域,敦促各国在和平共处五项原则指导下,切实遵守联合国宪章的宗旨和原则以及公认的国际关系基本准则,维护联合国的权威反对霸权主义和强权政治,推动国际社会树立以互信、互利、平等、合作为核心的新安全观,努力营造长期稳定、安全可靠的国际和平环境。

其次,在经济领域,呼吁在各国充分参与和民主协商的基础上制定行之有效的国际规则,使经济全球化得到正确引导和管理,朝着有利于缩小南北贫富差距,有利于实现各国的共同发展和繁荣,有利于促进世界经济平衡、稳定和可持续发展的方向前进,使经济全球化达到各国共赢和共存的目的。

最后,在文明领域,倡导"尊重世界文明多样性",强调"尊重各国的历史文化、社会制度和发展模式,承认世界多样性的现实",

坚决抵制那种把自己的文化价值观念、社会制度和发展模式强加于人的做法。

从国际关系的客观发展趋势来看，随着经济全球化和政治多极化的发展，各国民主地参与国际事务的要求日益强烈，霸权主义和强权政治更加不得人心。当然，客观地讲，国际关系民主化进程有赖于包括中、欧、俄、日等重要国际力量一道，通过创造性和建设性的合作、协调，竭力避免"美国一拍桌子，其他国家都沉默了"这样一种局面。

（二）坚持和平共处五项原则

和平共处五项原则是我国开展对外关系的基本准则，也是国际社会公认的调整国家与国家之间相互关系的重要准则之一。20世纪50年代，以毛泽东为首的党中央提出并努力实施了这一准则，为我国对外关系的发展开辟了道路。

和平共处五项原则提出后，在协调国际关系、促进各国友好合作、维护世界和平方面发挥了巨大作用，显示了强大的生命力。

首先，和平共处五项原则顺应时代发展的潮流，有利于推动世界和平与发展的崇高事业。和平与发展作为当今时代的主题，是和平共处五项原则发挥重要作用的结果，也是和平共处五项原则进一步推广和实施的良好国际环境。中共十五大报告曾经指出：各国人民要求平等相待、友好相处的呼声日益高涨。要和平、求合作、促发展已经成为时代的主流。中共十六大报告再次明确指出：维护和平，促进发展，事关各国人民的福祉，是各国人民的共同愿望，也是不可阻挡的历史潮流。这种时代主流或历史潮流与和平共处五项原则的精神要求是一致的。和平共处五项原则为和平与发展的时代主题提供有力的保障，亦必将在推进和平与发展的崇高事业中发挥更积极的作用。

其次，和平共处五项原则充分体现了世界多极化的要求，有利于国际关系民主化的进程。随着各国综合国力的发展变化、众多国家独立自主精神的增强以及东西方冷战的两极格局体系走向瓦解，世界越来越向多极化格局演化。中共十六大报告明确指出：我们愿与国际社会共同努力，积极促进世界多极化，推动多种力量和谐并存，保持国际社会的稳定。促进世界多极化必须坚持和平共处五项原则。如果不按和平共处五项原则办事，不仅难以形成多极化的局面，即使出现了多极化的态势，各"极"之间也会是对立对抗的状况，而不会是"和谐并存"的局面。

最后，和平共处五项原则适应经济全球化的需要，有利于促进经济全球化的健康发展。经济全球化是当今世界经济发展的一个突出特征。这一趋势具有客观必然性。然而，经济全球化是一把"双刃剑"。它在给世界各国带来新的发展机遇的同时，也带来了严峻的挑战，尤其是给发展中国家带来了更大的风险。鉴于此，经济全球化需要和平共处五项原则来规范和保障，经济全球化也为和平共处五项原则的进一步推广和实施提供了更为有利的条件。任何国家在经济全球化的过程中，绝不能只考虑对自己有利的一面，而不考虑他国和整个世界经济发展的需要，更不能靠损害他国和整个世界经济的利益来发展自己。世界各国应加强平等协商，制定和实施适应经济全球化要求的新的国际经济规则，努力消除经济全球化带来的负面影响。没有和平共处五项原则，就不会有经济全球化的健康发展；只有按照和平共处五项原则行事，才能有一个世界各国平等互利、共赢共荣的经济全球化。

（三）反对霸权主义和强权政治

霸权主义和强权政治严重阻碍着世界经济的发展。霸权主义者除了包办和垄断国际事务，强迫别国接受和照搬它的价值观念、政治制度和意识形态外，还要加紧推行它们的经济制度和经济发展模式，并把是否同意推行它们的那一套作为提供援助、进行合作的条件。对于那些反对国家动辄进行经济封锁和制裁，甚至出兵干涉；还常常以经济"援助"为名，附加政治及其他条件，侵犯受援国的主权，制约其经济的发展。

旧的国际经济秩序是世界经济发展的主要障碍。以强权政治和霸权主义为本质特征的国际旧秩序，是一种不公平不合理的国际秩序。霸权主义者利用不合理的生产体系、贸易体系、金融体系和对世界经济协调机制的控制，借机推行霸权主义，从多方面限制和阻碍了发展中国家民族经济的发展。

此外，霸权主义在一些地区问题上插手别国内政，引起了地区军备竞赛，同样是对世界和平与发展的重大威胁。

可见，霸权主义和强权政治在政治和经济上推行自己的价值观念和社会制度，控制、干涉，甚至直接侵略别国，造成了国际社会的动荡不安和和平与发展的严重破坏，已成为当今世界的公害，是现代战争和世界不安定的根源，是世界和平与发展的最大障碍和最大威胁。

冷战结束后，随着国际力量对比的变化，霸权主义和强权政治有新的表现，主要是：在战略制订上，无论是美国的"参与和扩展"战略，还是"先发制人"战略，都是以领导世界为目标，竭力谋求全球霸主地位；在政治上，以维护"民主"、"人权"为名，向社会主义国家和第三世界国家发动新的冷战，企图把自己的社会制度、经济模式和价值观念强加于人，肆意干涉别国内政；在经济上，利用经济全球化的发展趋势，仰仗不公正、不合理的国际经济旧秩序的存在，凭借经济、贸易、金融、科技等优势，在世界各地进行经济渗透，甚至动辄对别国进行经济制裁，力图主导世界经济秩序，建立经济霸权；在军事上，建立军事同盟，扩大军事集团，以打击恐怖主义为名，大力推行新干涉主义。

进入新世纪后，世界和平与发展的最大威胁依然是霸权主义和强权政治。不论从国际社会的历史发展，还是从世界经济发展以及政治格局看，霸权主义和强权政治严重破坏和阻碍了国际政治和世界经济的发展。因此，必须积极推动建立公正的、合理的国际政治和经济新秩序，大力推进世界多极化趋势的发展，积极推动裁军和制止军备竞赛，积极动员和发展国际爱好和平的力量以维护和促进世界的和平与发展。

所以，为了建立公平、公正、合理的国际新秩序，实现国际关系民主化，中国要旗帜鲜明地反对霸权主义和强权政治。但同时，我们要注意将反对霸权主义和强权政治与反美区别开来。我们所要反对的是一切形式的霸权主义和强权政治，不是要针对美国这样一个国家。我们反对的是美国对外行为中的霸权主义和强权政治部分。

（四）积极推动建立平等和谐的国际政治经济新秩序

以中国为代表的发展中国家认为，"建立国际政治经济新秩序，应该从当今世界的实际情况出发，应该反映世界各国人民的普遍愿望和共同利益，应该体现历史发展和时代进步的要求"。因此，实现国际关系民主化的目标就是建立公正、合理的国际新秩序。

中国主张国际新秩序应该包括国际经济新秩序和国际政治新秩序两个方面。国际经济新秩序和国际政治新秩序的建立要基于和平共处五项基本原则。

在国际经济旧秩序下，西方发达国家凭借其自身强大的经济实力，通过不合理、不公正国际分工生产体系、国际贸易体系和国际金融体系，采用不等价交换和国际金融市场来剥削发展中国家，严重损害了发展中国家的经济发展。

为了全世界的共同发展，必须建立公正合理、等价交换、互惠互利的国际经济新秩序。只有奉行和平共处五项原则中的平等互利原则，这才可能成为现实。

中国主张建立国际经济新秩序的内容主要包括：

1. 各国有权选择符合本国国情的社会制度、经济模式和发展道路。

2. 所有国家均拥有对本国天然财富和自然资源的永久主权，有权对自然资源的开发实行有效的控制。

3. 各国有权共同作为国际社会的平等成员参与处理国际经济事务，按照平等互利的原则发展相互的经济贸易关系。

4. 发达国家应尊重和照顾发展中国家的利益和需要，在提供援助时不应附加任何政治条件。

中国主张建立国际政治新秩序的内容主要包括：

1. 应互相尊重国家主权，平等相待，求同存异，友好合作，和睦相处。

2. 任何国家都不应谋求霸权，操纵国际事务，不得推行弱肉强食的强权政治。

3. 各国不分大小、强弱、贫富，都应当作为国际社会的平等成员，参与国际事务的讨论和解决，任何一个或几个大国都没有特权垄断主宰国际事务。

4. 各国有权根据各自的国情独立自主地选择本国的社会、政治、经济制度和发展道路，任何国家尤其是大国不应把自己的意识形态、价值观念和发展模式强加于别国。

中国还主张，在建立国际政治经济新秩序的过程中，应该充分发挥联合国的核心作用，使联合国在建立国际新秩序的保障机制、协调国家利益与国际社会整体利益的冲突方面行使主要责任。

世界贸易组织（WTO），是当今世界三大经济组织之一，有"经济联合国"之称。这样,实际上 WTO 打下了国际经济新秩序的基础。发展中国家就可以通过这些经济形式,逐步建立国际经济新秩序。中国已于 2001 年底正式成为 WTO 的会员国。这不仅有利于我国的发展,也会有力地推动国际经济新秩序的建立,因为我国一贯主张以和平共处五项原则来建立国际新秩序。

在世界正在发生重大而深刻变化的 21 世纪,中国人民完全有理由也有义务为推动建立公正合理的国际政治经济新秩序做出应有的贡献。一个有利于经济全球化健康发展的国际新秩序,不但可以为中国的改革开放创造良好的外部环境,还将为中国的和平发展提供更广阔的国际空间。

(五)倡导世界多样化与文化价值观念体系多元化发展

各国之间相互尊重、和平共处,开展平等互利合作的前提,是要在思想观念上尊重世界的多样性。世界是丰富多彩的。各国文明的多样性,是人类社会的基本特征,也是人类文明进步的动力。

强调世界的多样性,要倡导各国在全球化条件下,加强互补互利合作,实现共同发展。21 世纪的世界既是一个多样性的世界,又是一个相互依存的世界。在全球化进程中,各国经济具有多样性和差异性,但他们不是孤立存在的,而是相互联系、相互依存于世界经济体系的整体之中,进行着各种各样的合作。不同社会制度、政治模式和不同意识形态的国家也都共存于相互联系、相互依存的国际社会之中。

尊重多样性不仅应该承认各国文明的多样性,而且还应当维护当前世界的多样性。在人类历史中,正是由于不同民族、不同地区、不同国家千姿百态的文明相互交融,互相促进,才有了当今丰富多彩的世界文明。维护世界的多样性,在国际关系中就是必须尊重各国人民自主选择社会制度和发展道路的权利，倡导发展模式多样化。

中国倡导建立的国际新秩序的主要内容是：各国政治上应该相互尊重，共同协商，而不应把自己的意志强加于人；经济上应相互促进，共同发展，而不应造成贫富悬殊；文化上应相互借鉴，共同繁荣，而不应排斥其他民族的文化；安全上应相互信任，共同维护，树立互信、互利、平等和合作的新安全观，通过对话和合作解决争端，而不应诉诸武力或以武力相威胁。由此可见，这一主张的核心内容就是反对西方模式一统天下，倡导各国发展模式多样化。江泽民在联合国成立50周年特别纪念会上的讲话中，从世界的多样性这一现实出发，强调了中国政府的这一立场："大家只有彼此尊重，求同存异，和睦相处，互相促进，才能创造百花争妍、万紫千红的世界。""不承认、不尊重世界的多样性，企图建立清一色的一统天下，是必定要碰壁的。"

各国在世界多极化和经济全球化进程中，长期共存，在竞争比较中取长补短，在求同存异中共同发展，是当前建立谋求世界和平与促进各国发展的国际和谐局面的基本前提。

四、文事武备：实践科学发展，增强综合国力

（一）全面改进与加强军事力量，建立坚强的"和平之盾"

在当今情况下，中国仍然面临维护国家独立和领土完整，实现国家的最终统一，维护自己在世界各地的合法权益的历史任务。西方国家仍然希望中国保持分裂、不能实现国家统一和领土完整，仍然不愿意看到中国未来作为一个世界强国出现在世界舞台，仍然控制着世界军事科学和技术的最高点，仍然控制着世界主要的国际通道，并且在中国的周边地区进行了大量的军事部署，每年在中国周边地区进行各种军事演习。

因此，中国军事安全的维护仍然是一个紧迫的现实课题。为了更好地维护中国的军事安全，中国政府至少应该做到以下几点：

1. 积极参与全球化时代下的经济分工合作，建立自己独立完整的经济体系和国防工业体系，在确保经济快速发展的条件下，强化军事力量的建设，进一步缩小与美国等先进国家的差距，建设一支强大的海、陆、空军事时代的世界级的现代化军队，为防止任何危及中国合法利益事件的出现提供最终的保障。强大的经济实力是建立强大的军事实力的基础，强大的军事实力是实现自己的合法利益的最终保障。

2. 选择正确的国际战略，为军事建设的顺利进行和军事任务的圆满完成创造条件。中国应尽力进一步地消除周边国家对中国的疑虑，在睦邻、富邻的道路上继续前进，创造一个良好的周边国际环境。进一步加强与俄罗斯、欧盟、印度等国的友好关系，共同反对美国建立单极世界的企图，反对美国在世界舞台上的霸权主义行径。积极支持这些国家在地区和世界舞台上发挥更大的作用和影响，争取早日建立一个真正的多极化的世界。积极利用中国不断强大的经济和政治影响力，与包括美国在内的世界大国发展共同利益，减少发生冲突的诱因，减少发生重大军事冲突的可能性。

3. 坚决维护自己的重要的国家利益。在诸如台湾问题上，东海、南海、钓鱼岛等问题上涉及中国主权和重大经济、政治和外交利益的事件上，明确表达自己的立场和观点，并在遭到威胁和侵略时敢于打经济、贸易、金融等战争和武装战争，打大仗，打一切高尖端武器的战争。让世界上潜在的敌人认识到损害中国的国家利益是不可能不付出代价的，减少中国发展过程中的阻力，从而更好地维护自己的生存和发展的权益。

中国已经是世界上重要的一支力量，在国际舞台上发挥着举足轻重的影响，处于近代以来最有力的地位。因此，只要我们采取科学的、符合实际的国际和国内发展战略，不出现重大偏差，虽然在未来还会遇到各种困难，但还是可以完成维护国家军事安全的重大任务。

（二）坚持改革开放不动摇

21世纪的中国，市场经济改革的深化，政府改革和农村改革的进展，国企改革的进行，科学发展观与构建社会主义和谐社会的提出，使我国当前的改革呈现出许多新的特点。面对新形势和新任务，必须树立和落实以民为本的科学发展观，坚定改革的市场化方向，积极推进政治体制改革，坚持改革主体与改革受益者的一致性。一句话，坚持改革开放不动摇。

深化改革开放应坚持如下重要原则：

1. 坚决树立和落实以民为本的科学发展观。我们常讲"发展是硬道理"，"发展是执政兴国的第一要务"。"发展"这个词已经深入人心。但是，当我们面临更多的具体问题时，我们不能不思考：中国应如何进一步发展，怎样才是科学的发展？所谓人的全面发展，首先是让所有的人都应有平等的发展机会。从目前看，城乡居民之间、不同社会阶层之间的收入差距在很大程度上是由于机会不平等造成的，是资源配置不合理等体制性因素造成的。这反映出旧体制的弊端尚未完全清除，矛盾不断显露。其次，人的全面发展应该是多方面的，不仅包括物质生活的改善，还包括人们日益增长的精神文化生活需要的满足，以及对人的基本权利的保障。如果缺乏对人自身的关注，甚至出现对人的权利的践踏，对人的尊严的蔑视，那么这种发展就是畸形的，就得不到广大人民群众的拥护。

2. 坚定改革的市场化方向，用发展的办法解决前进中的困难。从扩大改革开放路线开始，我们把工作重心转到以经济建设为中心上来；然而，经过超常规、高速度、跨越式、非均衡的经济高速增长之后，我们在享受发展成果的同时，开始并越来越受到就业、三农、贫富差距、社会环境、自然环境和社会生态、政治生态的恶化等问题的困扰，经济高速增长与经济、社会、政治领域诸多矛盾并行，经济发展与社会发展失衡，社会内部与经济内部结构性失衡，成为当前中国发展进程中必须解决的突出问题。

解决这些问题，最根本的还是靠依法治国、严肃党纪，坚持用发展的办法解决前进中出现的困难。当然，发展又要靠改革来推动，尤其当体制制约发展时，重点就应解决体制问题。站在新的历史阶段的起点上，建立完善的社会主义市场经济体制，将是我们参与国际竞争、实现全面建设小康目标的极为重要一步。当前改革进入了总体攻坚阶段。市场经济体制只是初步建立，改革的进展很不平衡，深层次问题更加突出。虽然面临一系列挑战，但我们仍然要坚定不移地朝着市场化的改革方向走下去。

3. 积极转变政府职能，推进政治体制改革。深化以转变政府职能为核心的行政管理体制改革，是发展社会主义民主政治的迫切要求，是建立和完善社会主义市场经济体制的客观需要，也是进一步扩大对外开放的必然选择。

深化政府改革，它既连接经济体制改革，又连接政治体制和社会体制的改革，处于各项改革的中心环节。扩大改革开放以来，政府改革一直伴随着我国改革开放的全过程，但是政府改革仍然滞后，尤其是政府的职能没有发生根本转变，地方政府大量介入经济活动，在不同程度上充当了市场中的一个竞争主体的角色。政府过多地介入市场的微观层面，就难以站在全局的立场上实行全面统筹，就难免会削弱其宏观调控、市场监管、社会管理和公共服务等职能，甚至导致某些管理职能的扭曲和腐败现象的丛生。可以说，改革走到今天，政府自身已经成为我国改革过程中各种矛盾的汇集点，成为制约我国改革发展整体进程的一个关键性因素。我国经济体制多方面的改革之所以难以到位，不能取得实质性进展，都和政府转型不到位有着直接和间接的联系。政府改革的基本思路应是由"经济干预性"政府转变为"公共服务型"的政府，即将政府的职能转到为市场主体服务和创造良好的市场环境上来，逐步实现小政府、大社会，实现省管县、县管村的三级管理体制。这是一场非常有深度的改革。

4. 坚持改革的主体是老百姓，分享改革成果的主体也是老百姓。中国正处在改革时代。谁来推动改革？谁应该在改革中受益？谁是改革的主体？很显然，改革的主体是人民，改革的受益者也应当是全体人民，既是公平的收益，又是公开的、普遍的受益。改革的经验教训使我们清楚地看到，改革的主体是老百姓，分享改革成果的主体也应是老百姓。哪项改革措施把老百姓的利益放在第一，哪项改革就会成功，就会受老百姓欢迎。反之亦然。

扩大改革开放以来，我们取得的成就是巨大的，人民生活总体上有所提高。尽管现在达到的还是低水平的、不全面的、发展很不平衡的。但我们应该看到，在一个利益分化和利益主体多元化的社会中，一个好的制度往往并不是表现为其中没有或很少有矛盾或冲突，而是表现为它能够容纳矛盾与冲突，在矛盾和冲突面前不至于显得束手无策或过于脆弱，同时，能够表现出很强的解决冲突与纠纷的能力。我们正在建设的和谐社会绝不是一个没有利益冲突的社会，相反，和谐社会是一个有能力解决和化解利益冲突，并由此实现利益大体均衡的社会。所有这些美好蓝图的实现取决于我们继续坚持和深化改革开放和依法治国。

（三）深化政治体制改革，实现政治文明

和谐社会一直是政治社会追求的目标，也是衡量政治社会安定的重要标准。人类建立政治社会，确立制度规范的目的就是要使社会中的不同集团、不同利益、不同文化背景、不同民族的人能够共同生活在一起，并求得更大的幸福。要实现这一目标，政治文明的建设也就成为了实现和谐社会的关键。

当代中国政治运行机制中存在的各种问题不同程度上影响了社会中各种利益的合理分配和社会内部各种矛盾的化解，进而影响了和谐社会的建设。有鉴于此，政治文明的建设必须从制度建设抓起。当代中国的政治文明建设内容涉及众多，其中关键是改善党的领导、净化人代会的成份、强化人代会的权威、强化政府管理职能机制。

1. 改善党的领导。中国政治的一个重要内容就是坚持党的领导。中国的民主是在党的领导下的人民民主；中国的民主是一个长期的历史过程。这些都体现了中国民主政治建设的特色。但坚持党的领导并不意味用党的领导取代人民民主或简单地将党的领导与人民民主等同。行政部门主要领导人员的产生及对他们的监督，由人民代表大会产生，法律和政策等事项属于国家的公共事务领域。党在其中的主要作用是组织人民进行有序地参与，党所提出的纲领应该通过严格的法律程序和各方的共同讨论而成为全国人民的共同纲领。在这一过程中，无论法律和制度都要保障参与者提出不同的意见和建议，并真正在广泛共识的基础上使党所通过的大政方针成为全国人民的法律政策。此外，改善党的领导的关键是党内的民主，党内民主的关键是党的各级领导人要经过严格的民主选举程序产生并接受党员大会和全社会的监督。否则必然腐败。进而失去民心，危及国家的稳定和安全，甚至亡党亡国。

2. 加强人民代表大会的权威。人民代表大会是我国的根本政治制度，是人民行使当家作主权力的集中体现。人民代表大会代表产生要逐渐改变由地方党委和政府联合提名的办法；人员的构成要充分考虑不同团体、地方、民族、党派、年龄、工作职业等方面的需要，真正使那些具有参政和监督能力的人成为人民的代表，而不是使人大、政协成为"养老院"、"荣誉所"，有权的、有钱的、有名的"三有人员"的俱乐部。要使人大真正成为名副其实的表达人民意志、监督政府部门、维护国家公共利益的权力机关。

3. 强化政府管理职能。当代中国的政府建设应该是加强政府建设。强政府之强不是无所不包，而是强在政府对社会的管理、对经济的有效监督，以及税收、审计、环境保护、卫生监督、群众来访等机制建设的方方面面。也就是政府要通过它的强有力措施，使经济和社会朝着更加健康的方向发展。

（四）实践科学发展观，确保社会和谐发展

要建设和谐社会，我们必须实践科学发展观。科学发展观作为引领和谐社会构建的思维方式，有三个特点，亦是我们在建设和谐社会时必须坚持和实践的三种理念：（1）以民为本的理念；（2）现代整体论理念；（3）可持续发展的理念。

以民为本是构建和谐社会的第一理念。构建和谐社会，是以民为出发点和归宿点的。从人民群众的需要出发，为了广大人民群众的根本和长远利益，应该是构建和谐社会的出发点。尊重群众，依靠群众，走群众路线，让群众当家作主，是构建和谐社会的根本方法。最后，让广大群众都能过上美满幸福的生活，让每一个人都能充分发挥自己的聪明才智，每一个人都能全面自由地得到发展，乃是构建和谐社会的最终目标和目的。社会全面发展阶段是以民为本理念的最高阶段,是广大人民成为社会、自然和自由自觉的主人的阶段。

因此,科学发展观所坚持的以民为本的理念,乃是指引构建和谐社会的第一理念。社会之所以产生不和谐,最根本的原因就是社会建设忘记了人民,离开了人民,甚至疏远了人民,背离了人民。所以,坚持以人民为本有着特别重要的意义。尽管以民为本的真正实现,即真正达到以民为本,要经历一个漫长的过程;但我们必须树立这一理念,时时用它来指引我们的工作。

科学发展观的第二个特点是新整体论的理念。现代整体论,是以科学发展的新成就——系统科学研究,特别是复杂性研究的新成果为依托的。从系统论的观点看,社会是一个复杂的系统。科学发展观吸收了科学发展的新成就,不仅把社会看成一个由多种要素构成的有机体,而且把社会及其自然环境看成不可割裂的统一整体。这是科学发展观对马克思的社会有机体理论的一大贡献。它要求社会的发展是全面的整体的发展,不仅要求社会各要素之间协调的发展,而且要求人与自然的协调发展。这也正是构建和谐社会所必须遵循的。社会的不和谐主要表现为社会发展不全面,各要素之间不协调,各主要方面不平衡。一方面,这种不全面、不协调、不平衡本身就是不和谐的表现;另一方面,它必然会引起各种各样的摩擦,进一步扩大和加剧社会的不和谐。所以,构建和谐社会,必须树立整体论的观念,具有整体的意识,使社会的各个方面、各种要素协调起来,使社会和自然协调起来,全面地得到发展。要素的协调能使结构和谐,社会结构的和谐才是真正的和谐。

科学发展观的第三个特点是可持续发展的理念。多年来,为了使经济增长,不择手段地对自然资源进行掠夺式的开采。结果是在经济增长的同时,环境遭到严重破坏,以致造成资源短缺、环境污染、生态恶化、经济发展无法持续的局面。社会发展绝不仅仅是经济增长，经济增长不能以牺牲环境、破坏生态为代价，进而提出了可持续发展的理念。只有做到人和自然和谐相处，今天的发展不以牺牲后代人的可能发展为代价，做到人与人、人与社会、人与自然之间的和谐相处，才能实现整个社会的可持续发展。科学发展观把这一思想吸收为自己的重要组成部分，并成为自己的显著特点之一。这也是它能成为引领构建和谐社会的思维方式的重要根据。如果说整体论理念的着眼点是在社会空间方面的和谐，那么，可持续发展理念则是强调建立起社会发展时间上的和谐。真正的和谐社会一定是可持续发展的社会。

科学发展观的上述三个特点，是它吸收了人类文明的优秀成果和最新成就的体现。它恢复了以民为本这一传统的人类文明的理念，揭示和光大了马克思主义关于这一理念和实现共产主义的关系，为社会发展指明了方向。现代整体论理念和可持续发展理念，乃是现代科学发展和人类文明的两大最新成果，为社会的健康发展从观念上和方法上提供了保证。

Contents

Chapter One 100-year Quest: Historical Exploration and Realistic Selection of Development Road /031

I. Scream and Resistance amid Humiliation (1840-1949) /031

(I) China's History of Humiliation since the Mid-Qing Dynasty /031

(II) In Search of Independence, Survival and Modernization /036

II. Struggling and Exploration amid Containment (1949-1981) /041

(I) Self-reliable Internal Affairs /041

(II) Independent Diplomacy /043

III. Expanding Reform and Opening-up and Going Global (1981-2013) /047

(I) Promotion of Peaceful Development /047

(II) Looking into the Future and Getting Integrated to the World /049

Chapter Two Millennium Challenge: Conflict between Peaceful Development and Rise /053

I. Wax and Wane of Great Power: Rationale behind the Failure in Rise of War /053

(I) Failure of Invaders /053

(II) Collapse of the Soviet Union /057

II. Historical Precedents: Rise of Empires /061

(I) The United States: A Whole-new Power /061

(II) Law of Rise of the Unites Kingdom, France, Germany and Japan /068

III. Revelation of Historical Experience for China /069

Chapter Three False Assumption: "China Threat Theory" /073

I. Old Wine in a New Bottle /073

(I) "China Threat Theory" in History /073

(II) "China Threat Theory" in Reality /075

II. Changed Form, Unchanged Essence /078

(I) Essence of "China Threat Theory" /078

(II) Absurd Logic of "China Threat Theory" /080

III. Calm Response /082

(I) Self-construction of National Image /082

(II) Establishment of "Peaceful Development Theory" /087

Chapter Four Peaceful Development: Concept Definition and Its Scientific Essence /091

I. Concept Definition of Peace /092

(I) Passive and Positive Peace /092

(II) Natural and Social Characteristics /096

II. Essence and History of China's Peaceful Development /098

   (I) Theoretical Concept /098

   (II) Historical Opportunity /103

   (III) Realistic Meaning /103

Chapter Five Strategic Opportunity: Opportunities and Challenges of China's Peaceful Development /109

   I. Themes: Equality, Peace, Development, Cooperation /110

   (I) Equality: Basic Principle of the International Community /110

   (II) Peace and Development: Desire of the People /112

   (III) Cooperation: Solution to Global Issues /114

   II. International Landscape: Cooperation and Conflict /117

   (I) Wrestling of Countries: Inevitable Frictions /117

   (II) Three Forces: Common Problems Faced /119

   III. National Focus: Development, Powerfulness and Prosperity /122

   (I) Sustainable Development /122

   (II) Harmonious Society: Comprehensive and Balanced Social Development /126

Chapter Six Great Power Relations: Shaping International Environment for China's Peaceful Development /131

   I. Sino-US Relationship /132

   (I) Rise and Fall of Sino-US relationship after the End of the Cold War /133

   (II) Co-existence of Struggling and Cooperation /136

II. Sino-Russia Relationship /141

    (I) Sino-Russia Relationship Under Transformation of Balance of Power /142

    (II) Cooperation amid Global Strategic Coordination /146

    (III) Development Driver for Energy Cooperation /147

III. China-Europe Relationship /149

    (I) "The fire burns higher when everyone brings wood to it": Favorable and Interactive China-Europe Relationship /149

    (II) China-Europe Relationship in Search of New Situation /152

IV. China-Japan Relationship /153

    (I) China-Japan Relationship under Win-win Cooperation and Confrontation /153

    (II) Thawing and Warming: China-Japan Relationship in Improvement /156

Chapter Seven Harmonious Periphery: Impacts of Neighbors /159

I. General Trend of China's Surrounding Environment /159

II. China and Northeast Asia /162

    (I) Multi-polar Pattern and China's National Security after the Cold War /162

    (II) Future Trend of Geopolitics in Northeast Asia and Countermeasures China Shall Take /164

    (III) China's Strategy for Peaceful Development and Security in Northeast Asia /165

III. China and Southeast Asia /168

IV. China and Central Asia: National Relations in All-round Development /170

V. China and South Asia /172

    (I) China-India Strategic Partnership /172

    (II) China-Pakistan Relationship: All-weather Friends /175

Chapter Eight Work Together: Do not Forget Old Friends As We Make New Friends /179

I. China-Africa Relationship: "All-weather" Friends /179

    (I) Historical Review of China-Africa Relationship /179

    (II) Inter-dependent China-Africa New Type Strategic Partnership /182

II. China-Middle East Countries Relationship /185

    (I) Important Position of the Middle East in China's Foreign Strategy /186

    (II) Strategically Value Developing Relations with Middle East Countries /187

III. Sino-Arab Relationship /189

    (I) Historical Review of Sino-Arab Relationship /190

    (II) Three Climaxes of Establishing Diplomatic Relations between China and Arab /190

    (III) Sino-Arab Relationship in the New Century /192

    (IV) China and Arab Shall Establish New-type Strategic Partnership /192

Chapter Nine Comprehensive National Strength: Realistic Basis for China's Peaceful Development /195

I. Hard Power: Foundation of Comprehensive National Strength /196

(I) A Weak Foundation will Lead to Shaking Superstructure. With Vast Territory and a Population of 1.4 Billion, China Enjoys the Basis to Become a World Power. /196

(II) With Prosperous and Rapidly Growing Economy, China is an Economic Power in Progress /198

(III) China has Nuclear Deterrence and Strong Conventional Military Power /200

II. Soft Power: Guarantee in Comprehensive National Strength /202

(I) Vigor and Vitality of Socialism with Chinese Characteristics /204

(II) Charisma and Appeal of Chinese Culture /205

(III) International Influence of Independent Peaceful Diplomacy /208

Chapter Ten Idea and Appeal: Conceptual Basis for China's Peaceful Development /211

I. New Security Outlook: Change of China's Security Strategy Philosophy /211

(I) Comparison between Conventional Security and Unconventional Security /211

(II) Emergence and Features of Unconventional Security Issues /212

(III) New Security Outlook: Transcend Traditional Security Outlook /213

(IV) China's New Security Outlook: Mutual Trust, Mutual Benefit, Equality and Cooperation /215

(V) Actively Practice New-type Security Outlook with High Sense of Responsibility for Maintaining International Security and Building a Harmonious World /217

II. From "Revolutionist" to Constructer and Participant:

Transformation of China's International Identification /220

   (I) Transformation of China's International Status: Redefinition of National

      Status /220

   (II) Transformation of China's International Status: Reconstruction of

      Strategic Culture /222

   (III) Transformation of China's International Status: Reconsideration of

      Security Interests /223

   (IV) Status and Practical Construction of Responsible Power Move towards

      "China of the World" /225

Chapter Eleven International Situation: Restrict and Define the Peacefulness of China's Development /227

I. "Hegemonic Maintenance" of the US /227

   (I) Status Quo of Hegemonic Power of the US /227

   (II) Weakness of Hegemonic Maintenance Strategy of the US /229

   (III) Current Hegemonic Maintenance Strategy of the US /230

   (IV) Regime Hegemony: Invisible Appearance of "Hegemonic Maintenance"

      of the US /232

II. "Keep a Low Profile and Make a Difference": China's Inevitable

   Choice in the Period of Strategic Opportunity /234

Chapter Twelve External and Internal Cultivation: Strategic Countermeasures for China's Peaceful Development /239

I. Be a Responsible Power and Active Part of the International Community /239

(I) Keep a Foothold in Asia, and Maintain Asia's Stability and Prosperity /239

(II) Actively Participate in and Support Reform of the United Nations /240

(III) Assume International Responsibility: Facilitate the Peaceful Dismantlement of North Korea's Nuclear Weapon Program /242

(IV) Advocate the Culture of World Harmony /245

II. Strive for Common Development: Establish Sound Partnership /247

(I) Partnership: New Model of Great Power Relations /247

(II) Ever-prominent Multilateral Diplomacy /249

III. Democratization of International Relations: Build New Order of International Political and Economic Order /251

(I) Democratization of International Relations: Objective Tendency and China's Strategy /252

(II) Adhere to the Five Principles of Peaceful Coexistence /253

(III) Oppose Hegemonism and Power Politics /254

(IV) Actively Promote the Building of an Equal and Harmonious New Order of International Politics and Economy /256

(V) Advocate World Diversity and Diversified Development of the Concept System of Culture Value /258

IV. Culture, Education and Defense Preparations: Practice Scientific Development and Enhance Comprehensive National Strength /259

(I) Comprehensively Improve and Strengthen Military Power, and Build Powerful "Peace Shield" /259

(II) Unswervingly Adhere to Reform and Opening Up /261

(III) Deepen Political Restructuring, and Realize Political Civilization /264

(IV) Implement Scientific Outlook on Development, and Ensure Harmonious Social Development /265

图书在版编目 (CIP) 数据

和平发展论 / 张笑宇著 . —北京：中央编译出版社，2017.6
ISBN 978-7-5117-2729-9

Ⅰ. ①和…

Ⅱ. ①张…

Ⅲ. ①发展战略－研究－中国

Ⅳ. ① D60

中国版本图书馆 CIP 数据核字 (2015) 第 148585 号

和平发展论

出 版 人：	葛海彦
出版统筹：	贾宇琰
责任编辑：	霍星辰
责任印制：	刘 慧
出版发行：	中央编译出版社
地　　址：	北京西城区车公庄大街乙 5 号鸿儒大厦 B 座 (100044)
电　　话：	(010) 52612345（总编室）　　(010) 52612333（编辑室）
	(010) 52612316（发行部）　　(010) 52612317（网络销售）
	(010) 52612346（馆配部）　　(010) 66509618（读者服务部）
传　　真：	(010) 66515838
经　　销：	全国新华书店
印　　刷：	北京文昌阁彩色印刷有限责任公司
开　　本：	710 毫米 ×1000 毫米　1/16
字　　数：	235 千字
印　　张：	19.25
版　　次：	2017 年 6 月第 1 版
印　　次：	2017 年 6 月第 1 次印刷
定　　价：	98.00 元
网　　址：	www.cctphome.com　　邮　箱：cctp@cctphome.com
新浪微博：	@ 中央编译出版社　　微　信：中央编译出版社（ID：cctphome）
淘宝店铺：	中央编译出版社直销店 (http://shop108367160.taobao.com) (010) 55626985

本社常年法律顾问：北京市吴栾赵阎律师事务所律师　闫军　梁勤
凡有印装质量问题，本社负责调换，电话：(010) 55626985